高等职业教育汽车类专业规划教材

Qiche Gouzao

汽车构造

（第 2 版）

唐晓丹　主编

人民交通出版社股份有限公司
China Communications Press Co.,Ltd.

内 容 提 要

本书为高等职业教育规划教材。主要内容包括:总论、发动机、底盘、电气设备、新能源汽车。全书共5章。

本书可作为高职汽车营销与服务、车身维修技术等专业的教材。

图书在版编目(CIP)数据

汽车构造／唐晓丹主编. —2 版. —北京 :人民
交通出版社股份有限公司, 2019.4
ISBN 978-7-114-15376-1

Ⅰ.①汽… Ⅱ.①唐… Ⅲ.①汽车—构造—高等职业
教育—教材 Ⅳ.①U463

中国版本图书馆 CIP 数据核字(2019)第 047068 号

书　　　名:	汽车构造(第 2 版)
著 作 者:	唐晓丹
责任编辑:	翁志新　曹仁磊
责任校对:	张　贺
责任印制:	张　凯
出版发行:	人民交通出版社股份有限公司
地　　　址:	(100011)北京市朝阳区安定门外外馆斜街 3 号
网　　　址:	http://www.ccpress.com.cn
销售电话:	(010)59757973
总 经 销:	人民交通出版社股份有限公司发行部
经　　　销:	各地新华书店
印　　　刷:	北京市密东印刷有限公司
开　　　本:	787×1092　1/16
印　　　张:	13.25
字　　　数:	301 千
版　　　次:	2012 年 12 月　第 1 版 2019 年 4 月　第 2 版
印　　　次:	2019 年 4 月　第 2 版　第 1 次印刷　总第 4 次印刷
书　　　号:	ISBN 978-7-114-15376-1
定　　　价:	33.00 元

(有印刷、装订质量问题的图书由本公司负责调换)

第2版前言

本书自 2012 年首次出版以来,被众多高职院校选为教学用书并获得一致好评。

为了适应高职汽车类专业课程建设和教学改革的需要,同时不断追赶现代汽车技术发展的步伐,使教材内容与时俱进,故启动了本书的修订工作。本次教材的修订,充分吸收了教材使用院校教师的意见和建议,经过与编者的认真研究和讨论,确定了修订方案。

本书具体修订内容如下:

(1)优化全书整体结构。修订后全书内容包括总论、发动机、底盘、电气设备、新能源汽车构造,共 5 章。全书内容简化,篇幅大幅压缩。

(2)删去已经不常用的老旧知识内容,如触电式点火系统、分电器、调速器等。

(3)将老旧车型更换为迈腾、卡罗拉、凯越等主流车型。

(4)几乎更换了所有图片,效果更好。

本书由上海科学技术职业学院唐晓丹担任主编,陈飞、张海龙、丁峰担任副主编。上海科学技术职业学院汽车维修技能大师工作室及洪永楠大师提供技术支持,在此表示感谢。

限于编者经历和水平,书中难免有疏漏和错误之处,恳请广大读者提出宝贵建议,以便进一步修改和完善。

编　者
2018 年 12 月

目　录

第一章　总　　论

《机动车运行安全技术条件》(GB 7258—2017),对汽车的定义:由动力驱动、具有 4 个或 4 个以上车轮的非轨道承载的车辆,包括与电力线相连的车辆(如无轨电车)。主要用于:①载运人员和/或货物(物品);②牵引载运货物(物品)的车辆或特殊用途的车辆;③专项作业。

汽车还包括以下由动力驱动、非轨道承载的三轮车辆:①整车整备质量超过 400kg、不带驾驶室、用于载运货物的三轮车辆;②整车整备质量超过 600kg、不带驾驶室、不具有载运货物结构或功能且设计和制造上最多乘坐 2 人(包括驾驶人)的三轮车辆;③整车整备质量超过 600kg 的带驾驶室的三轮车辆。

《汽车和挂车类型的术语和定义》(GB/T 3730.1—2001)将汽车按用途分为乘用车和商用车。

乘用车(图 1-1)是指在其设计和技术特性上主要用于载运乘客及其随身行李和/或临时物品的汽车,包括驾驶人座位在内最多不超过 9 个座位。它也可以牵引一辆挂车。

图 1-1　迈腾 B8L 乘用车

商用车是指在设计和技术特性上用于运送人员和货物的汽车,并且可以牵引挂车(乘用车不包括在内)。

乘用车和商用车的详细分类(按用途)见表 1-1。

汽车分类　　　　　　　　　　　　　　　表 1-1

分　类		说　明				
		车身	车顶	座位数(个)	侧车门数(个)	侧车窗数(个)
乘用车	普通乘用车	封闭	硬顶	≥4	2 或 4	≥2
	活顶乘用车	可开启	硬顶或软顶	≥4	2 或 4	≥4
	高级乘用车	封闭	硬顶	≥4	4 或 6	≥6
	小型乘用车	封闭	硬顶	≥2	2	≥2

续上表

分　类		说　明				
		车身	车顶	座位数(个)	侧车门数(个)	侧车窗数(个)
乘用车	敞篷车	可开启	硬顶或软顶	≥2	2 或 4	≥2
	仓背乘用车	封闭	硬顶	≥4	2 或 4	≥2
	旅行车	封闭	硬顶	≥4	2 或 4	≥4
	多用途乘用车	座位数超过 7 个,多用途				
	短头乘用车	短头				
	越野乘用车	可在非道路上行驶				
	专用乘用车	专门用途(旅居车、防弹车、救护车、殡仪车等)				
商用车	客车　小型客车	载客,≤16 座(除驾驶人座)				
	城市客车	城市公共汽车				
	长途客车	长途客车				
	旅游客车	旅游客车				
	铰接客车	由两节刚性车厢铰接组成的客车				
	无轨客车	利用架线由电力驱动的客车				
	越野客车	可在非道路上行驶的客车				
	专用客车	专门用途的客车				
	半挂牵引车	用于牵引半挂车的商用车				
	货车　普通货车	敞开或封闭载货空间内载运货物的货车				
	多用途货车	可运载 3 人以上的货车				
	全挂牵引车	牵引牵杆式挂车的货车				
	越野货车	可在非道路上行驶货车				
	专用作业车	特殊工作的货车(消防车、救险车、垃圾车、应急车、街道清扫车、扫雪车、清洁车等)				
	专用货车	运输特殊物品的货车(罐式车、乘用车运输车、集装箱运输车等)				

注:表中的前 6 种乘用车俗称轿车。

第二节　车辆识别代号(VIN)

车辆识别代号(VIN),也称 17 位编码,是车辆制造厂为该车辆指定的一组字码,一车一码,具有在世界范围内对一辆车的唯一识别性。

一、车辆识别代号(VIN)所在位置

车辆识别代号(VIN)应位于易于查看并且能防止磨损或替换的部位。迈腾乘用车可通过前风窗上的视窗读取 VIN(图 1-2),该视窗位于风窗左下侧。此外,车辆右侧悬架支柱和

翼子板之间的排水槽上也印有 VIN,打开发动机舱盖方可读取。

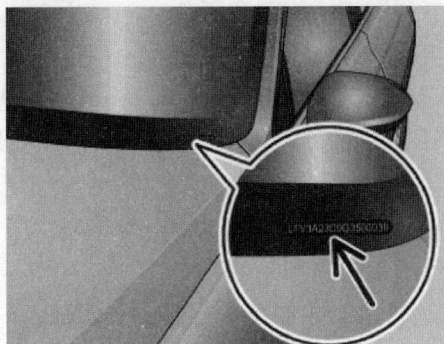

图 1-2 迈腾乘用车车辆识别代号(VIN)位置

卡罗拉乘用车车辆识别代号(VIN)压印在乘员座椅下方(图 1-3),此号码也有压印在仪表板左上方处,如图 1-4 所示。

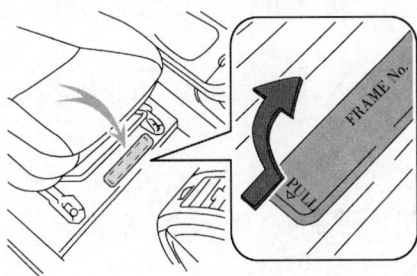

图 1-3 卡罗拉乘用车车辆识别代号(VIN)位置(1)

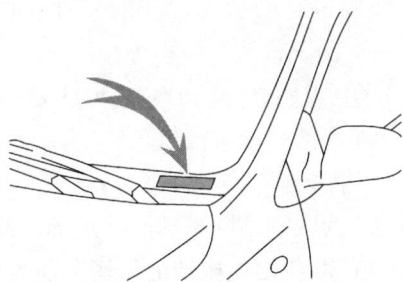

图 1-4 卡罗拉乘用车车辆识别代号(VIN)位置(2)

二、车辆识别代号(VIN)的组成

《道路车辆 车辆识别代号(VIN)》(GB 16735—2004)规定,车辆识别代号(VIN)由世界制造厂识别代号(WMI)、车辆说明部分(VDS)、车辆指示部分(VIS)三部分组成,共 17 位字码,如图 1-5 所示。

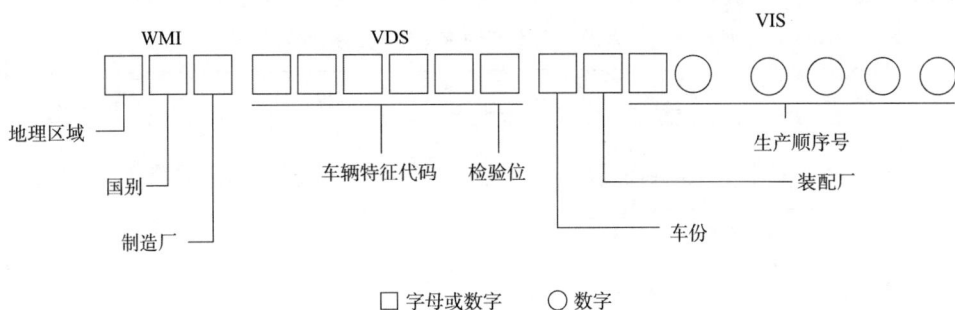

图 1-5 车辆识别代号(VIN)示意图

(1)世界制造厂识别代号(WMI)。WMI 是车辆识别代号(VIN)的第一部分,由 3 位字码组成,用以标识车辆的制造厂。当此代号被指定给某个车辆制造厂时,就能作为该厂的识别标志,WMI 在与车辆识别代号(VIN)的其余部分一起使用时,足以保证30 年之内在世界范围内制造的所有车辆的车辆识别代号(VIN)具有唯一性。

WMI 的第一位字码是由国际代理机构分配的、用以标明一个地理区域的一个字母或数字字码,国际代理机构已经根据预期的需要为某一个地理区域分配了几个字码。例如:1～5 代表北美,6 和 7 代表大洋洲,8、9 和 0 代表南美,A～H 代表非洲,J～R 代表亚洲,S～Z 代表欧洲。

WMI 的第二位字码是由国际代理机构分配的、用以标明一个地理区域内的一个国家的一个字母或数字字码,国际代理机构已经根据预期的需要为某一个国家分配了几个字码。WMI 代号应通过第一位和第二位字码的组合保证国家识别标志的唯一性。例如:10～19 美国、1A～1Z 美国、W0～W9 德国、WA～WZ 德国、L0～L9 中国、LA～LZ 中国等。

WMI 的第三位字码是由国家机构指定的、用以标明某个特定的制造厂的一个字母或数字字码,WMI 应通过第一位、第二位、第三位字码的组合保证制造厂识别标志的唯一性。例如:LFV——一汽 - 大众汽车有限公司、LSG——上海通用汽车有限公司、JHM——日本本田技研工业股份有限公司、WDB——德国戴姆勒- 奔驰公司、WBA——德国宝马汽车公司、KMH——韩国现代汽车公司等。

(2)车辆说明部分(VDS)。VDS 是车辆识别代号(VIN)的第二部分,由 6 位字码组成,用以说明车辆的一般特征信息。

(3)车辆指示部分(VIS)。VIS 是车辆识别代号(VIN)的最后部分,由 8 位字码组成。车辆制造厂为区别不同车辆而指定的一组代码,这组代码连同 VDS 一起,足以保证每个车辆制造厂在 30 年之内生产的每辆车辆的车辆识别代号具有唯一性。

VIS 第 1 位字码应代表车辆生产年份,用阿拉伯数字 1～9 和大写的罗马字母 A～Z(不包括字母 I、O、Q、U、Z)表示,30 年循环一次。2018 年代码为 J,2019 年代码为 K……,以此类推。VIS 的第 2 位字码应代表装配厂,若无装配厂,制造厂可规定其他内容。VIS 的第 3～8 位字码用来表示生产顺序号。

三、汽车 VIN 举例说明

上海大众汽车有限公司生产的汽车车辆识别代号(VIN)说明见表1-2。

上海大众汽车有限公司生产的汽车车辆识别代号(VIN)　　　　表 1-2

位　置	说　明	位　置	说　明
1～3	全球制造识别,即上海大众汽车有限公司(LSV)	9	检查位
4	车身/底盘形式	10	生产年份
5	发动机/变速器	11	装配厂
6	乘员保护系统	12～17	生产厂序号
7～8	车辆等级		

第三节 汽车的组成和主要技术参数

一、汽车的组成

汽车通常由发动机、底盘、车身、电气设备四大部分组成。汽车总体构造如图 1-6 所示。

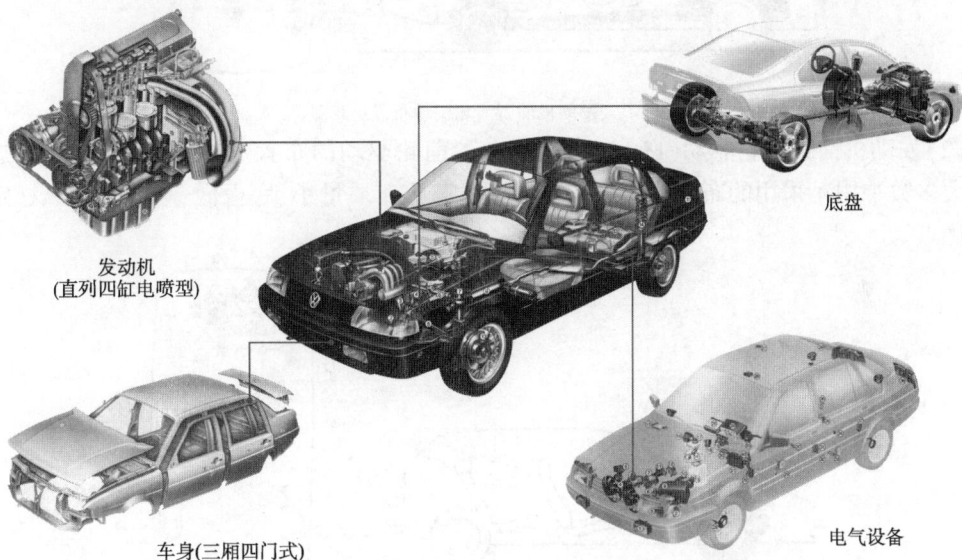

发动机
(直列四缸电喷型)

底盘

车身(三厢四门式)

电气设备

图 1-6　汽车的总体构造

(1) 发动机。发动机是汽车的动力源,其功用是使供入其中的燃料燃烧而发出动力。一般汽车发动机采用的是往复活塞式内燃机,它一般由曲柄连杆机构、配气机构、燃料供给系统、冷却系统、润滑系统、点火系统(汽油发动机采用,柴油发动机没有)和起动系统组成。

(2) 底盘。底盘的功用是支撑、安装汽车发动机及其各部件、总成,形成汽车的整体造型,并接受发动机的动力,使汽车产生运动,保证汽车正常行驶。底盘由传动系统、行驶系统、转向系统和制动系统组成。

(3) 电气设备。电气设备包括电源组(蓄电池、发电机和调节器)、照明与信号系统、组合仪表与报警装置、刮水器和洗涤器系统以及空调系统等。在现代汽车上,汽车电子化、智能化的程度越来越高。汽车的电子控制已从单一项目的控制,发展到多项内容复合的集中控制,逐渐形成一个整车电子控制系统。

(4) 车身。车身是驾驶人工作的场所,也是装载乘客和货物的场所。

二、汽车的总体布置形式

为满足不同的使用要求,汽车的总体布置可有不同的形式。现代汽车按发动机相对于各总成的位置,有下列几种布置形式。

(1) 发动机前置后轮驱动(FR)。发动机前置后轮驱动的布置形式如图 1-7 所示,这是传统的布置形式,大多数货车、部分乘用车和部分客车都采用这种形式。

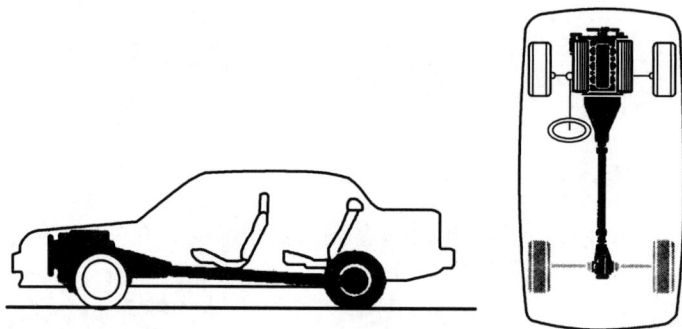

图1-7 发动机前置后轮驱动布置示意图

(2)发动机前置前轮驱动(FF)。发动机前置前轮驱动的布置形式如图1-8所示,这是现代大多数乘用车采用的布置形式,具有结构紧凑、整车质量小、底板低、高速时操纵稳定性好等优点。

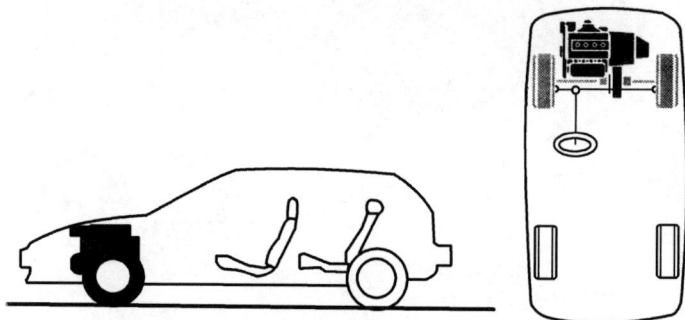

图1-8 发动机前置前轮驱动布置示意图

(3)发动机后置后轮驱动(RR)。发动机后置后轮驱动的布置形式如图1-9所示,这是目前大、中型客车采用的布置形式,具有室内噪声小、空间利用率高等优点。少数乘用车也采用这种布置形式。

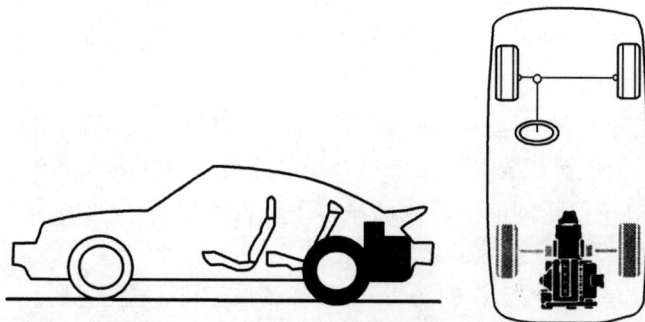

图1-9 发动机后置后轮驱动布置示意图

(4)发动机中置后轮驱动(MR)。发动机中置后轮驱动的布置形式如图1-10所示,这是方程式赛车和大多数跑车采用的布置形式。将功率和尺寸很大的发动机布置在驾驶人座椅与后轴之间,有利于获得最佳轴荷分配和提高汽车的性能。少数大、中型客车也采用这种布置形式,把卧式发动机安装在底板下面。

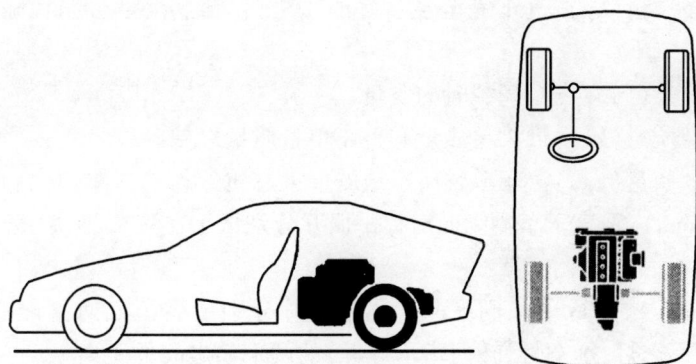

图 1-10　发动机中置后轮驱动布置示意图

（5）四轮驱动（4WD）。四轮驱动的布置形式如图 1-11 所示，四轮驱动是指汽车 4 个车轮都是驱动车轮，这是越野汽车特有的布置形式。通常发动机前置，在变速器之后的分动器将动力分别输送给全部驱动车轮。

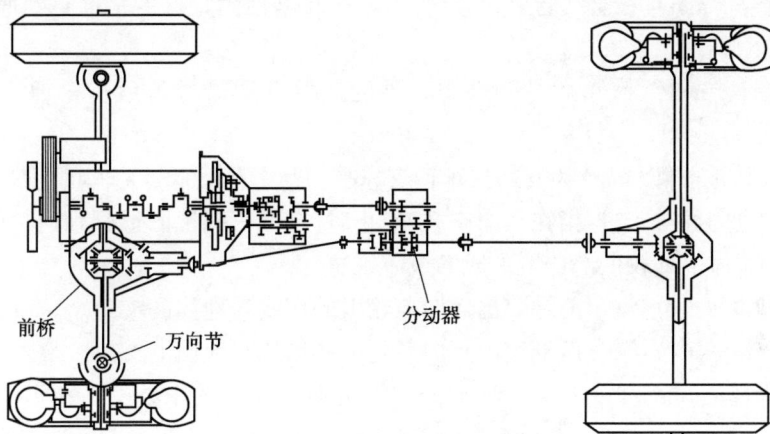

前桥　　万向节　　　　　　分动器

图 1-11　四轮驱动布置示意图

三、汽车主要技术参数

为了说明汽车的主要技术性能，经常用下列参数来表示，如图 1-12 所示。

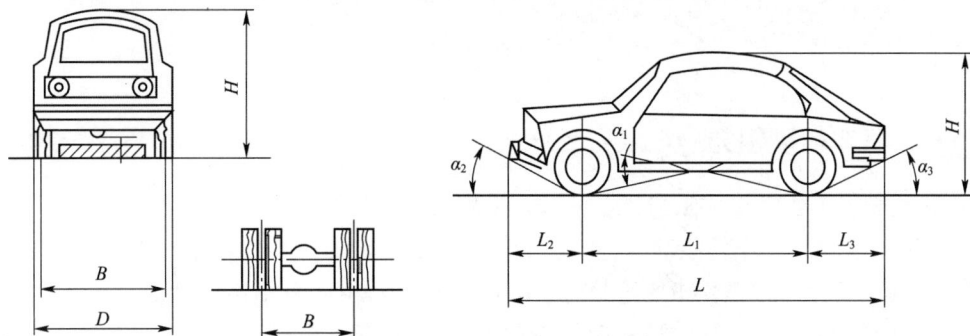

图 1-12　汽车常用主要技术参数

（1）整车整备质量（kg）：汽车完全装备好的质量，包括润滑油、燃料、随车工具、备胎等所有装置的质量。

（2）最大总质量（kg）：汽车满载时的质量。

（3）最大装载质量（kg）：最大总质量和整车整备质量之差。

（4）最大轴载质量（kg）：汽车单轴所承载的最大总质量。

（5）车长 L（mm）：垂直于车辆纵向对称平面并分别抵靠在汽车前、后最外端突出部位的两垂直面间的距离。

（6）车宽 D（mm）：平行于车辆纵向对称平面并分别抵靠车辆两侧最外固定突出部位（除后视镜、侧面标志灯、示宽灯、转向指示灯等）的两平面之间的距离。

（7）车高 H（mm）：车辆最高点与车辆支撑平面之间的距离。

（8）轴距 L_1（mm）：汽车前后轴中心线的水平距离。

（9）轮距 B（mm）：在支撑平面上，同轴左右车轮两轨迹中心间的距离（轴两端为双轮时，为左右两条双轨迹的中间的距离）。

（10）前悬 L_2（mm）：在直线行驶位置时，汽车前端刚性固定件的最前点到通过两前轮轴线的垂面间的距离。

（11）后悬 L_3（mm）：汽车后端刚性固定件的最后点到通过最后车轮轴线的垂面间的距离。

（12）最小离地间隙（mm）：满载时，车辆支撑平面与车辆最低点之间的距离。

（13）纵向通过角 α_1（°）：指在汽车空载、静止时，在汽车侧视图上分别通过前、后车轮外缘做切线交于车体下部较低部位所形成的最小锐角。

（14）接近角 α_2（°）：汽车前端突出点向前轮引的切线与地面的夹角。

（15）离去角 α_3（°）：汽车后端突出点向后轮引的切线与地面的夹角。

（16）转弯直径（mm）：转向盘转到极限位置，外侧转向轮的中心平面在车辆支撑面上的轨迹圆直径。

（17）最高车速（km/h）：汽车在平坦公路上行驶时能达到的最高速度。

（18）最大爬坡度（%）：汽车满载时的最大爬坡能力。

（19）平均燃料消耗量（L/100km）：汽车在公路上行驶时平均的燃料消耗量。

第四节　汽车行驶原理

一、汽车行驶阻力

汽车行驶阻力包括滚动阻力、空气阻力、上坡阻力和加速阻力。

（1）滚动阻力 F_f。车轮滚动时，轮胎与地面的接触区域会产生轮胎与支撑路面的变形（当弹性轮胎在硬路面上滚动时，轮胎的变形是主要的），由此而引起的地面对轮胎的阻力，就是滚动阻力。滚动阻力等于滚动阻力系数与车轮负荷的乘积。滚动阻力系数由试验确定。滚动阻力系数与路面性质、汽车行驶速度以及轮胎的构造、材料、气压等有关。

(2)空气阻力 F_w。汽车直线行驶时受到的空气作用在行驶方向上的分力称为空气阻力。空气阻力与汽车的形状、汽车正面投影面积有关,空气阻力的大小与汽车和空气的相对速度的平方成正比,当汽车高速行驶时,空气阻力的数值将显著增加。

(3)上坡阻力 F_i。当汽车上坡时,汽车重力沿坡道的分力表现为汽车上坡阻力。

(4)加速阻力 F_j。汽车加速行驶时,需要克服其质量加速运动的惯性力,也就是加速阻力。

二、汽车的驱动力

要想使汽车行驶,必须对汽车施加一个足够大的驱动力用以克服汽车行驶的各种阻力。汽车驱动力的产生原理如图 1-13 所示。发动机经由传动系统在驱动车轮上施加一个驱动力矩 M_t,力图使驱动车轮旋转。在 M_t 作用下,在驱动车轮和路面接触处对路面施加一个圆周力 F_0,其方向与汽车行驶方向相反,大小为

$$F_0 = M_t / R$$

式中:F_0——驱动车轮对路面施加的圆周力,N;

M_t——驱动力矩,N·m;

R——驱动车轮的滚动半径,m。

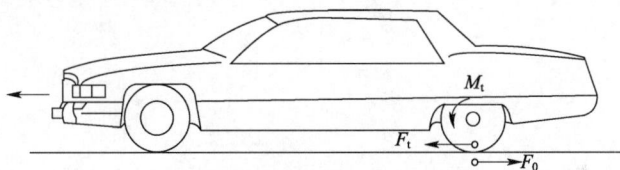

图 1-13 汽车驱动力的产生原理

由于驱动车轮与路面的附着作用,在驱动车轮向路面施加力圆周力 F_0 的同时,路面会对驱动车轮施加一个大小相等、方向相反的反作用力 F_t,F_t 就是汽车行驶的驱动力(也称为汽车牵引力)。

三、驱动力与行驶阻力的关系

当驱动力逐渐增大到足以克服汽车所受到的阻力时,汽车便开始起步行驶。汽车起步后,其行驶情况取决于驱动力和行驶阻力之间的关系。当驱动力等于行驶阻力时,汽车将匀速行驶;当驱动力大于行驶阻力时,汽车将加速行驶;当驱动力小于行驶阻力时,汽车将减速行驶或静止不动。

汽车并不是在任何情况下都能产生足够的驱动力。驱动力的最大值固然取决于发动机的最大转矩和传动系统的传动比,但实际发出的驱动力还要受到轮胎与路面附着作用的限制。由附着作用所决定的阻碍驱动车轮打滑的路面反力的最大值称为附着力,用 F_φ 表示。附着力与驱动车轮所承受垂直于地面的法向力 G 成正比,即:

$$F_\varphi = \varphi \cdot G$$

式中:φ——附着系数,其数值与轮胎的类型及地面的性质有关;

G——汽车总重力 G_0 分配到驱动车轮上的那部分重力。

由此可见,附着力限制了驱动力的发挥,即:

$$F_t \leqslant F_\varphi = \varphi \cdot G$$

在冰雪、泥泞等不良路面上行驶时,因 φ 值很小,附着力很小,汽车的驱动力受到附着力的限制而不能克服较大的行驶阻力,导致汽车减速甚至不能前进。此时,即使加大节气门开度或换入低速挡,驱动车轮也只会滑转而驱动力仍不能增大。因此,普通汽车在冰雪路面上行驶时,往往在驱动车轮上绕装防滑链,以增大附着系数和附着力。全轮驱动的越野汽车为了提高附着系数,采用特殊花纹轮胎、镶钉轮胎等。另外,普通汽车的附着力只是分配到驱动车轮上的那部分汽车重力乘以附着系数;而全轮驱动的越野汽车,其附着力则是全车的总重力乘以附着系数,因而越野汽车附着力比普通载货汽车显著增大。

第二章 发动机

一、发动机的作用

汽车用发动机如图 2-1 所示,发动机是汽车的核心部件,是汽车的动力源。汽车发动机一般是将液体燃料或气体燃料和空气混合后直接输入机器内部燃烧产生热能,热能再转变为机械能,因此又叫内燃机。现代汽车用发动机应用最广、数量最多的是水冷式四冲程往复活塞式内燃机。常见的汽车用发动机有汽油发动机和柴油发动机两种。

图 2-1　迈腾 B8L 乘用车 TSI 发动机

二、单缸发动机的结构

单缸四冲程汽油机的基本结构如图 2-2 所示。汽缸体内圆柱形腔体称为汽缸,内装有活塞,活塞通过活塞销、连杆与曲轴相连接。活塞在汽缸内作往复直线运动,通过连杆推动曲轴做旋转运动。在汽缸盖上装有进气门和排气门,通过凸轮轴控制进气门和排气门开启和关闭,实现向汽缸内充入新鲜可燃混合气并将燃烧后的废气排出汽缸。

11

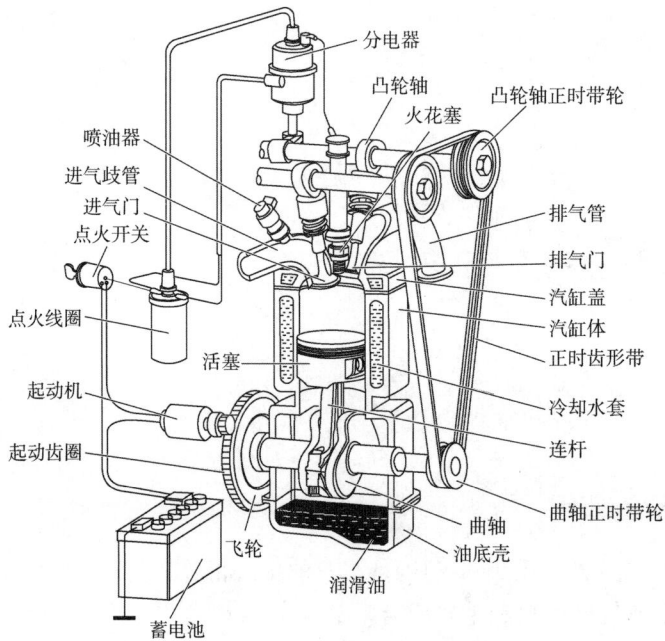

图2-2　单缸四冲程汽油机结构示意图

发动机示意图如图2-3所示。

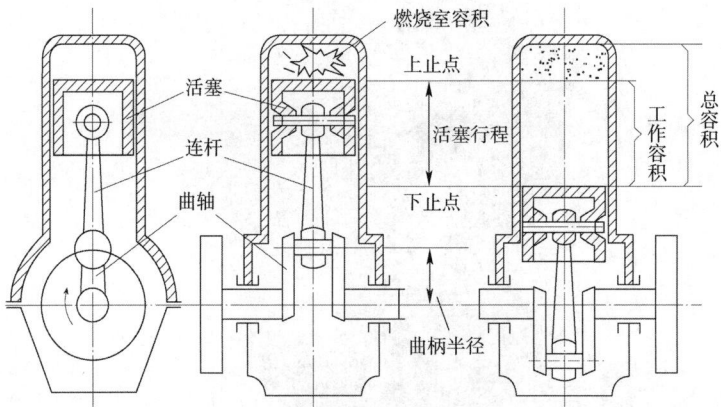

图2-3　发动机示意图

发动机的基本术语有以下几个：

(1)上止点。上止点是指活塞离曲轴回转中心最远处,即活塞的最高位置。

(2)下止点。下止点是指活塞离曲轴回转中心最近处,即活塞的最低位置。

(3)活塞行程。上止点与下止点之间的距离称为活塞行程。

(4)曲柄半径。曲轴与连杆下端的连接中心至曲轴中心的距离(即曲轴的回转半径)称为曲柄半径。活塞行程为曲柄半径的两倍。

(5)汽缸工作容积V_h(L)。活塞从一个止点运动到另一个止点所扫过的容积称为汽缸工作容积或汽缸排量,即:

$$V_h = \frac{\pi D^2 S}{4} \times 10^{-6}$$

式中:D——汽缸直径,mm;

S——活塞行程,mm。

(6)燃烧室容积 V_c (L)。活塞在上止点时,活塞顶与汽缸盖之间的容积称为燃烧室容积。

(7)汽缸总容积 V_a(L)。活塞在下止点时,活塞顶上方的容积称为汽缸总容积。显然,汽缸总容积是汽缸工作容积与燃烧室容积之和,即:

$$V_a = V_c + V_h$$

式中:V_c——燃烧室容积,L;

V_a——汽缸工作容积,L。

(8)发动机排量 V_L(L)。多缸发动机各汽缸工作容积的总和称为发动机排量。即:

$$V_L = V_h i = \frac{\pi D^2 S i}{4} \times 10^{-6}$$

式中:V_h——汽缸工作容积,L;

i——汽缸数目。

(9)压缩比 ε 。汽缸总容积与燃烧室容积之比称为压缩比。

$$\varepsilon = \frac{V_a}{V_c} = \frac{V_h + V_c}{V_c} = 1 + \frac{V_h}{V_c}$$

式中:V_a——汽缸总容积,L;

V_h——汽缸工作容积,L;

V_c——燃烧室容积,L。

压缩比表示活塞由下止点运动到上止点时,汽缸内的气体被压缩的程度。压缩比越大,压缩终了时汽缸内气体的压力和温度越高。目前,一般车用汽油机的压缩比约为 6～11,柴油机的压缩比一般为 16～22。

(10)工作循环。在汽缸内进行的每一次将燃料燃烧的热能转变成机械能的一系列连续过程(进气、压缩、做功、排气)称为发动机的一个工作循环。

三、发动机的基本工作原理

1.单缸四冲程汽油机的工作原理

单缸四冲程汽油机每一个工作循环包括 4 个活塞行程,即进气行程、压缩行程、做功行程和排气行程,如图 2-4 所示。

(1)进气行程。在进气行程中,活塞在曲轴和连杆的带动下由上止点向下止点运行,这时进气门开启,排气门关闭。在活塞由上止点向下止点运动过程中,由于活塞上方汽缸容积逐渐增大,形成一定的真空。这样,可燃混合气通过进气歧管、进气门被吸入汽缸,直到活塞到达下止点时,进气门关闭,进气行程结束。

(2)压缩行程。在压缩行程中,活塞在曲轴和连杆的带动下由下止点向上止点运动,此时进气门和排气门处于关闭状态。由于活塞上方汽缸容积逐渐减小,进入汽缸内的可燃混合气被压缩,温度和压力不断升高,直到活塞到达上止点时,压缩行程结束。

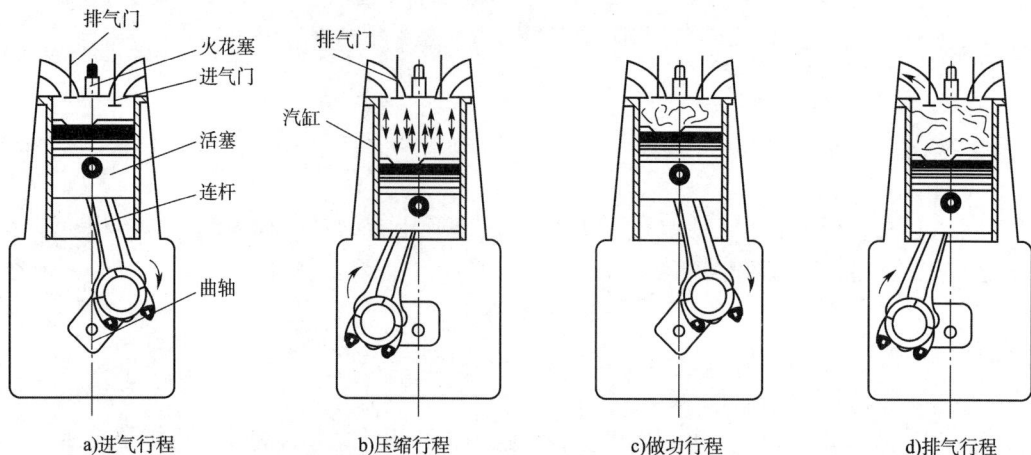

a)进气行程　　b)压缩行程　　c)做功行程　　d)排气行程

图2-4　四冲程汽油机工作原理示意图

（3）做功行程。在做功行程中,活塞运动到接近压缩行程上止点附近时,火花塞跳火点燃汽缸内的可燃混合气。这时由于进气门和排气门均处于关闭状态,缸内气体温度和压力同时升高,高温高压的气体膨胀,推动活塞由上止点向下止点运动,并通过连杆带动曲轴旋转输出机械能,直到活塞到达下止点时,做功行程结束。

（4）排气行程。在做功行程结束后,汽缸内的可燃混合气通过燃烧转变为废气。此时排气门开启,进气门处于关闭状态,活塞在曲轴和连杆的带动下由下止点向上止点运动,汽缸内的废气经排气门排出,直到活塞到达上止点时,排气行程结束。

排气行程结束后,进气门再次开启,又开始下一个工作循环。如此周而复始,发动机就连续运转了。发动机工作时,需要连续不断地进行循环,在每个循环中都是依次完成进气、压缩、做功、排气4个行程。

2. 工作循环的特点

四冲程发动机工作循环具有以下特点。

（1）每完成一个工作循环曲轴旋转2圈（720°）,每一行程曲轴旋转半圈（180°）。进气行程中进气门开启,排气门关闭;排气行程中排气门开启,进气门关闭;其余两个行程进气门和排气门均关闭。

（2）在4个活塞行程中,只有做功行程产生动力,其余3个活塞行程则是为做功行程做准备的辅助行程,都要消耗动力。虽然做功行程是主要的,但其他3个行程也是必不可少的。

（3）发动机起动时（第一个工作循环）,必须借助外力带动曲轴旋转以完成进气行程和压缩行程,在混合气着火做功行程开始后,依靠曲轴和飞轮储存的能量,使发动机转入正常运转状态。

3. 多缸四冲程发动机的工作原理

单缸四冲程发动机每个工作循环所经历的4个活塞行程中,只有做功行程为有效行程,其他3个行程为消耗机械功的辅助行程。这样,发动机曲轴在做功行程中的转速快,在其他行程中转速慢。所以,一个工作循环中曲轴的转速是不均匀的。为了保证发动机运转平稳,现代汽车发动机都采用多缸四冲程发动机,应用最多的是四缸发动机、六缸发动机和八缸发动机。

多缸四冲程发动机每个汽缸所经历的工作循环与单缸四冲程发动机相同,但各缸的做功行程并非同时进行,而是按一定顺序进行。因此,对多缸四冲程发动机来说,曲轴每转两周,各缸分别做功一次,且各缸做功间隔角(以曲轴转角表示)保持一致。对于缸数为 i 的四冲程直列式发动机而言,做功间隔角为 $720°/i$。汽缸数越多,发动机工作越平稳,但结构也越复杂。

四、发动机的总体构造

汽油发动机通常由两大机构、五大系统组成。两大机构是指曲柄连杆机构和配气机构;五大系统是指燃料供给系统、冷却系统、润滑系统、点火系统和起动系统。下面以凯越(1.6L)乘用车汽油发动机(图 2-5 和图 2-6)为例,介绍四冲程汽油发动机的构造。

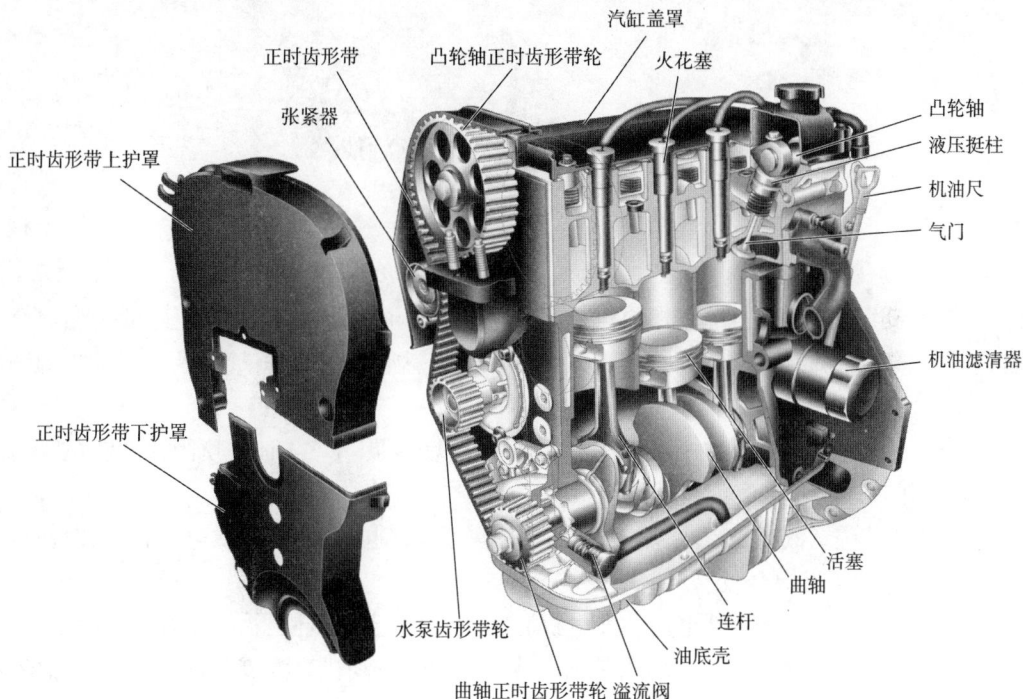

图 2-5　凯越(1.6L)乘用车汽油发动机纵剖图

(1)曲柄连杆机构。曲柄连杆机构是发动机借以产生动力,并将活塞的往复直线运动转变为曲轴的旋转运动而输出动力的机构。

曲柄连杆机构主要由汽缸体、汽缸盖、活塞、连杆、曲轴和飞轮等组成。

(2)配气机构。配气机构的功用是根据发动机的工作需要,适时地打开进气门或排气门,使可燃混合气及时地充入汽缸,或使废气及时地从汽缸内排出;而在发动机不需要进气或排气时,则利用气门将进气通道或排气通道关闭,以保持汽缸密封。

配气机构主要由气门、气门弹簧、液压挺柱、凸轮轴、正时齿形传动带轮等组成。

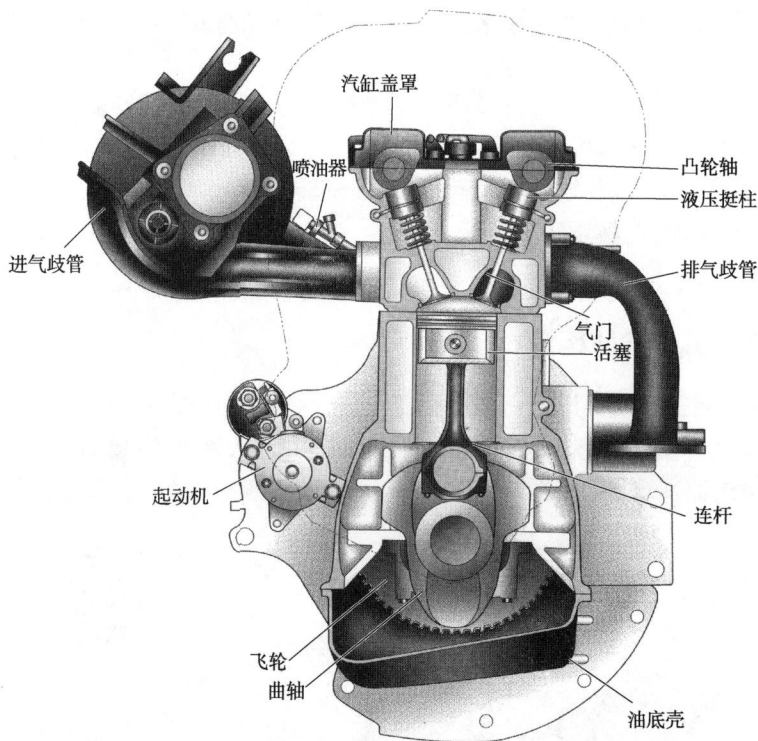

图2-6 凯越(1.6L)乘用车汽油发动机横剖图

（3）燃料供给系统。汽油机燃料供给系统的功用是向汽缸内供给已配好的可燃混合气（缸内喷射式发动机为空气），并控制进入汽缸内的可燃混合气的数量，以调节发动机的输出功率，最后将燃烧后的废气排出汽缸。

汽油机的燃料供给系统由燃油箱、燃油滤清器、燃油泵、节气门体、喷油器、空气滤清器、进气歧管、排气歧管和排气消声器等组成。

（4）点火系统。汽油机点火系统的功用是按一定时刻向汽缸内提供电火花，及时地点燃汽缸中被压缩的可燃混合气。

点火系统通常由电源(蓄电池和发电机)、点火开关、点火线圈、火花塞等组成。

（5）冷却系统。冷却系统的功用是利用冷却液冷却发动机高温零部件，并通过散热器将热量散发到大气中去，以保证发动机正常工作。

水冷式冷却系统通常由水泵、散热器、风扇、节温器、水套等组成。

（6）润滑系统。润滑系统的功用是将清洁的润滑油分送至各个摩擦表面，以减小摩擦和磨损，并清洗、冷却摩擦表面，从而延长发动机的使用寿命。

润滑系统一般由机油泵、集滤器、机油滤清器、限压阀、润滑油道、油底壳等组成。

（7）起动系统。起动系统的功用是带动飞轮旋转以获得必要的动能和起动转速，使静止的发动机起动并进入自行运转状态。

起动系统包括起动机及其附属装置。

第二节 曲柄连杆机构

一、曲柄连杆机构的功用和组成

曲柄连杆机构是往复活塞式内燃机将热能转变为机械能的主要机构,其功用是把气体作用在活塞顶面上的压力转变为曲轴的转矩,向外输出动力。

曲柄连杆机构由机体组、活塞连杆组和曲轴飞轮组三部分组成。

二、曲柄连杆机构主要部件的构造

1.机体组

发动机的机体组(图2-7)主要由汽缸体、曲轴箱、汽缸盖、汽缸盖罩、汽缸垫、油底壳等组成。机体组是发动机的骨架,是发动机各机构和系统的装配基体。

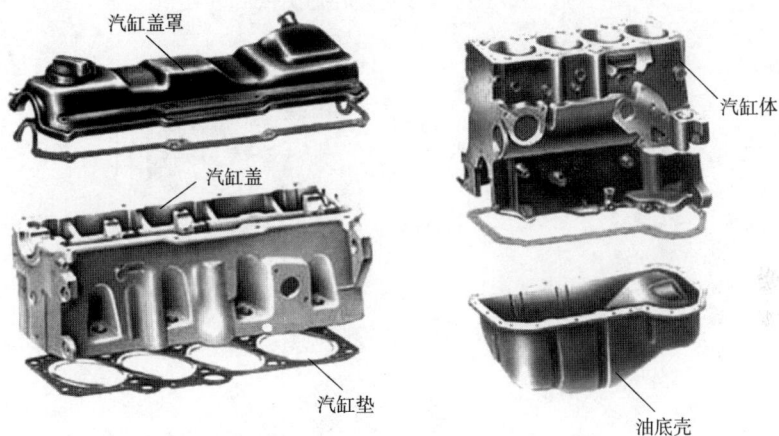

图2-7 机体组

1)汽缸体

水冷发动机的汽缸体和曲轴箱常制成一体,而且多缸发动机的各个汽缸也合铸成一个整体(图2-8),称为汽缸体—曲轴箱,简称汽缸体。汽缸体上半部有若干个为活塞在其中运动导向的圆柱形空腔,称为汽缸。下半部为支撑曲轴的曲轴箱,其内腔为曲轴旋转的空间。

(1)汽缸的排列方式。根据汽缸排列形式不同,汽缸体分直列式、V形、对置式等形式。

①直列式(图2-9)。各汽缸排成一直列的称为直列式汽缸排列,其特点是机体的宽度小而高度和长度大,一般只用于六缸以下的发动机,通常把采用直列式汽缸排列的发动机称为直列式发动机。

②V形(图2-10)。两列汽缸排成V形的称为V形汽缸排列,V形发动机汽缸体宽度大,而长度和高度小,形状比较复杂。但汽缸体的刚度大,质量和外形尺寸较小,多用于六缸以上大功率发动机上,通常把此种发动机称为V形发动机。V形的打开角度被称为汽缸夹角,为了平衡,V6发动机的汽缸夹角最好为90°,V8发动机的汽缸夹角最好为60°。

③对置式(图2-11)。对置式发动机是指两列汽缸水平相对排列,其优点是重心低、平衡性较好。

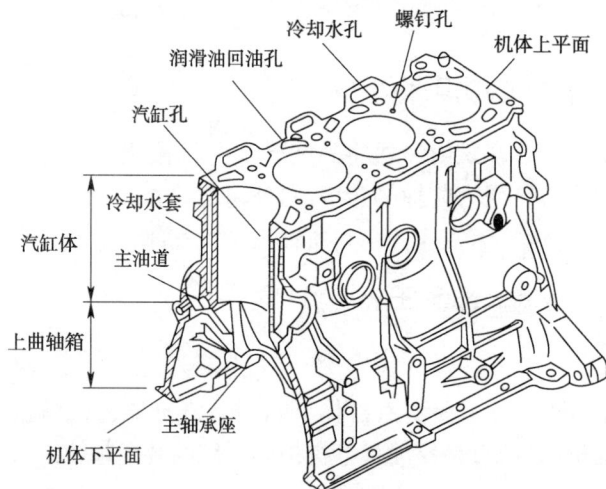

图2-8　水冷发动机的汽缸体

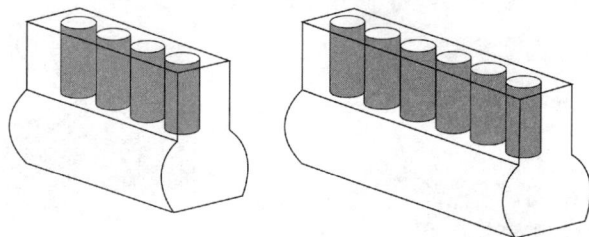

a)直列四缸　　　　　　　　b)直列六缸

图2-9　直列式

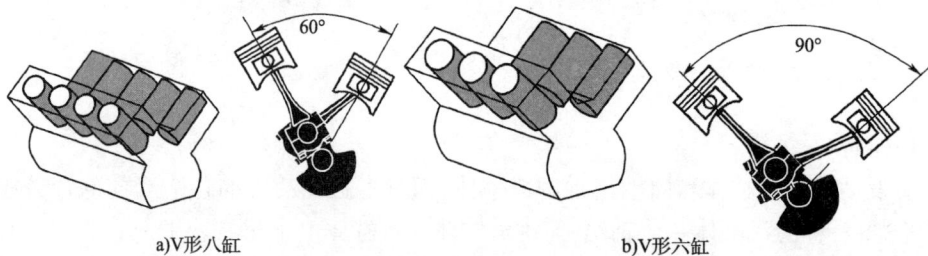

a)V形八缸　　　　　　　　b)V形六缸

图2-10　V形

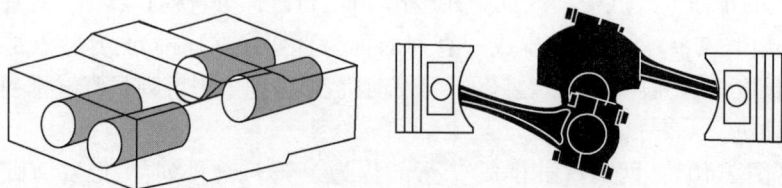

图2-11　对置式

(2)汽缸体的冷却。汽缸体冷却有水冷和风冷两种方式。汽车发动机多采用水冷的方式(图 2-8),利用水套中的冷却液流过高温零件的周围而带走多余的热量。风冷式发动机一般将汽缸体与曲轴箱分开铸造,为增强散热效果,在汽缸体与汽缸盖的外表面铸有散热片,如图 2-12 所示。

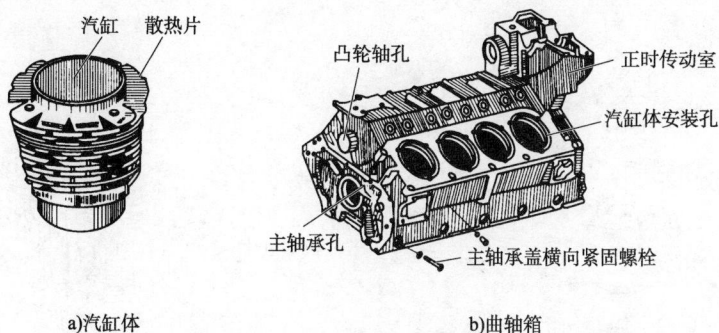

a)汽缸体　　　　　　　　　　　　　　　b)曲轴箱

图 2-12　风冷发动机的汽缸体

(3)汽缸套。某些乘用车发动机采用合金铸铁无汽缸套式的汽缸体,即不镶嵌任何汽缸套,在汽缸体上直接加工出汽缸。这可以缩短汽缸中心距,使汽缸体的尺寸和质量减小,刚度大,工艺性好。但是为了保证汽缸的耐磨性,整个汽缸体必须采用耐磨的合金铸铁制造,成本较高。

现代汽车多采用在汽缸体内镶入耐磨性较好的汽缸套,延长汽缸的使用寿命。根据是否与冷却液相接触,汽缸套分为干式汽缸套和湿式汽缸套两种。

①干式汽缸套。汽缸套的外表面不直接与冷却液接触的称为干式汽缸套,如图 2-13a)所示。

②湿式汽缸套。湿式汽缸套的外表面则与冷却液直接接触,如图 2-13b)所示。大多数湿式汽缸套装入后,其顶面一般高出汽缸体 0.05～0.15mm,这样在紧固汽缸盖螺栓时,可将汽缸垫压得更紧,以保证汽缸的密封性,防止漏水、漏气。

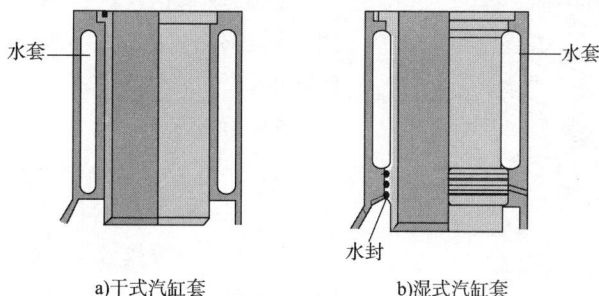

a)干式汽缸套　　　　　　　　　　　　　b)湿式汽缸套

图 2-13　汽缸套

2)汽缸盖

汽缸盖用来封闭汽缸的上部,并与活塞顶、汽缸壁共同构成燃烧室。汽缸盖内有与汽缸体相通的冷却水套、燃烧室、火花塞座孔、进气道和排气道等。上置凸轮轴式发动机的汽缸盖上还有用以安装凸轮轴的轴承座。图 2-14 所示为发动机的汽缸盖分解图。

3)汽缸垫

汽缸体与汽缸盖间装有汽缸垫(图 2-15),该垫是用来保证汽缸体与汽缸盖结合面间的密封,防止气体、冷却液和机油等的泄漏。汽缸垫有金属—石棉汽缸垫和纯金属汽缸垫等结构形式。

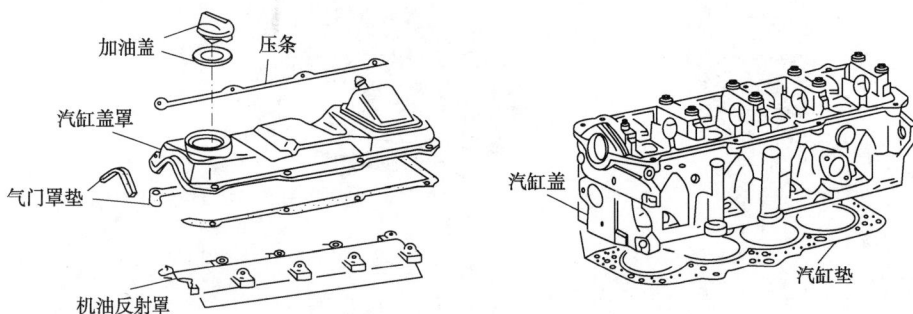

图 2-14　汽缸盖分解图

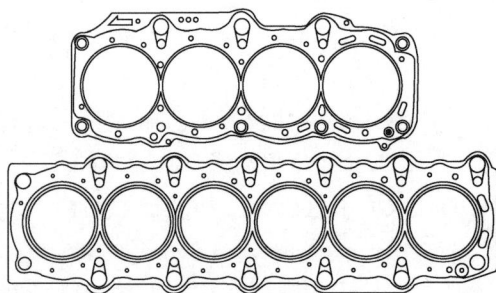

图 2-15　汽缸垫

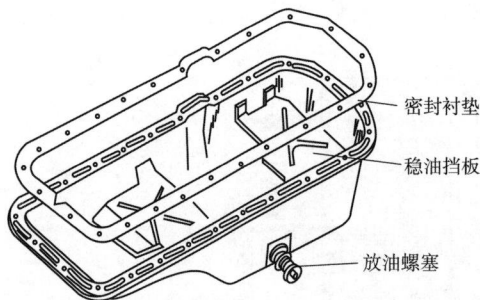

图 2-16　油底壳

4)汽缸盖罩

汽缸盖罩(图 2-14)位于汽缸盖上部,起封闭及防尘作用,一般由薄钢板冲压而成,其上设有注油口。

5)油底壳

油底壳(图 2-16)的作用是储存机油并封闭曲轴箱。一般为薄钢板冲压而成。某些发动机为达到良好的散热效果,采用了铝合金铸造的油底壳,在油底壳的底部还铸有散热片。有时在油底壳中还设有稳油挡板,以减轻油面波动。油底壳底部装有磁性的放油螺栓,以吸附机油中的铁屑,减少发动机的磨损。

2.活塞连杆组

活塞连杆组主要由活塞、活塞环、活塞销和连杆等部件组成,如图 2-17 所示。

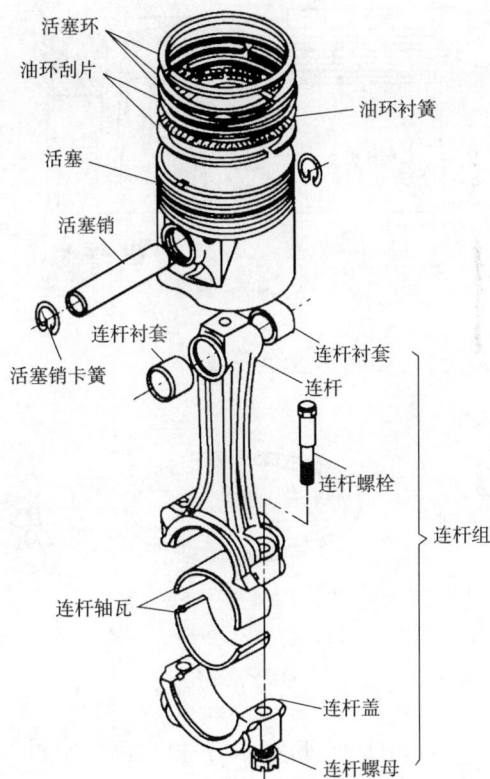

图 2-17　活塞连杆组

1）活塞

活塞的主要功用是承受汽缸中的燃烧压力,并将此压力通过活塞销和连杆传给曲轴。此外,活塞还与汽缸盖、汽缸壁共同组成燃烧室。

活塞是由活塞顶部、活塞头部和活塞裙部三部分组成,如图 2-18 所示。

（1）活塞顶部是燃烧室的组成部分,其形状与选用的燃烧室的形式有关。汽油机活塞顶有平顶、凸顶、凹顶和成型顶等形式,如图 2-19 所示。

（2）活塞头部是指活塞顶至最下面一道活塞环槽之间的部分,其作用是承受气体压力、防止漏气、将热量通过活塞环传给汽缸壁。活塞头部有若干环槽,用以安装活塞环。上面的 2～3 道槽用来安装气环,下面的一道用来安装油环。油环槽的底部钻有若干小孔,以使油环从汽缸壁上刮下的多余机油经此流回油底壳。

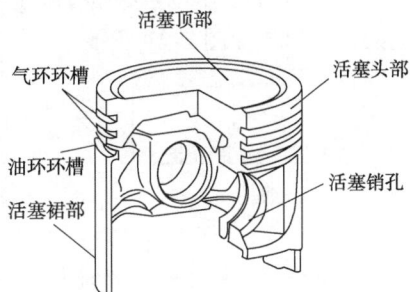

图 2-18　活塞的基本结构

（3）活塞环槽以下的部分称为活塞裙部,其作用是引导活塞在汽缸中作往复运动,并承受侧压力。考虑轻量化和防止热膨胀,有些活塞裙部开了细长的一字形、T 形或 U 形槽。热膨胀的时候这些槽会变窄。

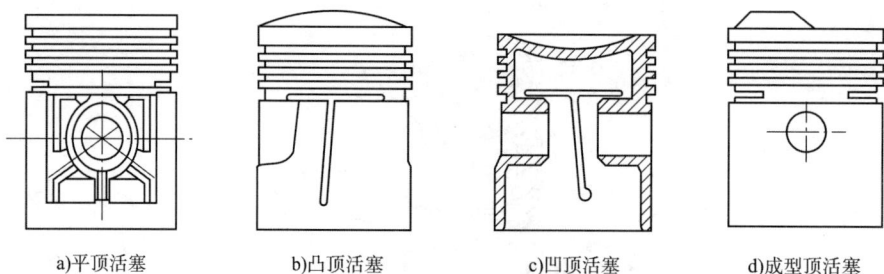

a)平顶活塞   b)凸顶活塞   c)凹顶活塞   d)成型顶活塞

图 2-19　活塞顶的形状

2)活塞环

活塞环包括气环和油环两种,如图 2-20 所示。

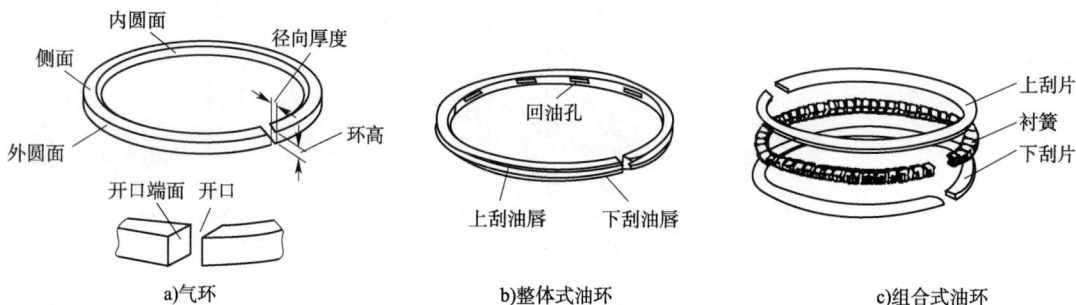

a)气环   b)整体式油环   c)组合式油环

图 2-20　活塞环

(1)气环又称为压缩环,其作用是保证活塞与汽缸壁间的密封,防止汽缸中的高温、高压燃气大量漏入曲轴箱,同时它还将活塞头部的热量传导给汽缸壁。一般发动机上每个活塞装有 2~3 道气环。

(2)油环的作用是刮除汽缸壁上多余的机油,并在汽缸壁布油。通常发动机的每个活塞装有 1 道油环,也有个别发动机活塞在裙部上还装有 1 道油环。

3)活塞销

活塞销的功用是连接活塞和连杆小头,将活塞所承受的气体压力传给连杆。活塞销常见的结构形式如图 2-21 所示。

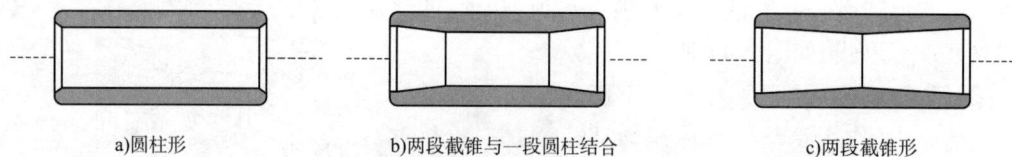

a)圆柱形   b)两段截锥与一段圆柱结合   c)两段截锥形

图 2-21　活塞销的结构

活塞销、活塞销座孔和连杆小头衬套孔的连接配合方式有两种,即全浮式和半浮式(图 2-22)。

(1)全浮式活塞销能在连杆小头衬套孔和活塞销座孔内作自由转动,可以保证活塞销沿圆周磨损均匀,因此应用较普遍。为防止活塞销轴向窜动而损坏汽缸壁,在活塞销座两端装有弹性卡环来限位。

(2)半浮式活塞销是用螺栓将活塞销夹紧在连杆小头孔内,这时活塞销只在活塞销孔内转动,在连杆小头孔内不转动。因而连杆小头孔内不装衬套,活塞销座孔孔内也不装挡圈。

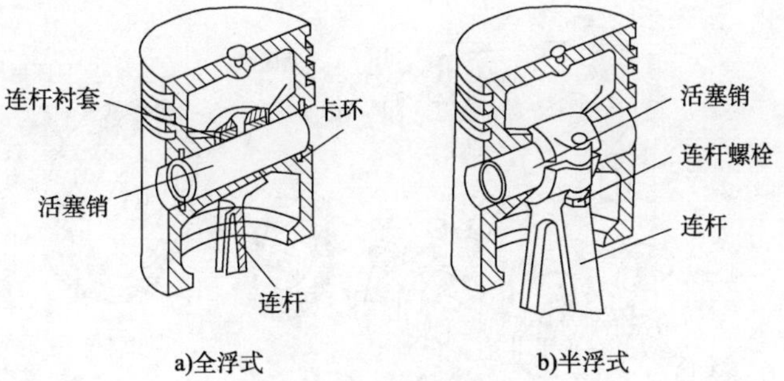

图 2-22 活塞销的连接方式

4)连杆

连杆的功用是将活塞承受的力传给曲轴,推动曲轴转动,将活塞的往复运动转变为曲轴的旋转运动。

连杆的结构如图 2-23 所示,由连杆小头、杆身和连杆大头 3 部分组成。连杆小头用来安装活塞销以连接活塞,在全浮式连接的连杆小头孔内压有减磨的青铜衬套或铁基粉末冶金衬套。工作时,活塞销和衬套之间有相对转动,为了保证其间润滑,在连杆小头和衬套上钻有集油孔或铣出集油槽,用于收集发动机运转时被溅上来的机油,以利润滑。有的发动机连杆小头采用压力润滑,在连杆杆身内钻有纵向的压力油道。

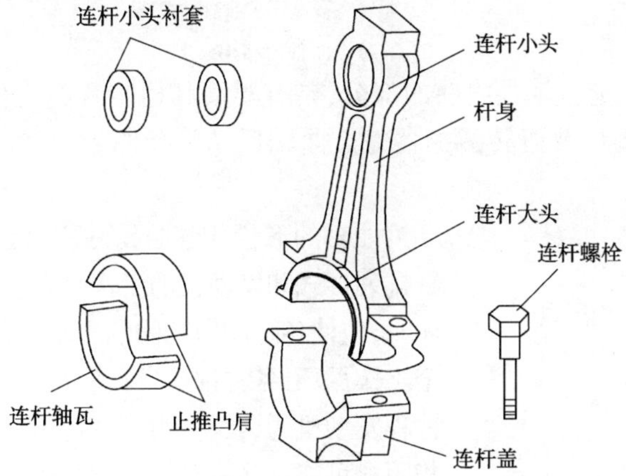

图 2-23 连杆的结构

3. 曲轴飞轮组

曲轴飞轮组主要由曲轴、飞轮、正时齿轮或正时链轮、传动带轮及曲轴扭转减振器等组成,如图 2-24 所示。

1)曲轴

曲轴的主要功用是将活塞连杆组传来的气体压力转变为转矩,然后通过飞轮输出。另外还用来驱动发动机的配气机构以及其他辅助装置(如发电机、风扇、水泵、转向油泵等)。

曲轴一般由主轴颈、连杆轴颈、曲柄、前端轴和后端凸缘等组成,如图 2-25 所示。一个连杆轴颈和它两端的曲柄及相邻两个主轴颈构成一个曲拐。曲拐的数目取决于发动机的汽缸数目及其排列方式,直列发动机的曲拐数等于汽缸数,而 V 形和对置式发动机的曲拐数为汽缸数的一半。

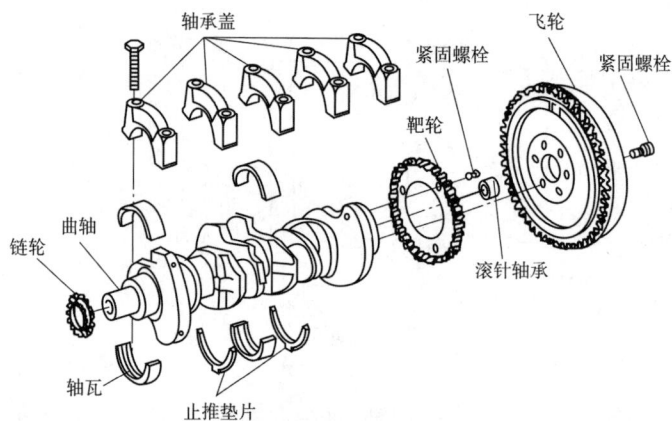

图 2-24　曲轴飞轮组

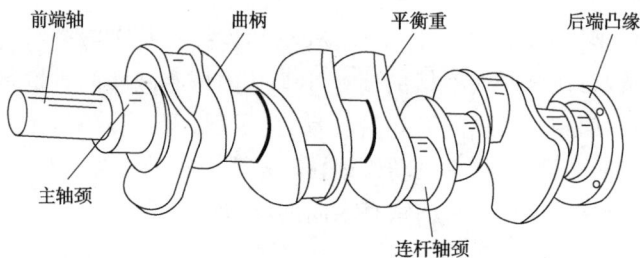

图 2-25　曲轴的结构

曲轴前端轴是第一道主轴颈之前的部分,装有驱动其他装置的机件(正时齿轮、传动带轮)及其起动爪、止推垫片及扭转减振器等。曲轴后端是指曲轴最后一道主轴颈之后的部分,为安装飞轮的凸缘。

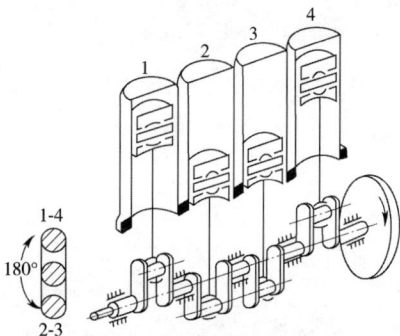

图 2-26　直列四缸发动机的曲拐布置

曲轴的形状及各曲拐的相对位置取决于汽缸数、汽缸排列形式和发动机的工作顺序。在选择各缸的工作顺序时,应使各缸的做功间隔力求均衡,即发动机每完成一个工作循环,各缸都应发火做功一次。对于缸数为 i 的四冲程发动机,其发火间隔角为 $720°/i$,连续做功的两缸相距尽可能远些,以减轻主轴承负荷和避免进气行程中发生抢气现象;V 形发动机左、右两列应交替发火。

(1) 四冲程直列四缸发动机的发火间隔角为 $720°/4 = 180°$ 。4 个曲拐在同一个平面内,如图 2-26 所示。发动机的工作顺序为 1-3-4-2 或 1-2-4-3。若以第一种为例,则其工作循环表见表 2-1。

直列四缸发动机工作循环表(发火顺序 1-2-4-3)　　　　　　　　　　　表 2-1

曲轴转角(°)	第 1 缸	第 2 缸	第 3 缸	第 4 缸
0 ~ 180	做功	压缩	排气	进气
180 ~ 360	排气	做功	进气	压缩
360 ~ 540	进气	排气	压缩	做功
540 ~ 720	压缩	进气	做功	排气

(2)四冲程直列六缸发动机的发火间隔角为 $720°/6 = 180°$ 。6 个曲拐互成 $120°$,如

图2-27所示。发动机的工作顺序多为1-5-3-6-2-4,其工作循环表见表2-2。

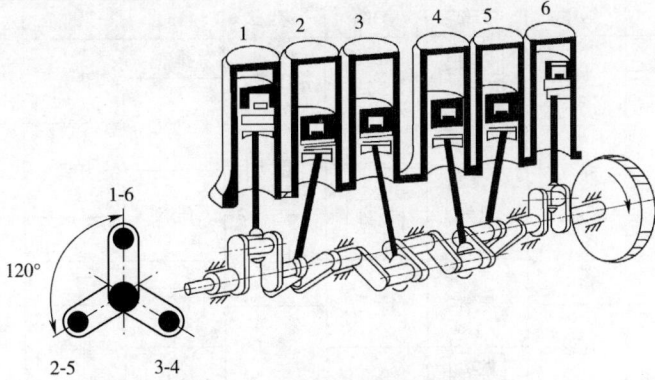

图 2-27　直列六缸发动机的曲拐布置

直列六缸发动机工作循环表(发火顺序 1-5-3-6-2-4)　　　　　　　　　　表 2-2

曲轴转角（°）		第1缸	第2缸	第3缸	第4缸	第5缸	第6缸
0~180	0			进气	做功		
	60	做功	排气			压缩	进气
	120			压缩	排气		
	180						
180~360	240	排气	进气			做功	压缩
	300						
	360			做功	进气		
360~540	420	进气	压缩			排气	做功
	480			排气	压缩		
	540						
540~720	600	压缩	做功			进气	排气
	660			进气	做功		
	720		排气			压缩	

（3）四冲程 V 形八缸发动机的发火间隔角为 720°/8 = 90°。4 个曲拐互成 90°,如图 2-28所示。发动机的工作顺序为 1-8-4-3-6-5-7-2,其工作循环表见表 2-3。

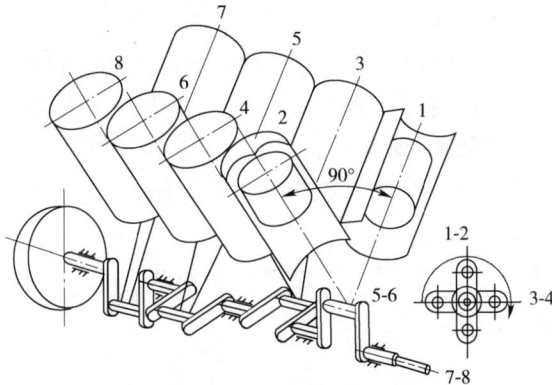

图 2-28　四冲程 V 形八缸发动机的曲拐布置

V 形八缸发动机工作循环表（发火顺序 1-8-4-3-6-5-7-2）　　　　表 2-3

曲轴转角（°）		第1缸	第2缸	第3缸	第4缸	第5缸	第6缸	第7缸	第8缸
0~180	0		做功	进气		排气			压缩
	90	做功			压缩		进气	排气	
180~360	180		排气	压缩		进气			做功
	270	排气			做功		压缩	进气	
360~540	360		进气	做功		压缩			排气
	450	进气			排气		做功	压缩	
540~720	540		压缩	排气		做功			进气
	630	压缩			进气		排气	做功	
	720		做功	进气		排气			压缩

2）扭转减振器

在曲轴的前端加装有扭转减振器（图 2-29），扭转减振器的作用是吸收曲轴扭转振动的能量，消减扭转振动，避免发生共振。

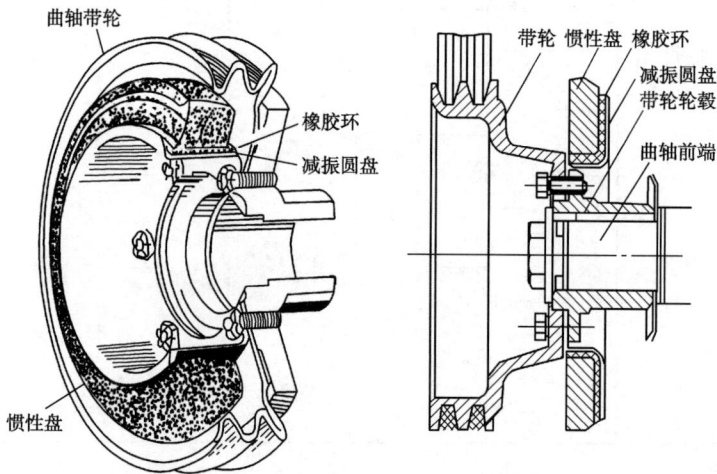

图 2-29　扭转减振器

3）飞轮

飞轮是一个转动惯量很大的圆盘，其主要功用是储存做功行程的一部分能量，以克服各辅助行程的阻力，使曲轴均匀旋转，从而使发动机具有克服短时超载的能力。此外，飞轮又常作为汽车传动系统中离合器的主动盘。

发动机飞轮的构造如图 2-30 所示。飞轮的外缘上镶有齿圈，起动时起动机上的小齿轮与之啮合，供发动机起动用。

飞轮上通常刻有第 1 缸点火正时记号，以便检验和调整点火正时和气门间隙。不同发动机点火正时记号各不相同。

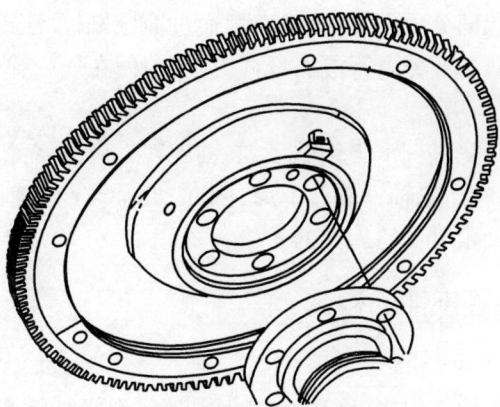

图 2-30 飞轮的构造

第三节 配气机构

一、配气机构的功用和组成

配气机构的功用是按照发动机每一汽缸内所进行的工作循环或发火次序的要求,定时开启和关闭各汽缸的进、排气门,使新鲜可燃混合气得以及时进入汽缸,废气得以及时从汽缸中排出。进入汽缸内的可燃混合气对发动机性能的影响很大,进气量越多,发动机的转矩越大、功率越高。

配气机构由气门组和气门传动组组成,如图 2-31 所示。气门组主要包括气门、气门座、气门导管和气门弹簧等部件。气门传动组主要包括凸轮轴、凸轮轴正时带轮、正时齿形带、张紧轮、液压挺柱等部件。

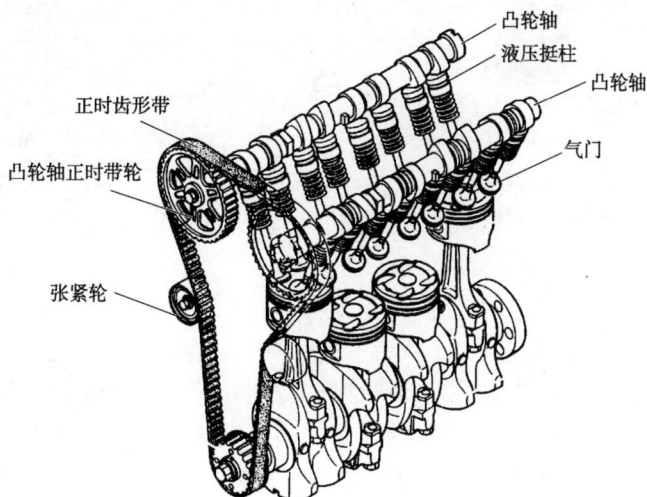

图 2-31 配气机构

发动机工作时,曲轴通过曲轴正时带轮、正时齿形带、凸轮轴正时带轮驱动凸轮轴旋转,当凸轮轴转到凸轮的凸起部分顶到液压挺柱时,通过液压挺柱,压缩气门弹簧,使气门离座,即气门开启。当凸轮的凸起部分离开液压挺柱时,气门便在气门弹簧力的作用下落座,气门关闭。

由于四冲程发动机每完成一个工作循环,曲轴旋转 2 周,而各缸进、排气门各开启 1 次,完成 1 次进气和排气,此时凸轮轴只旋转 1 周,因此,曲轴与凸轮轴的转速比为 2:1,即凸轮轴正时带轮的齿数是曲轴正时带轮齿数的 2 倍。

二、配气机构主要部件的构造

1. 气门组

气门及其相关零件称为气门组,气门组的作用是实现汽缸的密封。配置一根气门弹簧的标准型气门组如图 2-32 所示。

1)气门

(1)气门结构。气门的功用是与气门座相配合,对汽缸进行密封。气门由气门头部和气门杆部两部分组成(图 2-33),气门头部用来封闭汽缸的进、排气道,气门杆部用来为气门的运动导向。

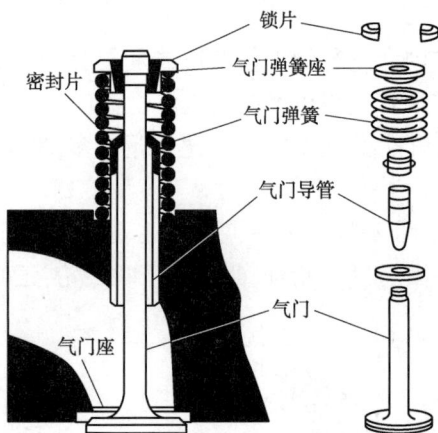

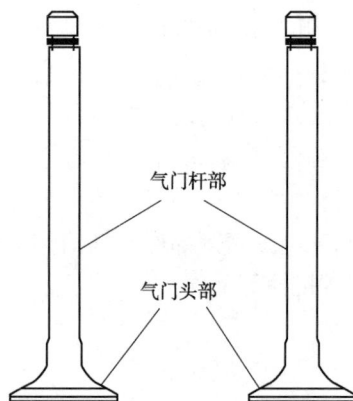

图 2-32 气门组   图 2-33 气门结构

①气门头部。气门头部的形状有平顶、喇叭形顶和球面顶,如图 2-34 所示。使用最多的是平顶气门头部,进、排气门均可采用。喇叭形顶头部多用于进气门,球面顶气门头部适用于排气门。

气门头部与气门座圈接触的工作面,是与杆部同心的锥面,通常将这一锥面与气门顶部平面的夹角称为气门锥角,如图 2-35 所示,一般作成 30° 或 45°。

考虑到进气阻力比排气阻力对发动机性能的影响大得多,为尽量减小进气阻力,一般进气门的尺寸略大于排气门的尺寸,这是因为进气是利用活塞下移产生的真空来实现的,进气门大些,可提高进气效率;而排气是通过活塞上升将废气排出的,排气门即使是小一些也不会造成太大的影响。

②气门杆。气门杆是圆柱形,在气门导管中不断上、下往复运动。气门杆尾部结构取决于气门弹簧座的固定方式,常见的结构形式如图 2-36 所示。

a)平顶　　　b)喇叭形顶　　　c)球面顶

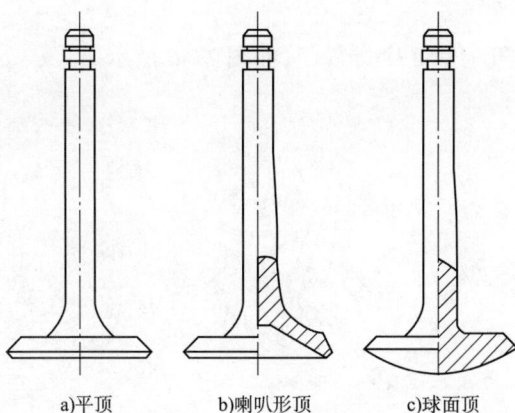

图 2-34　气门头部的形状

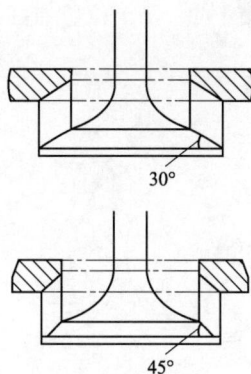

30°

45°

图 2-35　气门锥角

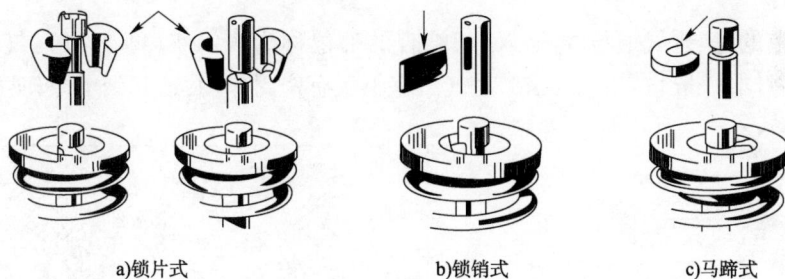

a)锁片式　　　　　b)锁销式　　　　　c)马蹄式

图 2-36　气门弹簧座的固定方式

（2）气门数。在短时间内能够将尽量多的气体吸入和排出,在很大程度上影响着发动机的整体性能。从气门在有限制的燃烧室表面积中所占的面积来看,与具有两个气门的汽缸相比,进、排气门越多,则气门面积之和就越大,进、排气效率越高,而且可以使单个气门的体积减小,质量减轻。但气门数越多,结构越复杂,成本越高。

① 2 气门式（图 2-37）。每个汽缸采用 1 个进气门和 1 个排气门,一般进气门比排气门大些。

② 3 气门式（图 2-38）。每个汽缸有 2 个进气门和 1 个排气门,排气门大对排出高温气体有利,能提高发动机排气性能。

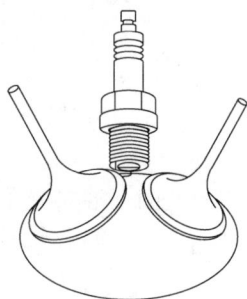

图 2-37　2 气门式的结构形式　　　　图 2-38　3 气门式的结构形式

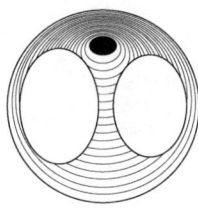

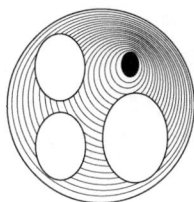

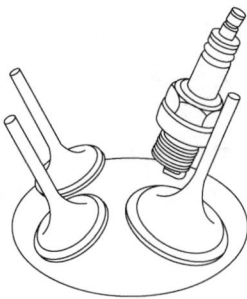

③ 4 气门式（图 2-39）。每个汽缸有 2 个进气门和 2 个排气门,两套凸轮轴装置分别控

制 1 组进、排气门的开闭。

④5 气门式。每个汽缸有 3 个进气门和 2 个排气门,如图 2-40 所示。

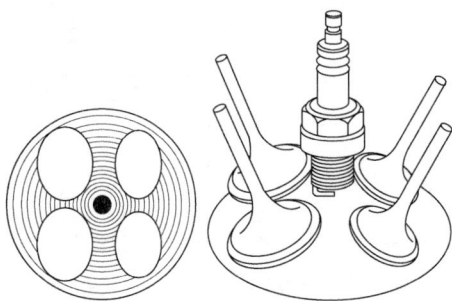

图 2-39　4 气门式的结构形式　　　　图 2-40　5 气门式的结构形式

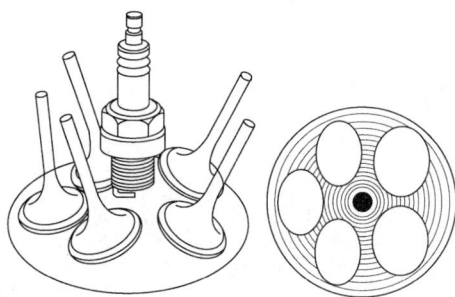

2)气门座

汽缸盖上的进、排气道与气门锥面相结合的部位称为气门座(图 2-41),气门座的锥角和气门锥角相同,一般也是 30°或 45°。气门座不仅有密封作用,还起到了冷却气门的作用。

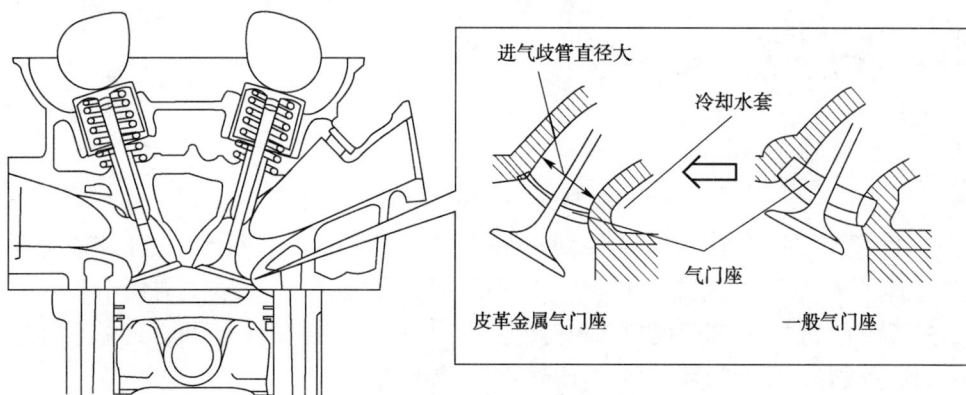

图 2-41　气门座

3)气门导管

气门导管(图 2-42)的功用是为气门的运动导向,保证气门做直线往复运动,使气门与气门座能正确贴合。气门杆与气门导管之间一般留有 0.05 ~ 0.12mm 的间隙,使气门杆能在导管中自由运动。

4)气门弹簧

气门弹簧的功用是保证气门及时落座并与气门座或气门座圈紧密贴合,同时也可防止气门在发动机振动时因跳动而破坏密封。

气门弹簧多为圆柱形螺旋弹簧,如图 2-43a)所示。安装时,气门弹簧的一端支撑在汽缸盖上,另一端则压靠在气门杆尾端的弹簧座上。为了防止弹簧发生共振,可采用变螺距的圆柱形弹簧,如图 2-43b)所示。大多数高速发动机是 1 个气门同心安装内、外两根气门弹簧,如图 2-43c)所示。这样不但可以防止共振,而且当一根弹簧折断时,另一根仍可维持工作。此外,还能减小气门弹簧的高度。当装用两根气门弹簧时,气门弹簧的螺旋方向和螺距应各不相同,这样可以防止折断的弹簧圈卡入另一个弹簧圈内。

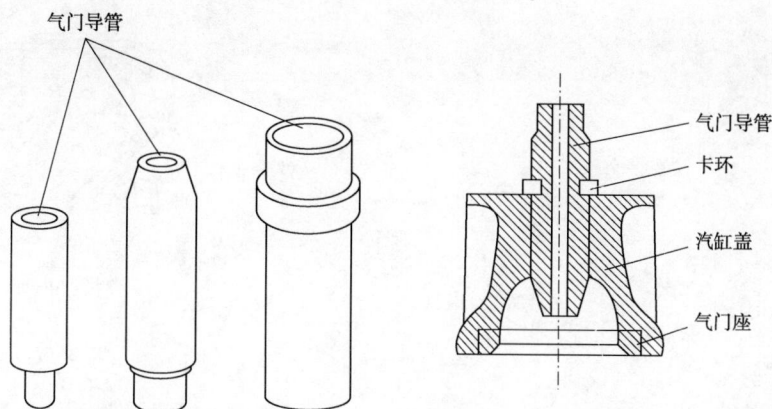

图 2-42 气门导管

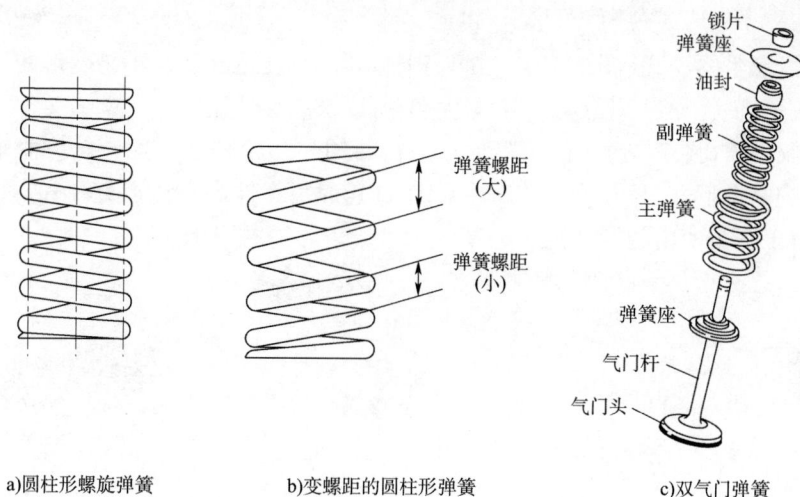

a)圆柱形螺旋弹簧　　　　b)变螺距的圆柱形弹簧　　　　c)双气门弹簧

图 2-43 气门弹簧

2. 气门传动组

气门传动组的作用是使气门按发动机配气相位规定的时刻及时开、闭,并保证规定的开启时间和开启高度。由于配气机构的布置形式多样,气门传动组的差别也很大。

1)凸轮轴

(1)凸轮轴结构。凸轮轴主要由各缸进气凸轮、排气凸轮、凸轮轴轴颈等组成,如图 2-44所示。进气凸轮和排气凸轮用于使气门按一定的工作次序和配气相位的要求及时开、闭,并保证气门有足够的升程。

(2)凸轮轴驱动方式。凸轮轴的旋转是依靠曲轴带动的,凸轮轴的驱动方式有以下4 种:

①链条驱动式(图 2-45)。凸轮轴位于汽缸盖上,由曲轴带动的曲轴链轮,通过正时链条驱动凸轮轴上的链轮旋转,从而带动凸轮轴旋转。链条导槽和链条张紧装置将张力传递至链条,以调节链条的张紧度。

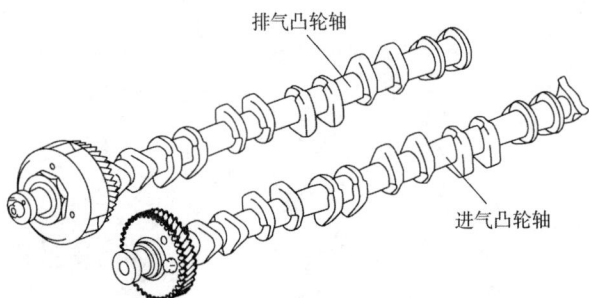

图 2-44　凸轮轴的结构

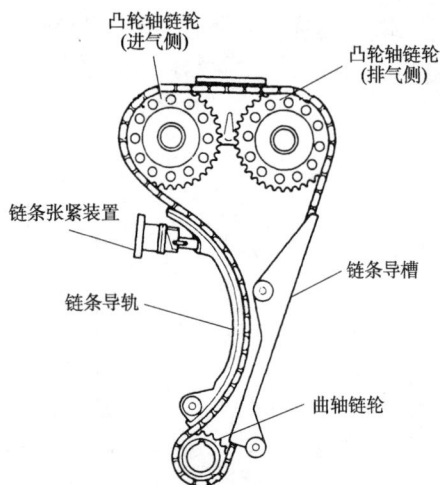

图 2-45　链条驱动式

②正时齿形带驱动式(图 2-46)。由于正时齿形带是由强度大、不易变形的纤维和橡胶制成,具有质量轻、无噪声、不需要润滑等优点,所以被广泛使用。

③齿轮驱动式(图 2-47)。齿轮驱动式是在曲轴和凸轮轴之间用齿轮将曲轴的旋转传递到凸轮轴的驱动形式,具有传动准确性更优、高速时可靠性高等优点;但制造精度高,成本高,现在仅限于赛车使用的发动机。

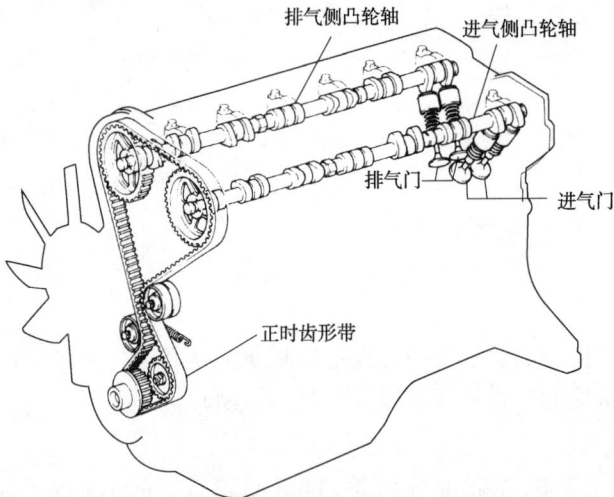

图 2-46　正时齿形带驱动式

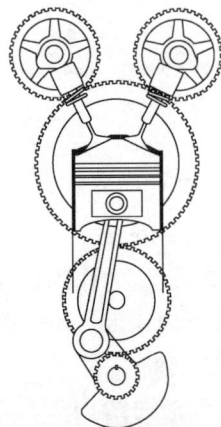

图 2-47　齿轮驱动式

④辅助齿轮驱动式(图 2-48)。汽缸盖上一侧的凸轮轴由曲轴通过 1 根链条或 1 根正时齿形带来驱动,另一侧的凸轮轴由安装在凸轮轴上的齿轮来驱动,这种方式称为辅助齿轮驱动式。

(3)凸轮轴正时定位。如采用一对正时齿轮传动,小齿轮和大齿轮分别用键安装在曲轴和凸轮轴的前端,其传动比为 2:1。在装配曲轴和凸轮轴时,必须将齿轮正时标记对准,如图 2-49 所示,以保证正确的配气相位和点火时刻。

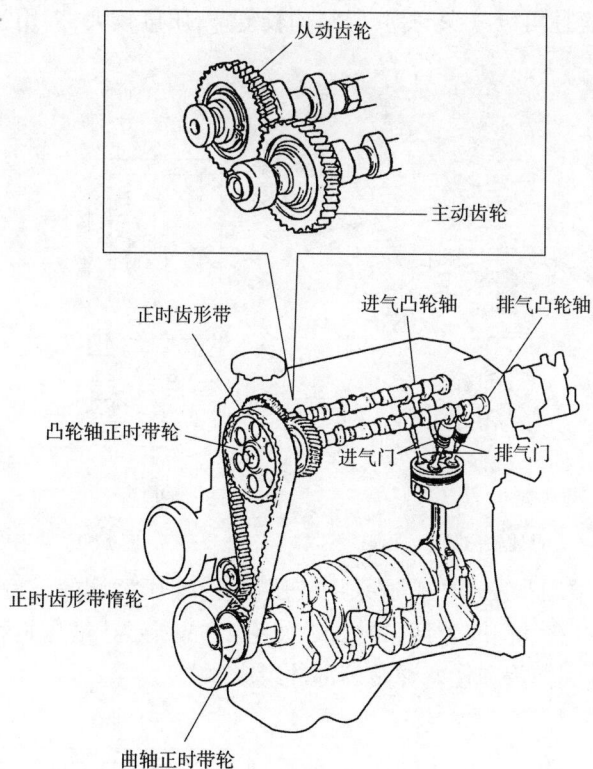

图 2-48　辅助齿轮驱动式

凸轮轴上置式发动机的正时记号通常有两处,1 处为曲轴正时记号,1 处为凸轮轴正时记号。安装时,两处都必须对正,如图 2-50 和图 2-51 所示。

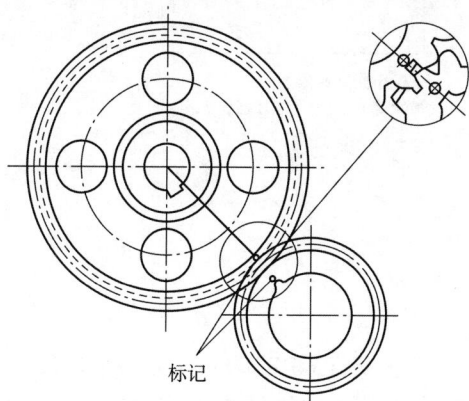

图 2-49　汽油机正时齿轮机构

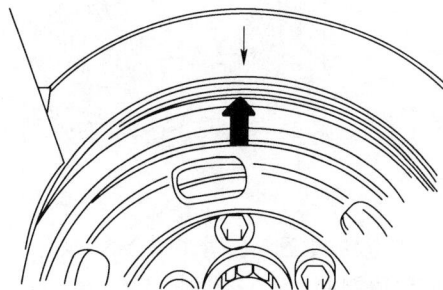

图 2-50　曲轴正时带轮上的正时标记对齐

2)挺柱

挺柱的作用是将凸轮的推力传递给推杆或气门杆,并承受凸轮轴旋转时所施加的侧向力。挺柱可分为普通挺柱和液压挺柱两种。

(1)普通挺柱。配气机构采用的普通挺柱有筒式和滚轮式两种结构形式,如图 2-52 所示。筒式挺柱中间为空心,在挺柱圆周钻有通孔,便于筒内收集的机油流出对挺柱底面及凸轮加以润滑;滚轮式挺柱可以减少磨损,但结构较复杂,质量较大,多用于大缸径发动机的配气机构上。

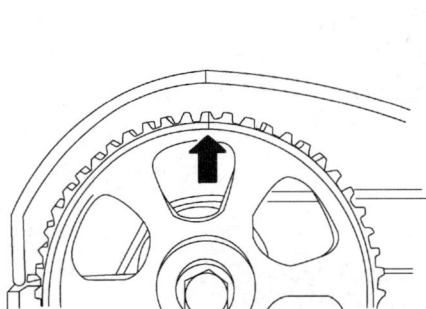

图 2-51　凸轮轴位置正时标记

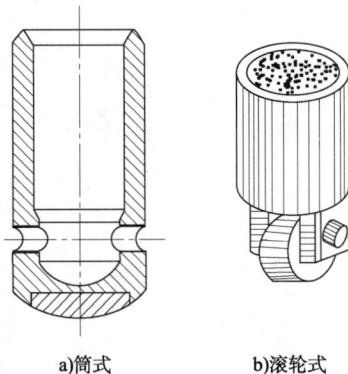

图 2-52　普通挺柱

a)筒式　　b)滚轮式

(2)液压挺柱。乘用车发动机普遍采用液压挺柱,液压挺柱的长度能自动调整,故不需要预留气门间隙,也没有气门间隙调整装置。如图 2-53 所示。液压挺柱由挺柱体、油缸、柱塞、止回球阀、止回球阀弹簧和柱塞弹簧等部件组成。

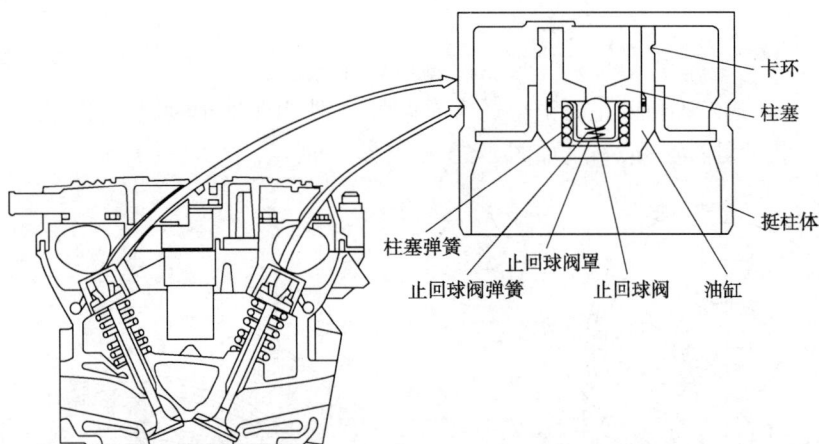

图 2-53　液压挺柱结构

液压挺柱的工作原理如图 2-54 所示。当凸轮轴转动,凸轮的凸起部分与液压挺柱顶面接触时,液压挺柱在凸轮推动力作用下向下移动,高压腔内的机油被压缩,单向球阀在压力差和单向球阀弹簧的作用下关闭,高、低压油腔被分隔开。由于液体的不可压缩性,整个液压挺柱如同一个刚体一样下移推开气门并保证气门升程。

当液压挺柱开始上行返回时,在弹簧向上顶压和凸轮下压的作用下,高压油腔继续封闭,液压挺柱仍可认为是一个刚体,直至上行到凸轮处于基圆位置即气门关闭时为止。此时,汽缸盖主油道中的机油经量孔、斜油孔和挺柱体上的环形油槽再次进入液压挺柱的低压油腔,由于液压挺柱不再受凸轮推动力和气门弹簧力的作用,高压油腔中的机油与复位弹簧推动柱塞上行,高压油腔的油压下降,单向球阀打开,低压油腔中的机油流入高压油腔,使两腔连通充满机油。这时,液压挺柱的顶面仍然和凸轮表面紧贴,从而起到了补偿气门间隙的作用。

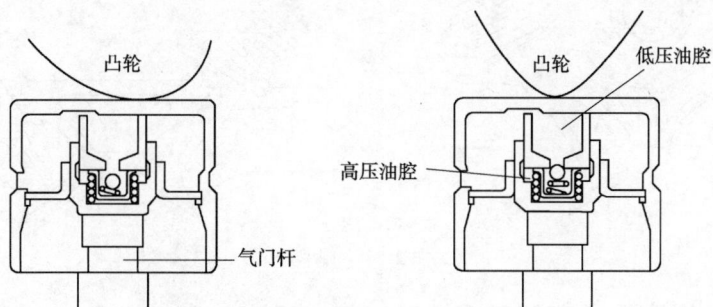

图 2-54　液压挺柱的工作原理

当气门受热膨胀时,柱塞和油缸作轴向相对运动,高压油腔中机油可经过油缸与柱塞间缝隙被挤入低压油腔。因此使用液压挺柱时,可以不预留气门间隙。

3)推杆

在凸轮轴下置式或中置式的配气机构中,凸轮轴经挺柱传来的运动和作用力要通过推杆传递给摇臂。推杆可采用实心的,也可以采用空心的。推杆的结构形式如图 2-55 所示。

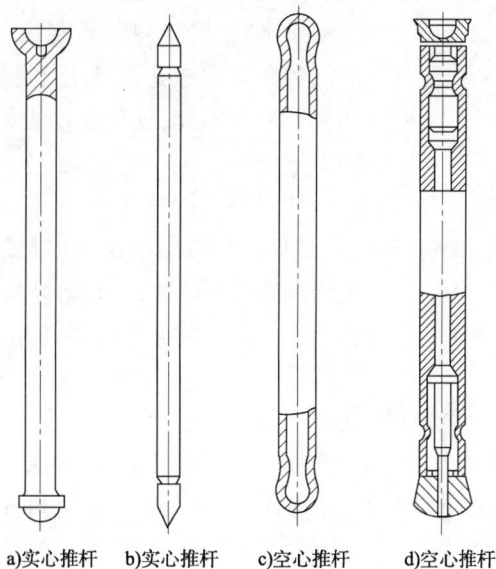

a)实心推杆　　b)实心推杆　　c)空心推杆　　d)空心推杆

图 2-55　推杆

4)摇臂

摇臂(图 2-56)的功用是将凸轮轴(或推杆)传来的力作用到气门杆尾部,推开气门。摇臂实际上是利用杠杆原理工作的。

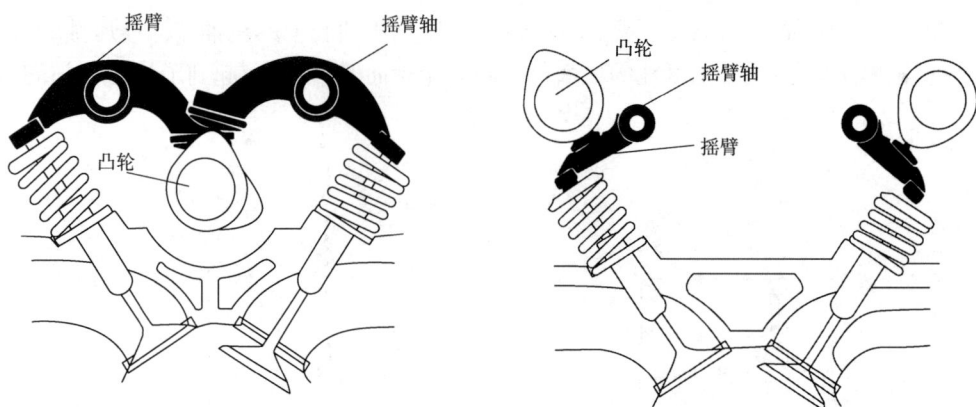

图 2-56　摇臂

三、配气相位及可变配气相位

1. 配气相位

用曲轴转角表示的进、排气门实际开闭时刻和开启持续时间,称为配气相位。通常用相对于上、下止点曲拐位置的曲轴转角的环形图来表示,这种图形称为配气相位图,如图 2-57 所示。

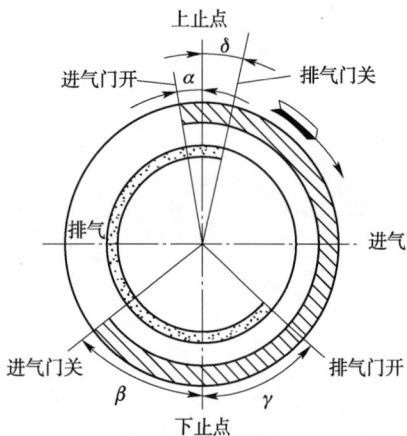

图 2-57　配气相位图

理论上,当曲拐处在上止点时,进气门开启,下止点时关闭;排气门则当曲拐在下止点时开启,上止点时关闭。进气时间和排气时间各占 180°曲轴转角。但实际上发动机转速很高,活塞每一行程历时相当短,短的时间势必会造成进气不足和排气不净,从而使发动机功率下降。因此,现代发动机都采取延长进、排气时间的方法。

1)进气门配气相位

(1)进气提前角 α。在排气行程接近终了、活塞到达上止点之前,进气门便开始开启。从进气门开启到活塞移到上止点所对应的曲轴转角,称为进气提前角 α。进气门提前开启的目的是保证进气行程开始时进气门已开大,减小进气阻力,使新鲜可燃混合气能顺利地充入汽缸。

(2)进气迟后角 β。在进气行程活塞到达下止点过后,活塞又上行一段时间,进气门才关闭。从下止点到进气门关闭所对应的曲轴转角称为进气迟后角 β。进气门迟后关闭目的是由于活塞到达下止点时,汽缸内压力仍低于大气压力,且气流还有相当大的惯性,仍可以利用气流惯性和压力差继续进气。进气门开启持续时间内的曲轴转角称为进气持续角度 $(\alpha + 180° + \beta)$。α 角一般为 $10° \sim 30°$,β 角一般为 $30° \sim 80°$。

2)排气门配气相位

(1)排气提前角 γ。在做功行程接近终了、活塞到达下止点之前,排气门便开始开启。从排气门开始开启到活塞移至下止点所对应的曲轴转角称为排气提前角 γ。排气门提前开启的目的是当做功行程活塞接近下止点时,汽缸内的气体压力对做功的作用已经不大,但仍比大气压力高,可利用此压力使汽缸内的废气迅速地自由排出。

(2)排气迟后角 δ。在排气行程接近终了,活塞越过上止点后,排气门才关闭。从上止点到排气门关闭所对应的曲轴转角称为排气迟后角 δ。排气门迟后关闭的目的是由于活塞到达上止点时,汽缸内的残余废气压力高于大气压力,加之排气时气流有一定的惯性,仍可以利用气流惯性和压力差把废气排放得更干净。排气门开启持续时间内的曲轴转角称为排气持续角度 $(\gamma + 180° + \delta)$。γ 角一般为 $40° \sim 80°$,δ 角一般为 $10° \sim 30°$。

3)气门叠开

由于进气门在上止点前即开启,而排气门在上止点后才关闭,这就出现了在一段时间内,进、排气门同时开启的现象,这种现象称为气门叠开。由于新鲜可燃混合气流和废气流的流动惯性都比较大,在短时间内是不会改变流向的,因此只要气门叠开角选择适当,就不会有废气倒流入进气管和新鲜可燃混合气随同废气排出的可能性。

2.可变配气相位

现代发动机有些具有可变的配气相位,进气门的开启和关闭时间可被调节。发动机转速高时,增大进气门的升程,提前开启和延迟关闭进气门,提高发动机的功率;发动机转速低时,减少进气门的升程,延迟开启和提前关闭进气门,提高发动机的转矩,以满足发动机对经济性、稳定性和减少排放污染物的要求。

奥迪 A6、上海帕萨特 B5 乘用车装备的 ANQ5 发动机配气机构的结构如图 2-58 所示。它有 3 个进气门,排列位置错开,打开的时间也不同(中间的气门先打开),使发动机吸入的新鲜空气产生旋涡,加速和优化混合气的雾化,提高发动机的功率和转矩。

曲轴通过齿形传动带首先驱动排气凸轮轴旋转,排气凸轮轴通过链条驱动进气凸轮轴旋转,在两轴之间设置一个可变气门正时调节器,在内部液压缸的作用下,可变气门正时调节器可以上升和下降,以调整发动机进气凸轮轴的位置。液压缸的油路与汽缸盖上的油路连通,工作压力由可变气门正时电磁阀控制,而可变气门正时电磁阀由 ECU 进行控制。排气凸轮轴位置是不可调的。可变气门正时调节器结构如图 2-59 所示。

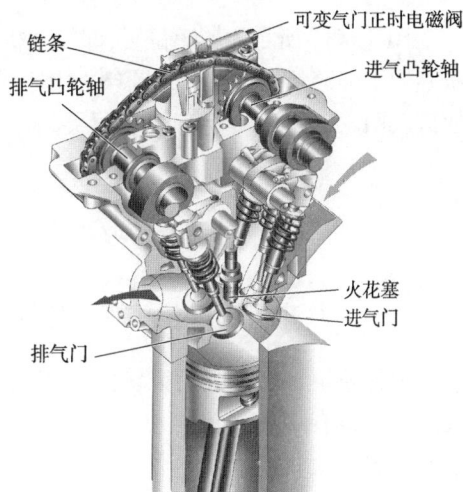

图 2-58 ANQ5 发动机配气机构

可变气门正时调节器工作原理示意图如图 2-60 所示。图 2-60a)所示为功率位置(不进行调整时的位置),即发动机在高速状态。为了充分利用进气流的惯性,进气迟后角增大,链条的上部较长,而下部较短。排气凸轮轴首先要拉紧下部链条成为紧边,进气凸轮轴才能被排气凸轮轴带动。就在下部链条由松变紧的过程中,排气凸轮轴已转过了一个角度,进气凸轮才开始动作,进气门关闭得较迟,从而使发动机在高速时产生高功率。

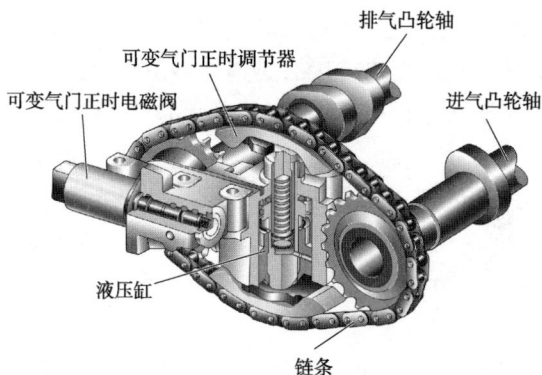

图 2-59   ANQ5 发动机可变气门正时调节器的结构

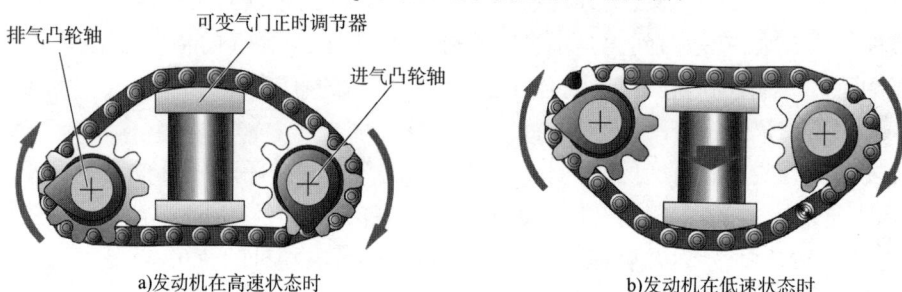

a)发动机在高速状态时   b)发动机在低速状态时

图 2-60   可变气门正时调节器工作原理示意图

图 2-60b)所示为转矩位置,即发动机在低速状态。通过可变气门正时调节器向下的运动来缩短上部链条而加长下部链条。由于排气凸轮轴受到正时齿形传动带制约不能转动,从而使进气凸轮轴偏转一个角度,较早关闭进气门,使发动机在中速和低速范围内能产生高转矩。

第四节   汽油机电控燃油喷射系统

一、汽油机电控燃油喷射系统的功用和组成

汽油机电控燃油喷射系统的功用是根据发动机各工况的不同要求,配制一定数量和浓度的可燃混合气并将其供入汽缸,使之在压缩终了时点火、燃烧而膨胀做功,最后将燃烧后的废气排入大气中。

汽油机电控燃油喷射系统由空气供给系统、排气系统、燃油供给系统和电子控制系统等组成,如图 2-61 所示。

驾驶人通过踩踏加速踏板来控制节气门开度,从而控制发动机汽缸的进气量,空气经空气滤清器、空气流量计、节气门进入进气总管,再分配到各缸进气歧管,然后进入各汽缸。空气流量计检测进入汽缸的空气量,节气门位置传感器检测节气门开度,这两个信号作为燃油喷射的主要信息输入控制单元(ECU),由 ECU 计算出主喷油量,再根据冷却液温度传感器、进气温度传感器、氧传感器、爆震传感器等输入的信息,ECU 对主喷油量进行必要的修正,计算出实际喷油量。

燃油从燃油箱中被燃油泵吸出,先由燃油滤清器将杂质滤除后再通过输油管、燃油分配

管等输送到各个喷油器。喷油器则根据 ECU 发出的指令,将计量后的燃油喷入各进气歧管中与流入发动机内的空气进行混合,形成可燃混合气供入汽缸,点火系统在压缩行程接近终了时,火花塞点燃可燃混合气,可燃混合气燃烧做功,最后将废气通过排气管、排气消声器等排入大气中。

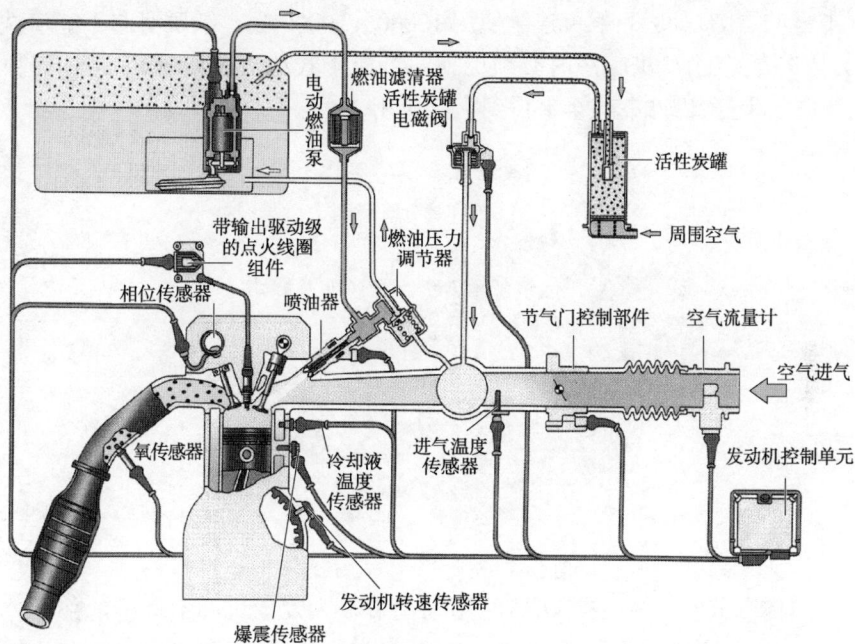

图 2-61　汽油机电控燃油喷射系统示意图

二、汽油机电控燃油喷射系统主要部件的构造

1. 空气供给系统

空气供给系统的作用是为发动机可燃混合气的形成提供必要的空气,并计量和控制燃油燃烧时所需要的空气量。空气供给系统如图 2-62 所示,空气经空气滤清器、空气流量计、节气门体进入进气总管,再分配到各缸进气歧管。在进气歧管内(或进气门处),空气与喷油器喷出的燃油混合后被吸入汽缸内燃烧。

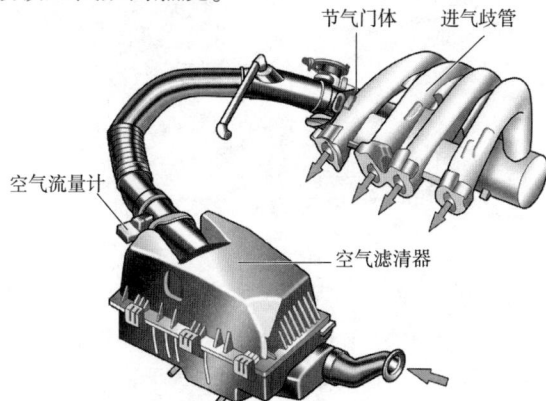

图 2-62　空气供给系统

(1)空气滤清器。空气滤清器是用来滤清空气中所含的尘土,以减少汽缸、活塞、活塞环等零件的磨损,延长发动机的使用寿命。

空气滤清器的种类很多,图2-63所示为纸质干式空气滤清器,它是通过用树脂处理的纸质滤芯对空气进行过滤。纸质滤芯的寿命取决于纸面大小(通常成波折状以提高过滤面积)及空气本身的清洁程度,一般可连续使用10000~50000km。纸质滤芯不能清洗,脏污时可用压缩空气吹去灰尘,严重脏污时必须更换。纸质干式滤清器质量轻、结构简单、安装及维护方便、滤清效果好,因此在汽车上得到广泛应用。

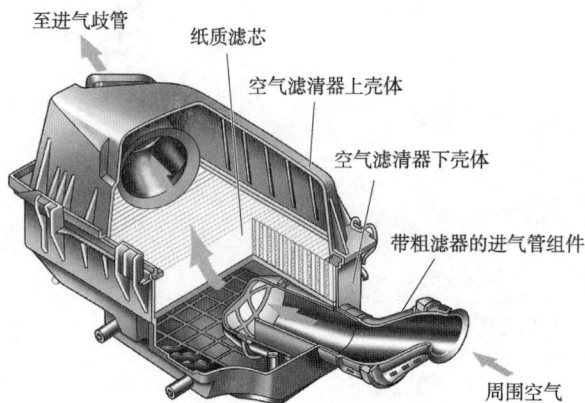

图2-63　纸质干式空气滤清器

(2)节气门体。节气门体(图2-64)是用来调节吸入发动机的空气量的部件,节气门体主要由节气门、用于检测节气门开闭状态的节气门位置传感器、节气门定位电位计、节气门定位器(电动机)、节气门电位片和怠速开关等组成。汽车在正常行驶时,空气流量由节气门控制,而节气门则是驾驶人通过加速踏板操纵。

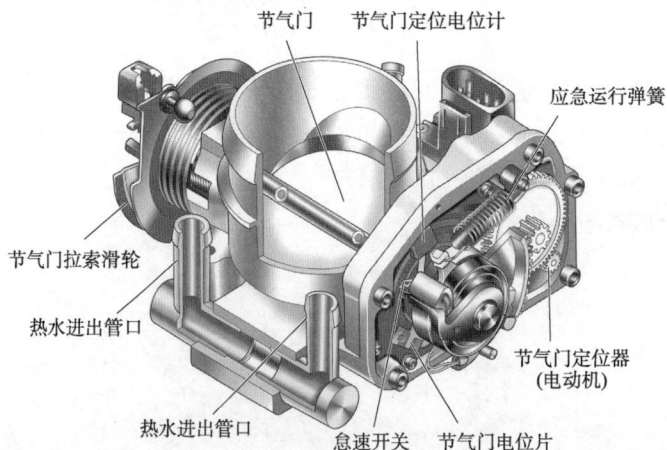

图2-64　节气门体

(3)进气歧管与稳压箱。进气歧管的结构如图2-65所示。进气歧管的功用是将空气或可燃混合气引入汽缸,并保证进气充分及各缸进气量均匀一致。进气歧管多用铝合金或铸铁制造,有些也采用复合塑料制作。有些乘用车进气歧管前还设有稳压箱(也称共鸣腔、谐振腔),稳压箱的功用是消除进气压力脉动,保证各缸混合气分配均匀。

（4）可变进气系统。为提高进气效率,在一些汽油机电控燃油喷射系统中采用了可变进气系统。可变进气系统结构如图 2-66 所示,其工作原理如图 2-67 所示。

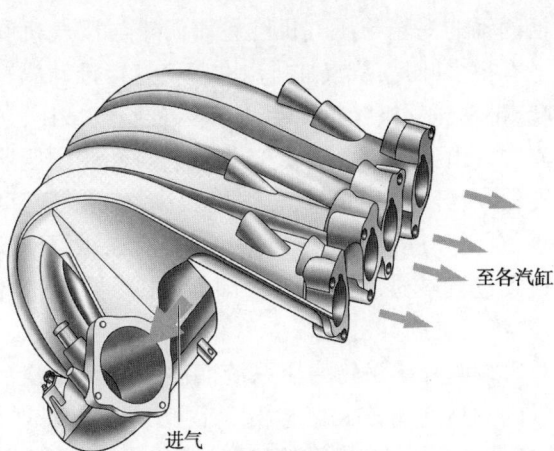

图 2-65　进气歧管

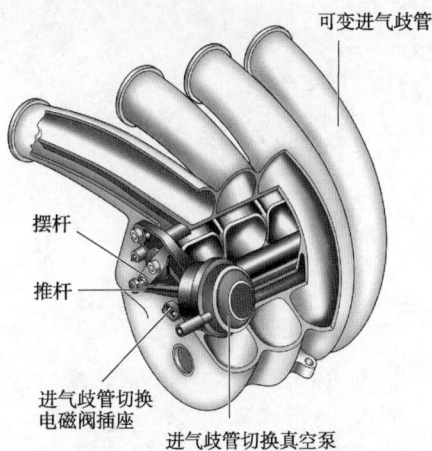

图 2-66　可变进气系统的结构

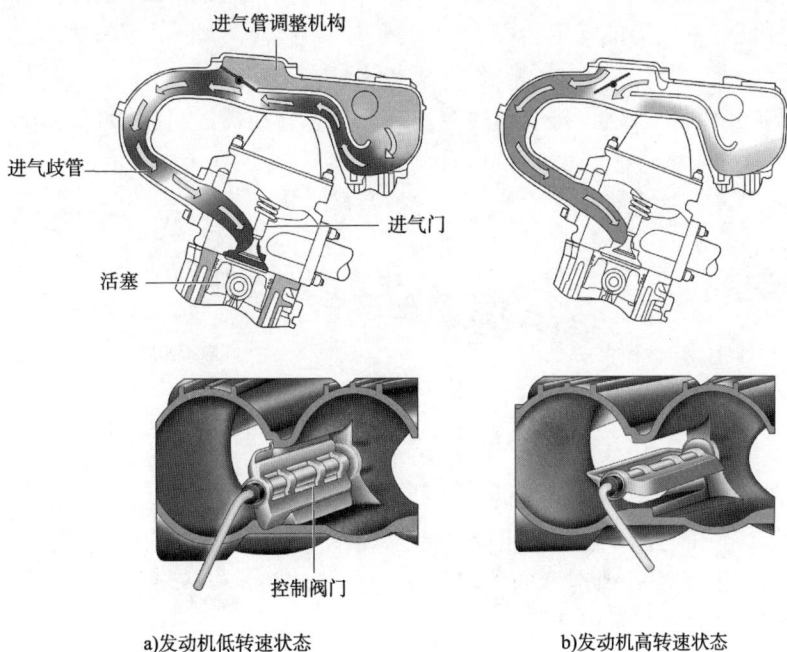

a)发动机低转速状态　　　　　　　b)发动机高转速状态

图 2-67　可变进气系统工作原理

发动机在低转速时,进气控制阀门关闭,气流需经过较长的进气歧管进入汽缸,这样可利用进气的流动惯性来提高进气效率,使发动机在低转速下获得较大的转矩;而在高转速时,则是通过打开控制阀门来减小进气阻力,气流经过较短的进气歧管进入汽缸,从而提高进气效率,可获得较高的最大输出功率。

（5）废气涡轮增压系统。废气涡轮增压是指利用发动机排出的高温高压废气能量,驱动涡轮作高速旋转,带动同轴上的压气机,对燃烧所需的空气进行预压缩,这样,在发动机排量和转速不变的情况下,增加了流入发动机的空气量,提高了进气效率,因而可提高发动机的功率。

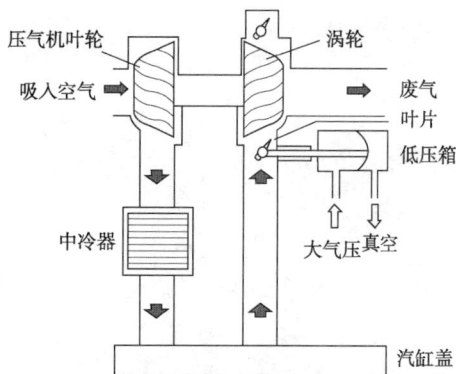

图2-68 可调叶片式涡轮增压系统

可调叶片式涡轮增压系统如图2-68所示,它包括同轴的涡轮与压气机叶轮。涡轮与压气机叶轮上有很多叶片,从汽缸排出的废气直接推动涡轮旋转,带动压气机叶轮旋转,把吸入的空气增压,送入汽缸。由于利用高温废气进行增压,涡轮增压器温度较高,经压缩的空气也温度较高,使进气密度减小,对提高进气效率不利,因此,需要在压缩空气出口到进气歧管之间安装冷却器(中冷器),冷却压缩空气,提高其密度。

可调叶片式涡轮增压系统能够在发动机整个范围内调整进气增压的压力。当发动机转速低时,叶片开度减少,减少废气流通截面,使废气流速增加,提高废气涡轮转速,增加进气压力;当发动机转速高时,叶片开度增大,增加废气流通截面,使废气流速降低,维持废气涡轮转速在正常范围内,保证进气压力的稳定。

2. 排气系统

排气系统主要由排气歧管、排气消声器和三元催化转换器等组成,如图2-69所示。

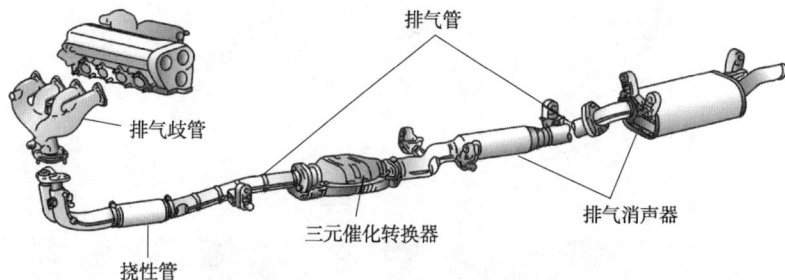

图2-69 排气系统

(1)排气歧管。从汽缸盖上各缸的排气孔到各缸的独立管的汇集处的管道总成叫排气歧管(图2-70)。排气歧管一般都采用成本低,耐热性、保温性较好的铸铁制成。

(2)排气消声器。排气消声器的作用是消除废气中的火星及火焰,降低排气噪声。

排气消声器有吸收、反射两种基本的消声方式,如图2-71所示。吸收式消声器是通过废气在玻璃纤维、钢纤维和石棉等吸音材料上的摩擦而减少其能量。反射式消声器则是多个串联的谐调腔与长度不同的多孔反射管相互连接在一起,废气由于在其中经过多次反射、碰撞、膨胀、冷却而降低压力,减轻振动。

汽车上实际使用的排气消声器,多数是综合利用不同的消声原理组合而成的,如图2-72所示。

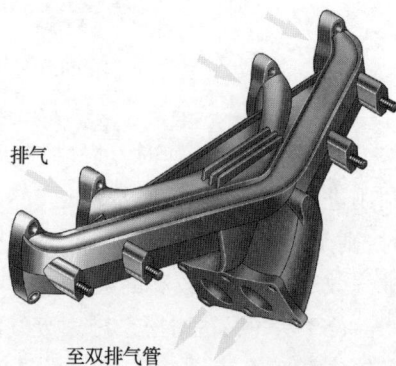

图2-70 排气歧管

a)吸收式消声器

孔眼　　　　　　　　　　　　　　管

b)反射式消声器

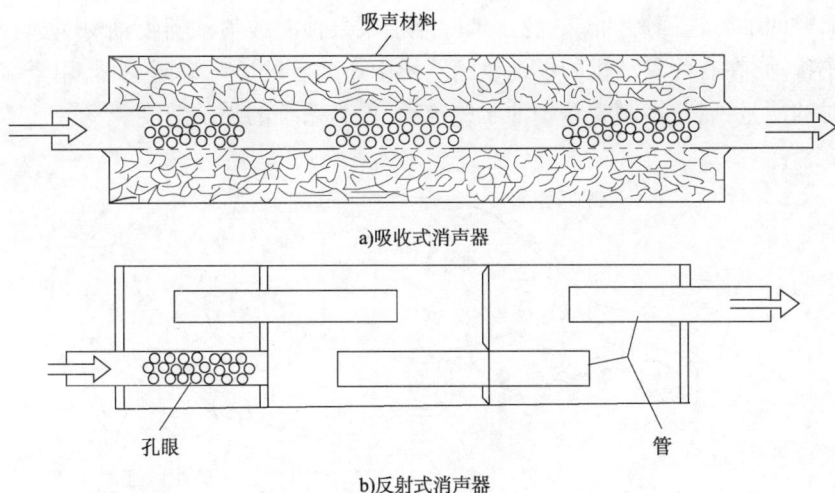

图 2-71　排气消声器

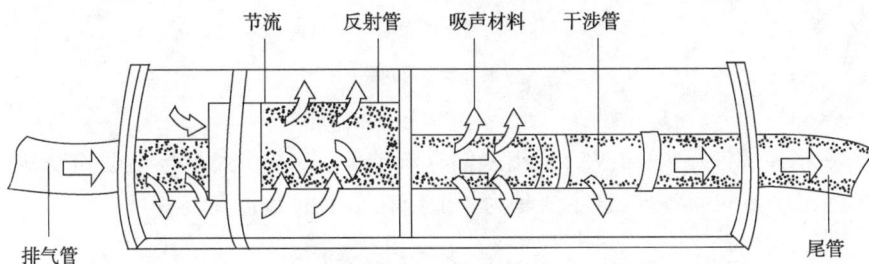

节流　　反射管　吸声材料　干涉管

排气管　　　　　　　　　　　　尾管

图 2-72　组合式消声器

（3）三元催化转换器。三元催化转换器结构如图 2-73 所示,其内部为一个圆柱形反应柱,反应柱由很多孔径较小的直管组成,反应柱的所有表面都用白金系列催化剂镀膜。这种催化剂可将一氧化碳（CO）和碳氢化合物（HC）通过氧化反应变成对人体无害的二氧化碳（CO_2）和水（H_2O）,将氮氧化物（NO_x）还原成氮气（N_2）和氧气（O_2）。为了使尾气达到一定的环境保护标准,大多数汽油发动机都配备了三元催化转换器。

隔热软垫

陶瓷催化反应柱

壳体

图 2-73　三元催化转换器

3. 燃油供给系统

燃油供给系统的作用是供给发动机燃烧过程所需的燃油。燃油供给系统结构如图 2-74 所示,主要由燃油泵、燃油滤清器、油压脉动阻尼器、燃油压力调节器和喷油器等组成。

燃油从燃油箱中被燃油泵吸出,先由燃油滤清器将杂质滤除后再通过输油管送到各个喷油器。喷油器则根据 ECU 发出的指令,将计量后的燃油喷入各进气歧管并与流入发动机内的空气进行混合,形成可燃混合气。发动机在正常工况喷油量只取决于各喷油器通电时间长短。

此外,利用燃油压力调节器可将喷油压力控制在一定的范围内,而将多余的燃油从燃油

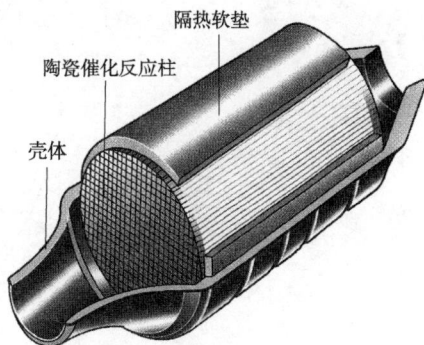

压力调节器经回油管送回燃油箱。为了消除燃油泵泵油时或喷油器喷油时引起管路中的油压产生微小扰动,在有些发动机的燃油供给系统中还装有油压脉动阻尼器,用于吸收管路中油压波动时的能量,以便抑制管路中油压的脉动,提高系统的喷油精度。

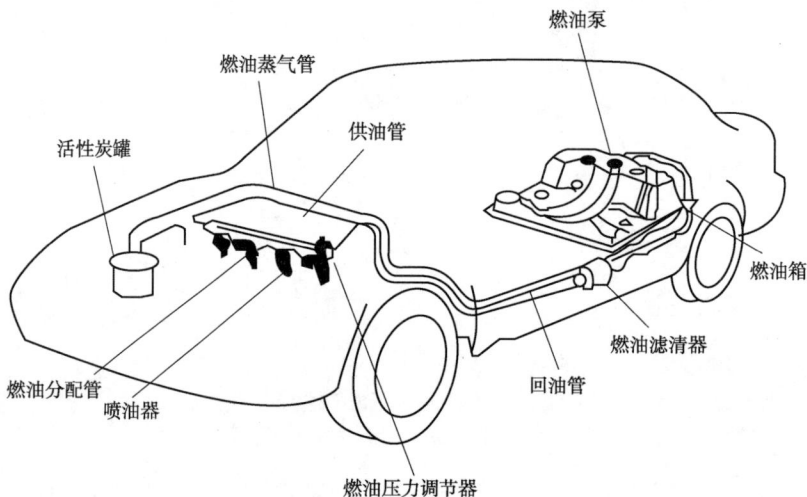

图 2-74　燃油供给系统

（1）燃油箱。燃油箱(图 2-75)是用来储存燃油的,其容积大小与车型和发动机排量有关,其形状随车型不同而各异,这主要是为了适应在车上的布置安装。

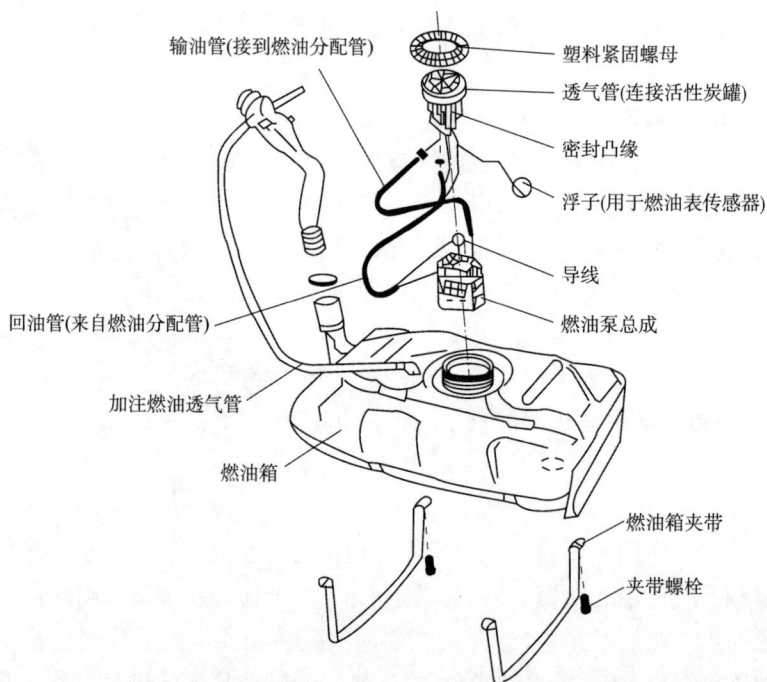

图 2-75　带附件的燃油箱

挥发性好的汽油在燃油箱内挥发,直接将挥发的汽油蒸气排到大气中会污染环境,为此设置了燃油箱蒸发排放控制装置(图 2-76),将活性炭罐与燃油箱相连接,挥发的汽油蒸气被吸附在活性炭上。发动机工作时,活性炭罐电磁阀通电打开,被吸附在活性炭上的汽油蒸气即可被吸入汽缸并燃烧。

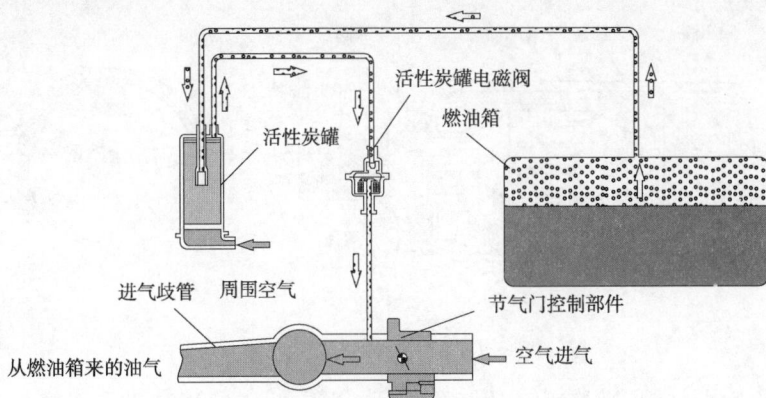

图 2-76　燃油箱蒸发排放控制装置

(2)燃油泵。燃油泵的作用是把燃油从燃油箱内吸出并通过喷油器供给发动机各汽缸。

在电控燃油喷射系统中最常用的是内置式燃油泵,即燃油泵安装在燃油箱内。内置式燃油泵不易发生气阻和漏油现象,对泵的自吸性能要求较低,故应用广泛。内置式燃油泵主要有叶片式和滚柱式两种。

①叶片式燃油泵。叶片式燃油泵结构和工作原理如图 2-77 所示。叶轮是一个圆平板,在平板的圆周上加工有小槽,形成泵油叶片。当叶轮旋转时,圆周上小槽内的燃油随同叶轮一同高速旋转。由于离心力的作用,使出油口处压力增高,而在进油口处产生真空,从而使燃油在进油口处被吸入,在出油处被排出,这样周而复始地完成燃油的输送。叶片式燃油泵运转噪声小,油压脉动小,泵油压力高,叶片磨损小,使用寿命长。

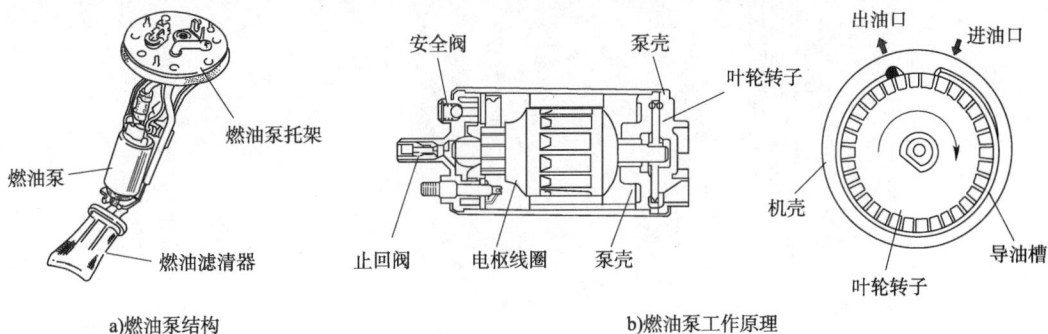

a)燃油泵结构　　　　　　　　　　　　　　　b)燃油泵工作原理

图 2-77　叶片式燃油泵

②滚柱式燃油泵。滚柱式燃油泵如图 2-78 所示。转子偏心地安装在泵体内,滚柱装在转子的凹槽中。在永磁电动机的驱动下,当转子旋转时,滚柱在离心力的作用下紧压在泵体的内表面上,同时在惯性力的作用下,滚柱总是与转子凹槽的一个侧面贴紧,从而形成若干个封闭的工作腔。

在燃油泵工作过程中,进油口一侧的工作腔容积增大,成为低压吸油腔,燃油经进油口被吸入工作腔内。在出油口一侧的工作腔容积减小,成为高压压油腔,高压燃油从压油腔经出油口流出。燃油泵转子每转一圈,其排出的燃油就要产生与滚柱数目相同的压力脉动,故在出口处装有油压缓冲器,以减小出口处的油压脉动和运转噪声。

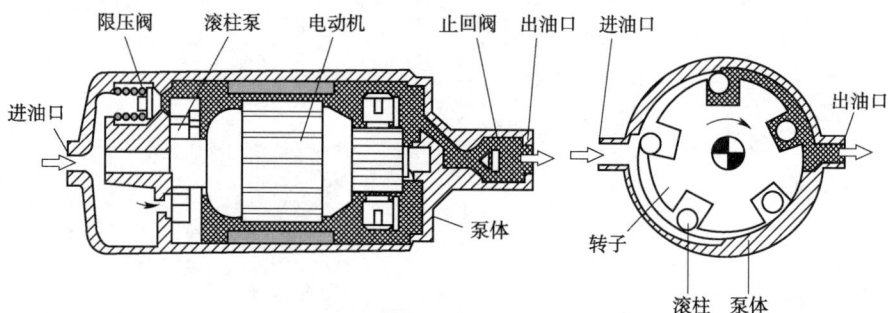

图2-78 滚柱式燃油泵

止回阀的作用是防止燃油倒流,保持管路残余压力,以便发动机下次容易起动,并可防止温度较高时油路产生气阻现象。若燃油泵输出压力超过400kPa时,安全阀会自动打开,高压燃油可流回至燃油泵的进油口,并在燃油泵中内循环,以此可避免由于油路堵塞而引起管路油压过高造成管路破裂或燃油泵损坏等现象。滚柱式燃油泵运转时噪声大,油压脉动也大,而且泵体内表面和转子容易磨损。

(3)燃油滤清器。燃油滤清器(图2-79)可清除燃油中的杂质,防止堵塞喷油器等部件,减少运动部件的磨损。

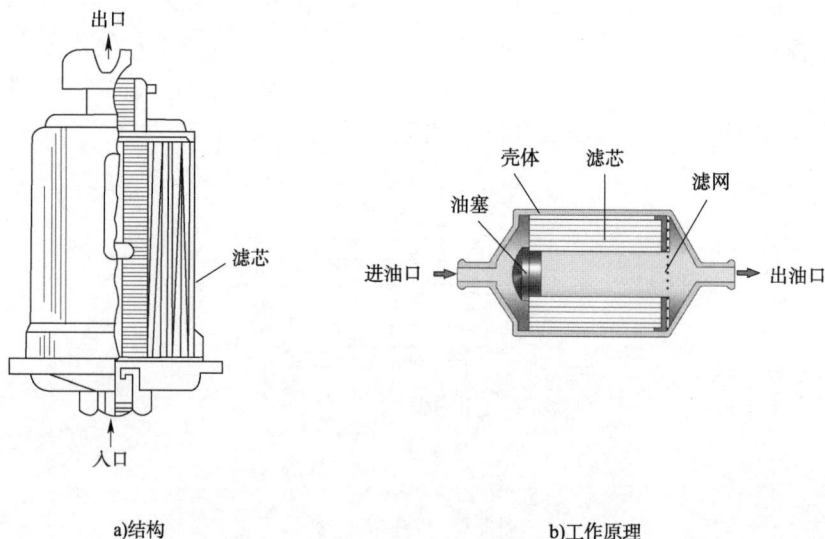

a)结构

b)工作原理

图2-79 燃油滤清器

燃油滤清器壳体内有一个纸滤芯。滤芯的形式通常有两种,即菊花形和涡卷形。燃油滤清器的滤芯应根据车辆行驶里程、使用的燃油质量情况及时更换,以确保发动机稳定行驶,提高可靠性。

(4)燃油分配管。燃油分配管(图2-80)的功用是将燃油均匀、等压地输送给各缸喷油器。由于它的容积较大,故有储油蓄压、减缓油压脉动的作用。

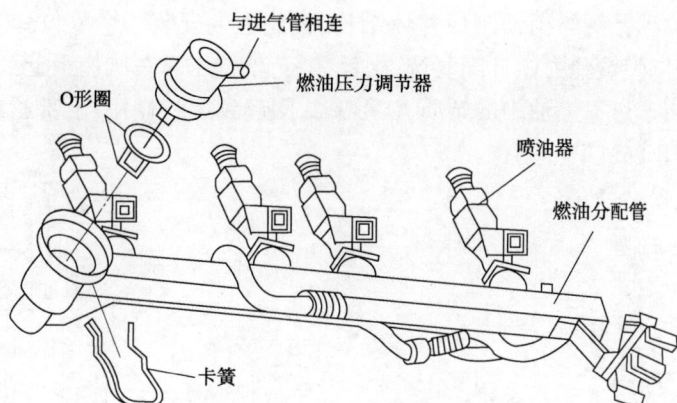

图2-80　燃油分配管

（5）燃油压力调节器。燃油压力调节器一般安装在燃油分配管上，其作用是根据进气歧管内的绝对压力的变化来调节系统油压（燃油分配管油压），保持喷油器的喷油绝对压力恒定，使喷油器的燃油喷油量只取决于喷油器的开启时间。

燃油压力调节器（图2-81）外部为金属壳体，壳体内部由橡胶膜片分为弹簧室和燃油室两部分。弹簧室内有一个带预紧力的螺旋弹簧，它作用在膜片上。在膜片上安装一个阀，控制回油。另外，还通过一根真空管与进气歧管相连。

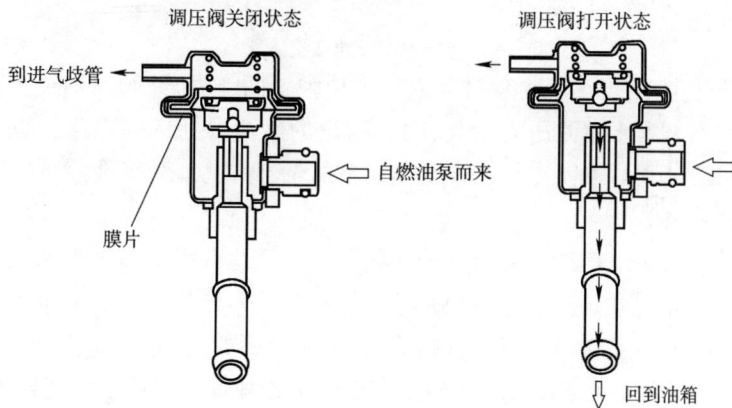

图2-81　燃油压力调节器

当系统油压超过规定值时，燃油压力克服弹簧压力，将膜片向上压，打开阀门，与回油通道接通，燃油流回燃油箱，系统压力降低，系统油压又回到规定值。

如果进气歧管真空度变大，为了维持燃油分配管内部与进气歧管内部的压力差恒定，就必须降低系统油压。把进气歧管真空度引入弹簧室，能够减少膜片上方螺旋弹簧的作用力，进而减少打开阀门的压力，使系统油压下降到规定值。

当燃油泵停止工作时，在膜片和螺旋弹簧力的作用下使阀门关闭，保持油路中的残余压力。

（6）电磁喷油器。电磁喷油器（简称喷油器）是发动机电控燃油喷射系统的一个重要的执行元件，它接收 ECU 送来的喷油脉冲信号，准确地计量燃油喷射量，同时，将燃油喷射后雾化。

轴针式电磁喷油器（图2-82）安装在燃油分配管上，主要由轴针、针阀、衔铁、复位弹簧及电磁线圈等组成。针阀与衔铁制成整体结构,针阀上端安装一个复位弹簧。当电磁喷油器停止工作时,复位弹簧弹力使针阀复位,阀针关闭,轴针压靠在阀座上起到密封作用,防止燃油泄漏。滤网用于过滤燃油中的杂质,O形密封圈起到密封作用,上部密封圈防止燃油泄漏,下部密封圈防止漏气。

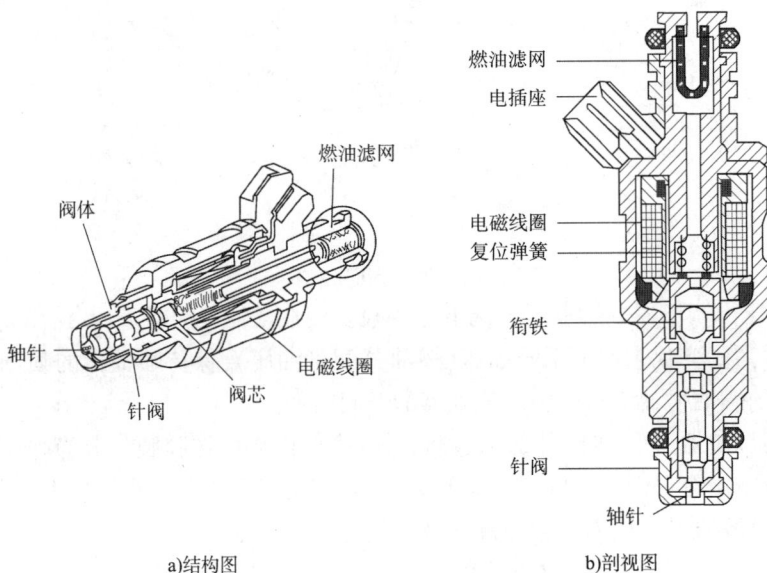

a)结构图　　　　　　　　　　　b)剖视图

图2-82　轴针式电磁喷油器

当电磁线圈通电时,电磁吸力使针阀克服复位弹簧的弹力,针阀与轴针上移,阀门打开,燃油便从喷孔喷出。由于燃油压力较高,因此喷出的燃油得到良好雾化。当电磁线圈断电时,电磁吸力消失,针阀与轴针在复位弹簧作用下复位,阀门关闭,喷油停止。

4.电子控制系统

电子控制系统的功用是根据发动机运转状况和车辆运行状况确定汽油最佳喷射量和最佳点火提前角。此外,还可进行怠速控制、排放控制和故障自诊断等。电子控制系统由传感器、电子控制单元(ECU)、执行器三部分组成,其控制框图如图2-83所示。

电子控制系统的核心是ECU,ECU根据发动机中各种传感器送来的信号控制喷油时间、点火正时等。传感器监测发动机的实际工况,计量各种信号并传输给ECU,ECU输出的各种控制指令由执行器执行。

1)传感器

传感器用来测量或检测反映发动机运行状态下的各种物理量、电量和化学量等,并将它们转换成计算机能接受的电信号后再送给ECU。常用的传感器主要有空气流量计、进气歧管绝对压力传感器、发动机转速与曲轴位置传感器、温度传感器、节气门位置传感器、氧传感器、爆震传感器等。另外,还有各类开关和继电器等。

(1)空气流量计。空气流量计用来测量发动机进气量,进气量是确定基本喷油量的主要依据之一。空气流量计设置在空气滤清器与节气门体之间,也有的安装在空气滤清器上,还有的将空气流量计与节气门体作成一体安装在发动机上。目前常用的是热线式空气流量计和热膜式空气流量计。

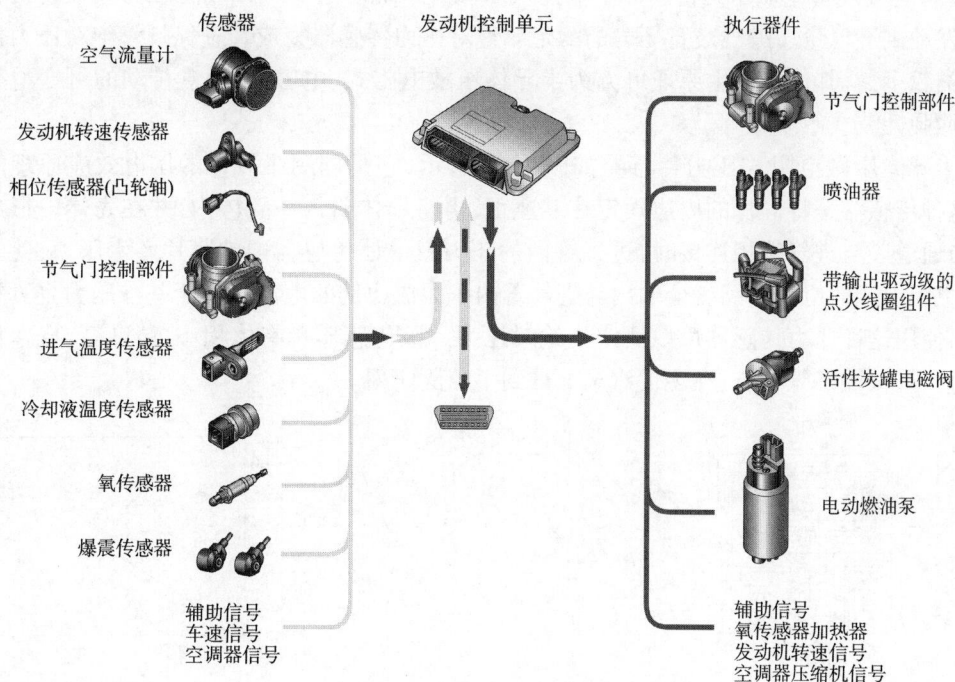

传感器　　　　　　发动机控制单元　　　　执行器件

空气流量计

发动机转速传感器

相位传感器(凸轮轴)

节气门控制部件

进气温度传感器

冷却液温度传感器

氧传感器

爆震传感器

辅助信号
车速信号
空调器信号

节气门控制部件

喷油器

带输出驱动级的
点火线圈组件

活性炭罐电磁阀

电动燃油泵

辅助信号
氧传感器加热器
发动机转速信号
空调器压缩机信号

图 2-83　电子控制系统控制框图

①热线式空气流量计。热线式空气流量计的结构如图 2-84 所示,热线是圆筒内保持 100℃的电线,由于进入发动机的空气会冷却热线,测量出热线保持 100℃所需的电流,就可以算出空气流量。

这种空气流量计可以直接测量进入空气的质量流量,无须进行进气温度和大气压力修正,无运动部件,进气阻力小,响应特性较好,可正确测出急减速时进气量。

②热膜式空气流量计。热膜式空气流量计(图 2-85)的结构和工作原理与热线式空气流量计基本相同,只是将发热体由热线式改为热膜式,热膜是由发热金属铂固定在薄的树脂膜上构成。这种结构可使发热体不直接承受空气流动所产生的作用力,增加了发热体的强度,提高了使用寿命,它的金属网用于产生微观紊流,以使测量信号稳定。由于这些优点,使它的应用更为广泛。

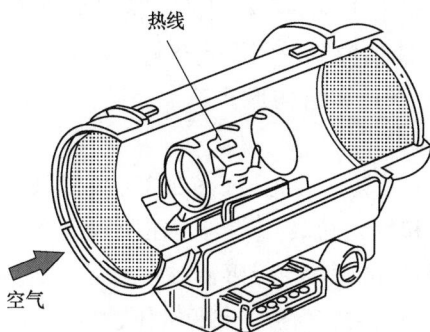

热线

空气

图 2-84　热线式空气流量计

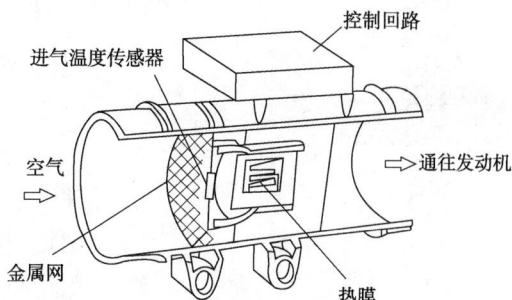

控制回路

进气温度传感器

空气

通往发动机

金属网

热膜

图 2-85　热膜式空气流量计

（2）进气歧管绝对压力传感器。电控燃油喷射系统可通过进气歧管压力和发动机转速推算发动机进气量。进气歧管压力的测定靠绝对压力传感器完成。进气歧管绝对压力传感器种类较多，就其信号产生原理可分为半导体压敏电阻式、电容式、膜盒传动的可变电感式和表面弹性波式等。

半导体压敏电阻式压力传感器如图 2-86 所示，它是利用半导体的压电效应原理制成的，这种传感器是将硅片的周边固定在基座上，再将整体封入一壳体内，并在壳体内形成真空，当通道口与进气管相连接时，进气管内的压力就会使传感器内的膜片产生压力，此时由应变电阻组成的电桥电路就会输出与进气管内压力成比例的电压。由于基准压力是真空的压力，使用这种压力传感器可以测定出绝对压力。该传感器具有体积小、精度高、成本低和可靠性、抗振性好等特点，在现代汽车上得到了广泛应用。

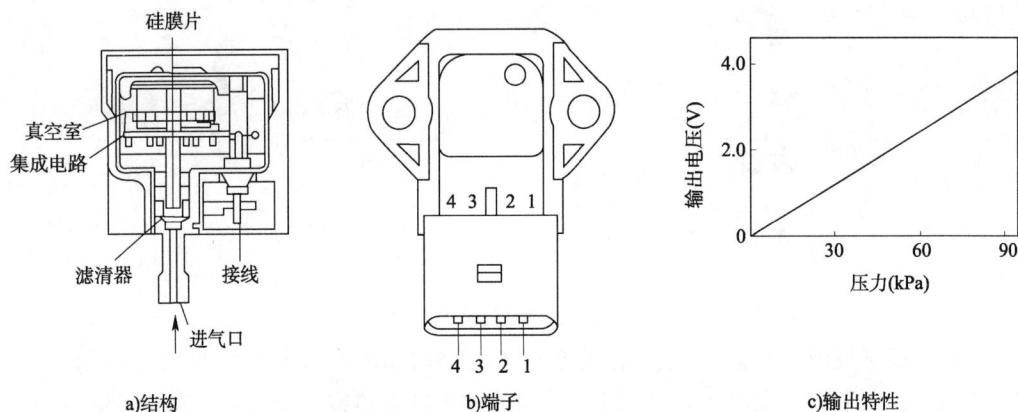

a)结构　　　　　　b)端子　　　　　　c)输出特性

图 2-86　半导体压敏电阻式压力传感器

由于压力传感器结构和测量原理的要求，压力传感器安装在振动较小的车身处，用一根橡胶管作为取气管与进气总管相连。

（3）发动机转速与曲轴位置传感器。发动机转速与曲轴位置传感器提供发动机的转速、曲轴转角位置及汽缸行程位置信号，ECU 以此确定发动机的基本喷油时刻、喷油量及点火时刻。发动机转速与曲轴位置传感器可分为磁电式、光电式和霍尔式三种类型。此外，就其安装部位来看，有的安装在曲轴前端，有的安装在凸轮轴前端或飞轮上。车型不同，所采用的结构形式有所不同，所以也有曲轴位置传感器或凸轮轴位置传感器之说，两者的原理和结构形式基本相同，只是安装位置有所区别而已。

磁电式曲轴转速传感器（图 2-87）负责采集曲轴转角位置和发动机转速信号。在曲轴上有一个靶轮，靶轮上有 60 个齿，传感器对它进行扫描。当靶轮经过传感器时，产生一个变电压信号，其频率随发动机转速变化而变化，控制单元根据交变电压

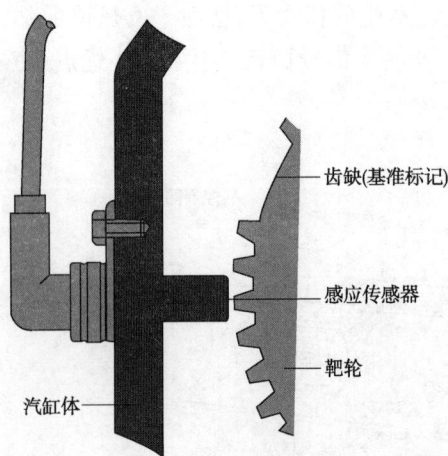

图 2-87　曲轴转速传感器

的频率识别发动机的转速。在靶轮上有一处缺两个齿,感应传感器扫描到该处,1 缸活塞处于上止点前 72°,它是作为控制单元识别曲轴转角位置的基准标记。

（4）温度传感器。温度传感器有冷却液温度传感器、进气温度传感器与排气温度传感器等,这些传感器多数采用的是负温度系数的热敏电阻式温度传感器,即热敏电阻的阻值随温度的升高而减小。

冷却液温度传感器(图 2-88)用来检测发动机冷却液温度,该值用于喷油量和点火时刻的修正。当发动机冷却液温度改变时,冷却液温度传感器向控制单元输送的信号电压也发生改变,从而可获得冷却液的温度状态。

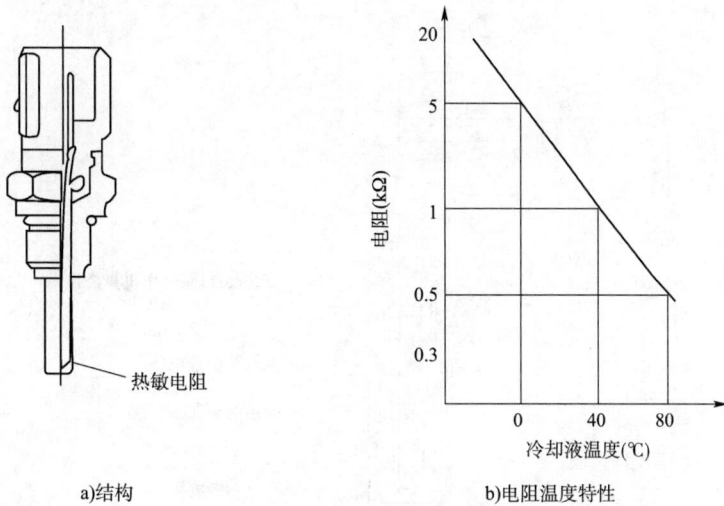

a)结构　　　　　　　　　　　　b)电阻温度特性

图 2-88　冷却液温度传感器

（5）节气门位置传感器。节气门位置传感器通常装在节气门体上,可同时把节气门开度、怠速、大负荷等信号转换成电压信号送至 ECU 中,以便电子控制系统根据发动机的各种工况对其喷油量及点火提前角进行最优控制。

线性输出型节气门位置传感器的结构如图 2-89a)所示,在传感器上安装了两个与节气

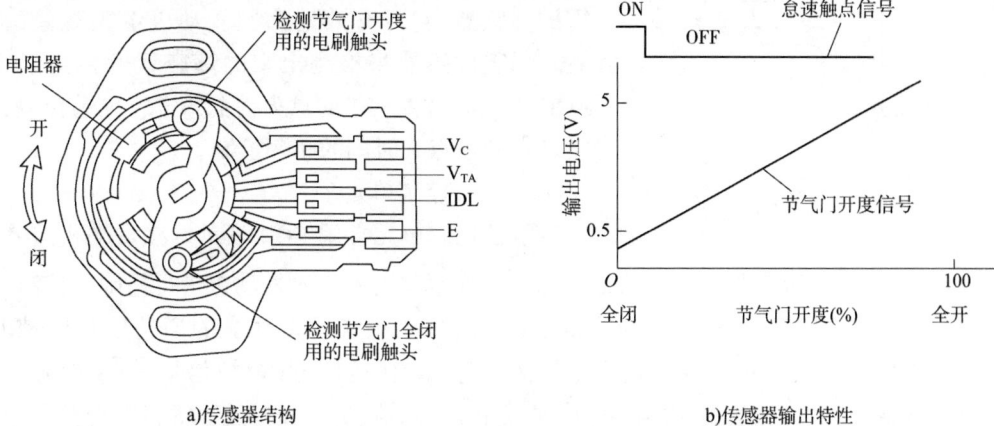

a)传感器结构　　　　　　　　　　b)传感器输出特性

图 2-89　线性输出型节气门位置传感器

门联动的电刷触头,其中一个电刷触头在印刷电路基片上的滑片电阻上滑动,利用电阻值的变化,测得与节气门开度对应的线性输出电压,根据输出的电压值,可知节气门的开度。另一个电刷触头在节气门关闭时与急速触点(IDL)接触。IDL 信号主要给 ECU 提供急速信号,用于断油控制和点火提前角修正。节气门开度输出信号 V_{TA} 则使 ECU 对喷油量进行控制,随着节气门开度的增大,节气门开度输出电压线性增大,如图 2-89b)所示。

(6)氧传感器。氧传感器(图 2-90)是用锆元素制成的元件,其内外表面涂上一层白金作为电极,内外表面分别与外界空气和废气接触。如果废气中没有氧气,氧化锆内外表面电极间的电动势就会迅速增大,根据这种变化,来准确地检测出可燃混合气是否达到了理论可燃混合气浓度,并向 ECU 提供可燃混合气浓度的反馈信号,以此控制可燃混合气浓度在理想范围之内。

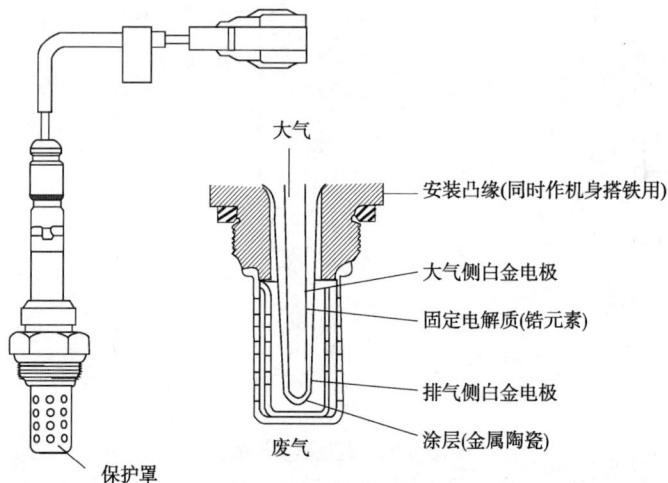

图 2-90　氧传感器

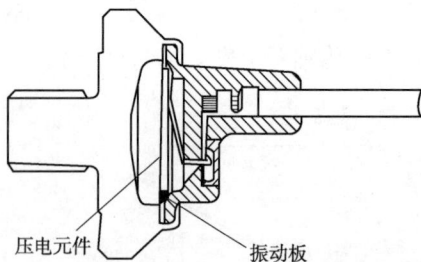

图 2-91　爆震传感器

(7)爆震传感器。爆震传感器(图 2-91)利用受压后电压改变的压电元件来检测发动机是否发生爆震的传感器,它可有效地抑制发动机爆震现象的发生。爆震传感器将检测出来的爆震程度传给 ECU,ECU 可及时对发动机的点火提前角进行反馈控制,来实现发动机点火时刻的闭环控制。

2)电子控制单元

电子控制单元常用 ECU 表示。在发动机控制系统中,ECU 的主要功能是根据发动机运转状况和车辆运行状态对发动机进行精确的控制。

ECU 的主要部件是微型电子计算机(简称微机),可实现多功能的高精度集中控制。ECU 的基本结构如图 2-92 所示,主要由输入回路、A/D 转换器(模拟信号/数字信号转换器)、微机和输出回路组成,是对燃油喷射、点火正时、急速、进气及排放等进行综合控制的发动机管理系统。

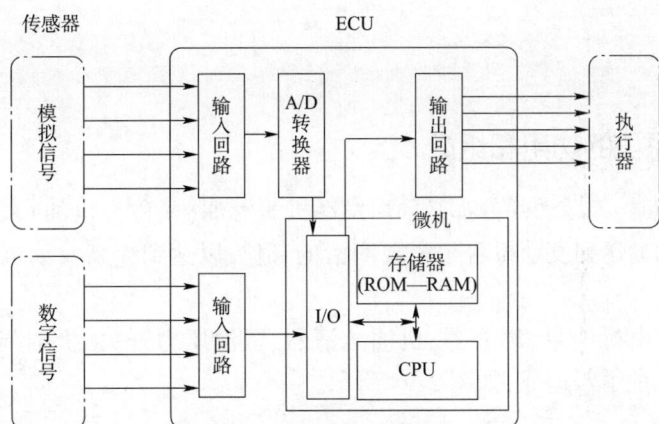

图 2-92　电子控制装置的基本结构

（1）输入回路。输入回路对各种输入信号进行预处理,一般包括去杂波,把正弦波转换成矩形波及电平转换等。

（2）A/D 转换器。由于微机只能识别数字信号,A/D 转换器将模拟信号转换成数字信号后,才能输至微机中进行处理。

（3）微机。微机主要由中央处理器（CPU）、存储器、输入/输出装置等组成。微机的功能是根据发动机工作的需要,把各种传感器送来的信号用内存的程序（微机处理的顺序）和数据进行运算处理,并把处理结果（如燃油喷射控制信号、点火控制信号等）送往输出回路。

（4）输出回路。输出回路是微机与执行元件之间的连接桥梁,其主要功用是将微机的处理结果放大,生成可以驱动执行元件工作的控制信号。输出回路一般采用的是功率晶体管,根据微机的指令通过功率晶体管的导通与截止来控制执行元件的搭铁回路。控制喷油器的输出回路如图 2-93 所示,当功率晶体管导通时,喷油器通电喷油;当功率晶体管截止时,喷油器断电停油。

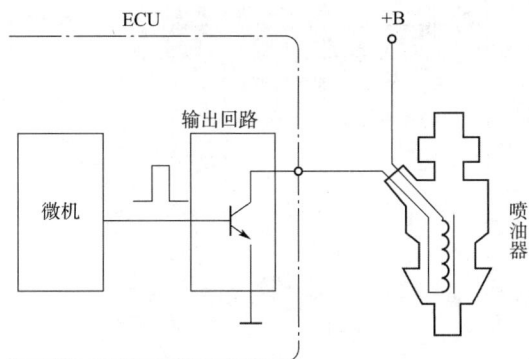

图 2-93　控制喷油器的输出回路

3）执行器

执行器是执行 ECU 的控制信息,将其变成具体控制动作的装置。在电控燃油喷射系统中主要的执行器有喷油器、燃油泵、活性炭罐电磁阀和点火线圈等。

QICHE GOUZAO

第五节 润滑系统

一、润滑系统的功用和组成

当发动机工作时,各运动部件都必须用发动机润滑油(又称为机油)来润滑。润滑系统的功用就是将机油输送到发动机各个需要润滑的部位,以达到提高发动机工作可靠性和耐久性的目的。

润滑系统主要由机油泵、集滤器、机油滤清器、机油压力开关、机油指示灯(在仪表板上)、机油冷却器和油道等组成,如图 2-94 所示。

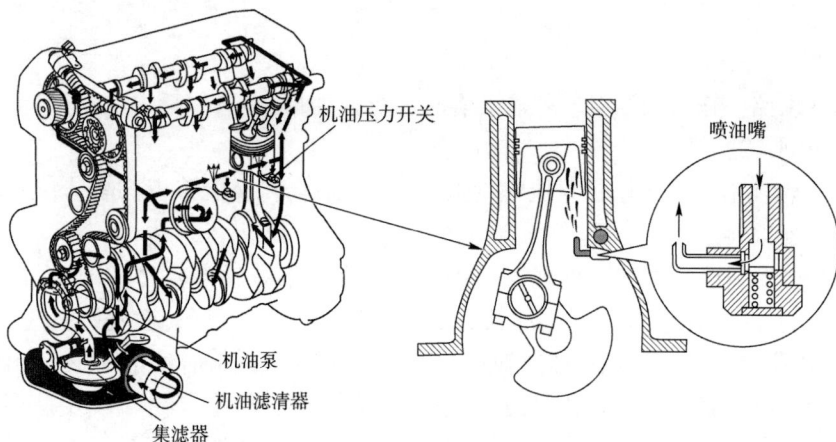

图 2-94 润滑系统的组成

图 2-95 所示为润滑系统示意图。机油泵由发动机驱动,将油底壳内的机油经集滤器、

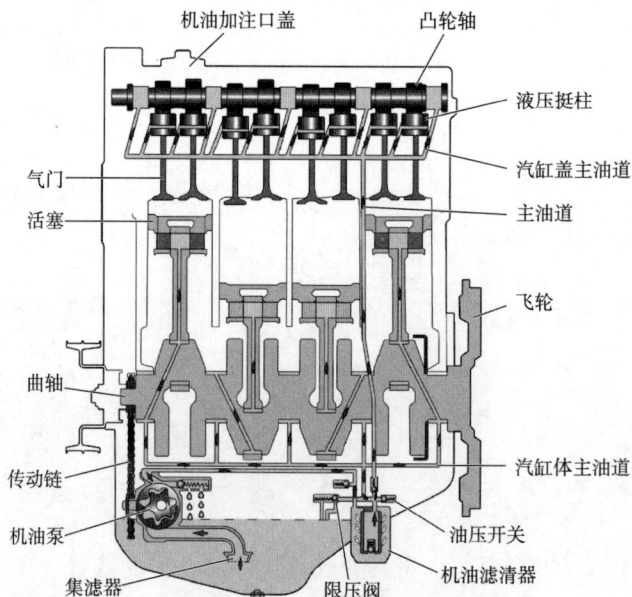

图 2-95 发动机润滑系统示意图

机油滤清器输送到各润滑部位,润滑结束后的机油流回到油底壳中。经过汽缸体、汽缸盖上的油道,输送到曲轴轴颈、连杆轴颈、凸轮轴轴颈的机油,使轴浮在滑动轴承(轴瓦)上旋转。旋转的曲轴曲柄飞溅起来的机油,在汽缸壁等金属表面形成油膜,使摩擦减小。

二、润滑系统主要部件的构造

1. 机油泵

机油泵一般安装在汽缸体的下部,由发动机曲轴直接驱动,将机油输送到发动机各运动部件接触面。机油泵常见的结构形式有三种。

(1)外啮合齿轮式机油泵。如图 2-96 所示,两个互相啮合的齿轮高速旋转,在进油口处,由于两个轮齿逐渐脱离啮合而使进油腔容积增大,腔内产生一定的真空,机油经进油口被吸入进油腔,随后被轮齿带到出油腔。轮齿逐渐进入啮合而使出油腔的容积减小,机油压力升高,机油经出油口被压入发动机内的润滑油道中。外啮合齿轮式机油泵由于驱动阻力最小,因此工作效率也较高。

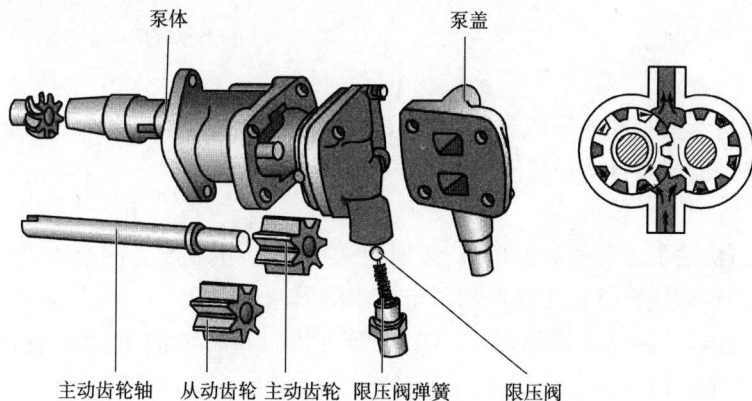

图 2-96 外啮合齿轮式机油泵

(2)内啮合齿轮式机油泵。如图 2-97 所示,内齿轮套在曲轴前端,为主动齿轮,机油通过月牙形隔板左、右的间隙进行输送。由于这种机油泵内、外齿轮之间有多余空间,因此工作效率较低。

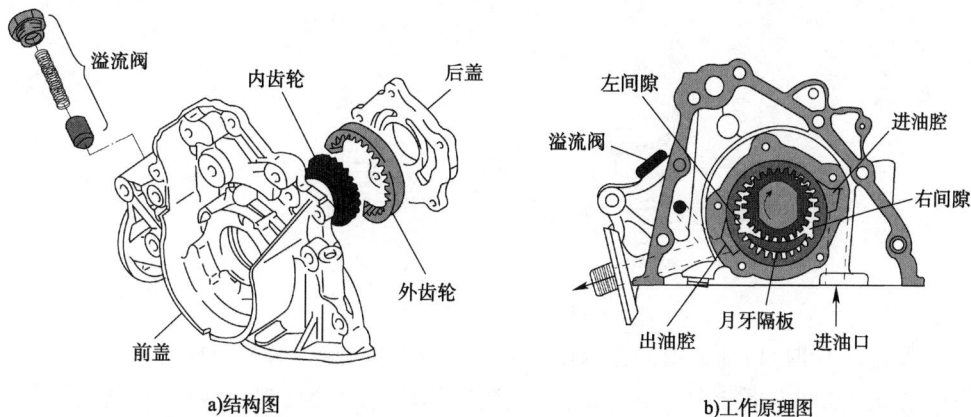

a)结构图

b)工作原理图

图 2-97 内啮合齿轮式机油泵

（3）转子式机油泵。如图 2-98 所示，内转子为主动转子，内、外转子之间有一定的偏心距。内转子的凸齿比外转子的凹齿少 1 个，使得两转子之间存在转速差，旋转时两转子之间的工作腔容积不断变化，容积变大时吸油，变小时压油。这种机油泵供油压力高、噪声比较小。

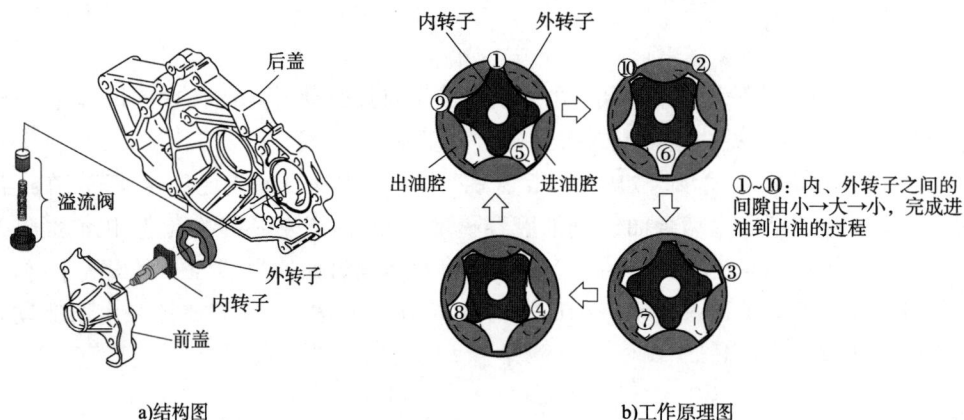

图 2-98　转子式机油泵

溢流阀（也称为安全阀或限压阀）安装在机油泵壳体上，控制润滑系统的最高油压，当油压达到规定值时，溢流阀自动开启使多余的机油流回油底壳。

2. 集滤器

集滤器装在机油泵之前的吸油口端，多采用滤网式，防止粒度大的杂质进入机油泵。汽车发动机使用的集滤器有浮式集滤器和固定式集滤器两种。

（1）浮式集滤器。浮式集滤器（图 2-99）工作时漂浮于机油油面上，以保证机油泵总是吸入最上层较清洁的机油，但油面上的泡沫易被吸入，造成机油压力降低，润滑可靠性变差。

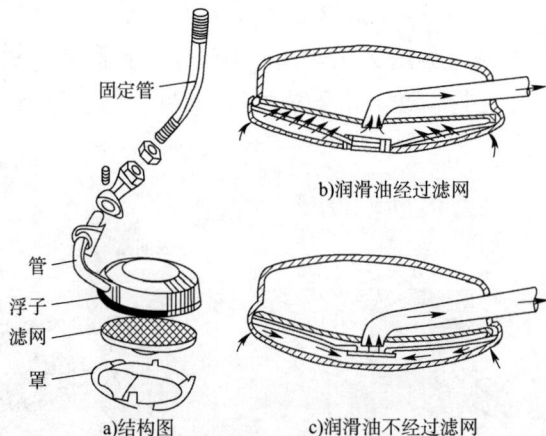

图 2-99　浮式集滤器

当机油泵工作时，机油从罩的边缘被吸入，经过滤网滤除较大的杂质后进入机油泵。如果滤网堵塞时，滤网上部产生真空，从而克服滤网弹性将滤网吸起，滤网中心处的环口离开罩，机油便不经过滤网而从环口直接被吸入机油泵，保证润滑不致中断。

（2）固定式集滤器。固定式集滤器（图 2-100）装在机油油面下面，吸入的机油清洁度比浮式集滤器稍差，但可防止泡沫吸入，润滑可靠，结构简单，使用广泛。

3. 机油滤清器

机油滤清器的作用是滤除掉机油中的金属粉末、机油氧化物和燃烧物。为了防止滤清器堵塞失效，必须定期进行更换，一般在更换机油的同时也更换机油滤清器。

如图 2-101 所示，当滤清器没有及时更换或其他原因造成滤芯堵塞时，油压升高使旁通阀开启，机油将不通过滤芯直接进入汽缸体油道。

4. 机油散热器

对于高性能大功率的发动机，由于热负荷大，必须装设机油散热器，以对机油进行强制冷却。机油散热器布置在润滑油路中，有风冷式和水冷式两种形式。

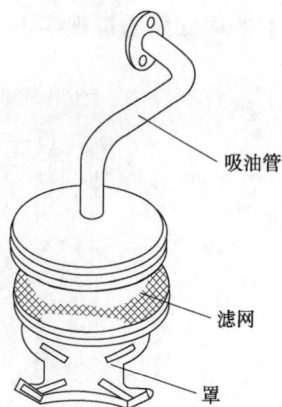

图 2-100 固定式集滤器

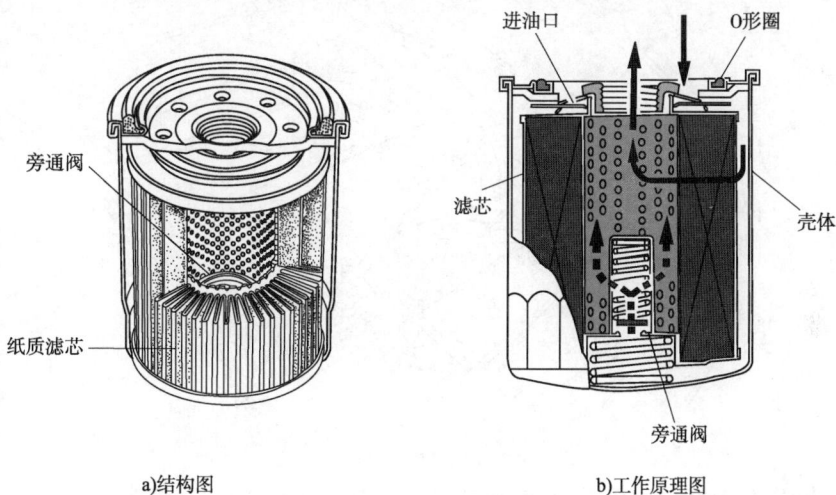

a)结构图　　　　b)工作原理图

图 2-101 机油滤清器

（1）风冷式机油散热器。风冷式机油散热器（图 2-102）一般安装在发动机冷却系统散热器前面，利用冷却风扇的风力使机油冷却。

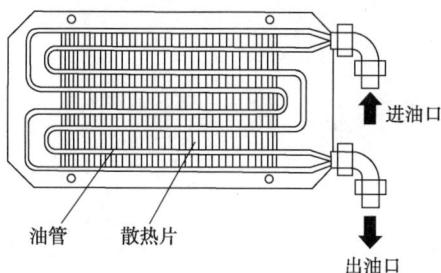

图 2-102 风冷式机油散热器

（2）水冷式机油散热器。水冷式机油散热器也被称为机油冷却器（图 2-103）装在发动机冷却水路中，当机油温度较高时，靠冷却液降温；而起动暖车期间油温较低时，则从冷却液吸热迅速提高机油温度。

5. 机油尺

油底壳内保持一定量的机油，是润滑系统正常工作的前提，因此要经常检查机油的液面高度。机油的液面是通过观察拔出的机油尺来检查的,如图 2-104 所示。

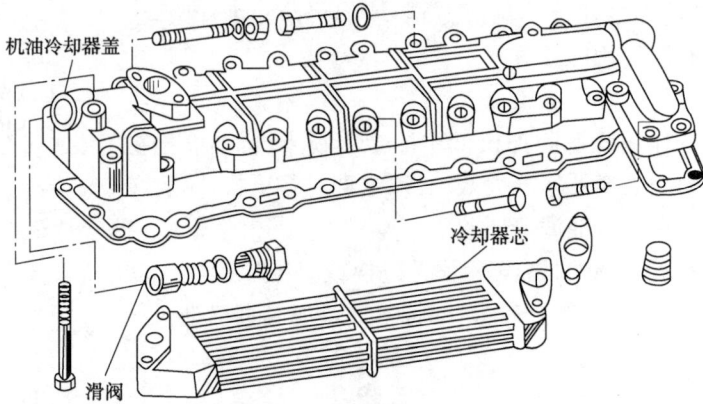

图 2-103　水冷式机油散热器

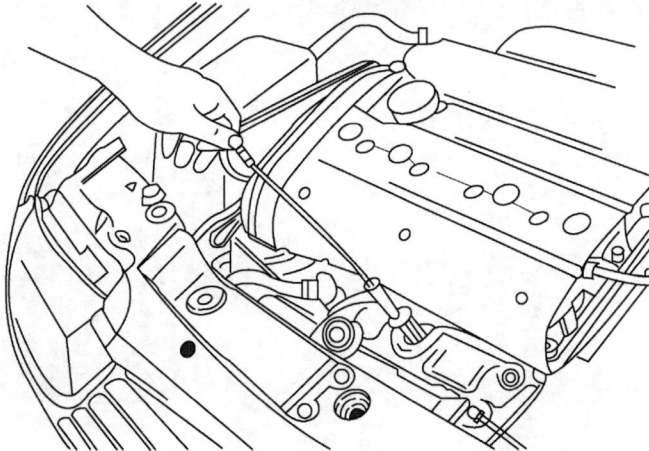

图 2-104　机油尺的位置

将汽车停放在平坦的地面上,起动发动机预热 3～5min(冷却液温度达到 60～70℃),停止发动机运转 2～3min 后拔出机油尺,如果机油处于上限(MAX 或 F 标记)、下限(MIN 或 L 标记)之间(图 2-105),说明不缺少机油。

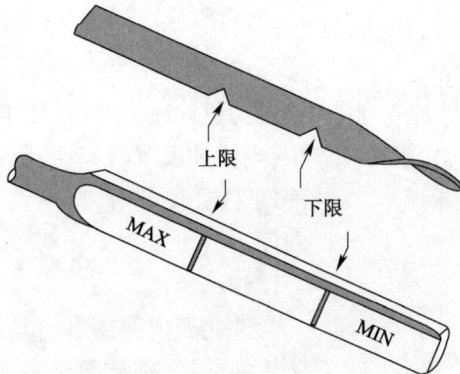

图 2-105　检查机油液面高度

三、曲轴箱强制通风系统

发动机工作时,高压的可燃混合气或废气会窜入曲轴箱内,使机油中形成泡沫,破坏机油的供给,也可能导致机油变质、机油泄漏等不良后果。

曲轴箱强制通风就是利用发动机进气管道的真空作用,使窜入曲轴箱内气体被吸入汽缸。曲轴箱强制通风系统如图2-106所示,发动机工作时,在进气管内真空作用下,窜入曲轴箱内的气体经钢丝网、曲轴箱通气软管和止回阀(PCV)阀被吸入到进气歧管并进入汽缸燃烧。新鲜空气经滤网和空气软管进入到曲轴箱内,形成不断的对流。在曲轴箱通气软管上装有止回阀(PCV阀)是为了防止在发动机低速、小负荷时进气管的真空度太大而将机油从曲轴箱内吸出。

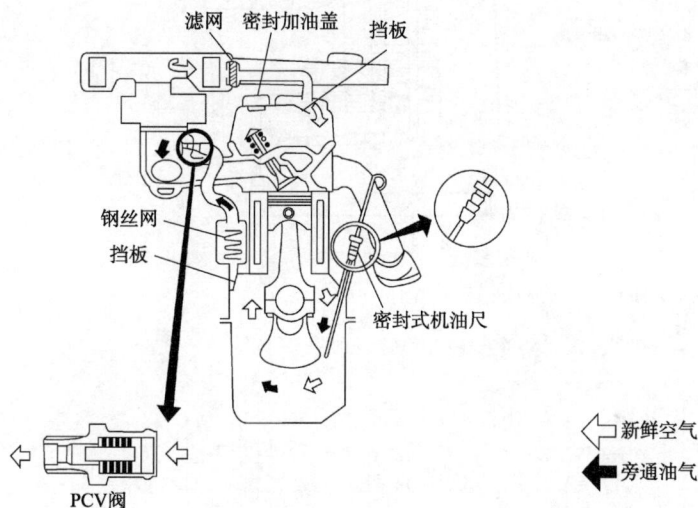

图2-106　曲轴箱强制通风系统

第六节　冷 却 系 统

一、冷却系统的功用和组成

发动机冷却系统的功用就是使工作中的发动机得到适度的冷却,从而保持发动机在最适宜的温度范围内工作。另外,冷却系统还为暖风系统提供热源。

现代汽车多采用封闭式强制循环水冷却系统,即用水泵强制地使冷却液在冷却系统中进行循环流动,使发动机中高温零件的热量先传给冷却液,然后散发到大气中。

水冷却系统一般由水泵、散热器、节温器、冷却风扇、风扇控制机构、水套、膨胀水箱、温度指示器及报警灯等组成,如图2-107所示。

发动机工作时,水泵将冷却液压入发动机汽缸体水套,然后流入汽缸盖水套吸收发动机机体的热量。此后冷却液分两路循环(图2-108),一路为大循环,即冷却液流经散热器冷却后,进入装在水泵进口处的节温器,流向水泵进水口;另一路为小循环,即冷却液直接进入节温器后的水泵进水口,不经散热器冷却。当冷却液的温度低于85℃时,进行小循环;当冷却液高于85℃时,部分冷却液进行大循环;当冷却液温度达到(102±3)℃时,流经散热器的冷却液全都参加大循环,而小循环是常开的,这样可使冷却系统的温度提高到一个较高的水平,改善发动机的热效率,同时可以确保冷却系统始终有冷却液在循环,保持发动机在最佳温度下工作。

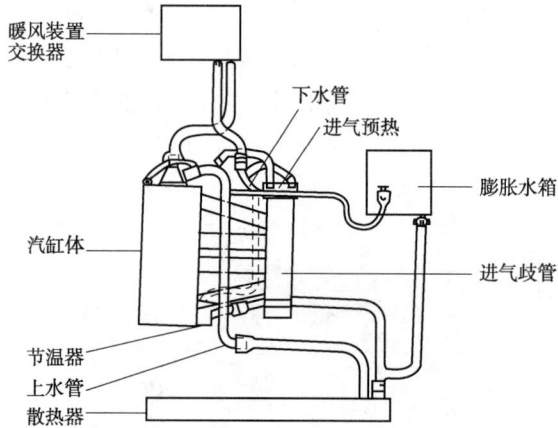

图2-107　发动机水冷却系统示意图

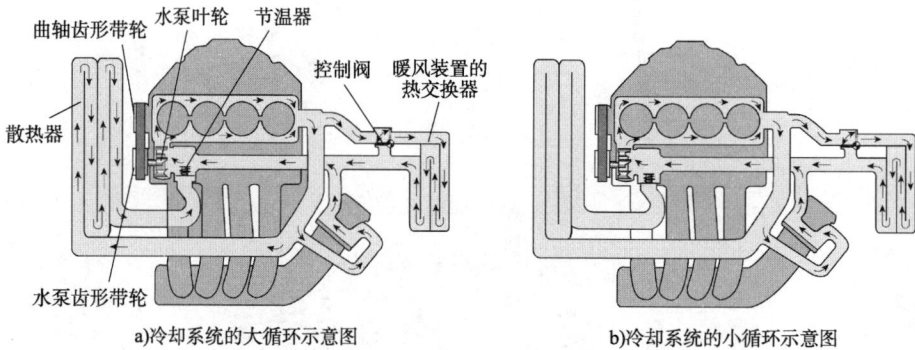

a)冷却系统的大循环示意图　　　　b)冷却系统的小循环示意图

图2-108　冷却系统的循环示意图

为了提高燃油雾化程度,利用冷却液的热量对进入进气歧管内的混合气进行预热,车上的暖风装置利用冷却液带出的热量来达到取暖目的。当需要取暖时,打开暖气控制阀,从汽缸体水套流出的部分冷却液可流入暖风热交换器供暖,随后流回水泵。

二、冷却系统主要部件的构造

1. 水泵

水泵的作用是对冷却液加压,强制冷却液在冷却系统中循环流动。现代汽车通常采用离心式水泵。水泵一般在机体外安装,与风扇同轴驱动;也有装在机体内(内藏式)单独驱动的。

离心式水泵主要由泵壳、叶轮、泵盖、水泵轴、支承轴承、水封等组成,如图2-109a)所示。如图2-109b)所示,当叶轮旋转时,水泵中的冷却液被叶轮带动一起旋转,并在离心力作用下向叶轮边缘甩出,经与叶轮成切线方向的出水管压送到发动机的水套内。与此同时,叶轮中心处造成一定的真空而将冷却液从进水管吸入,如此连续地作用,使冷却液在水路中不断地循环。

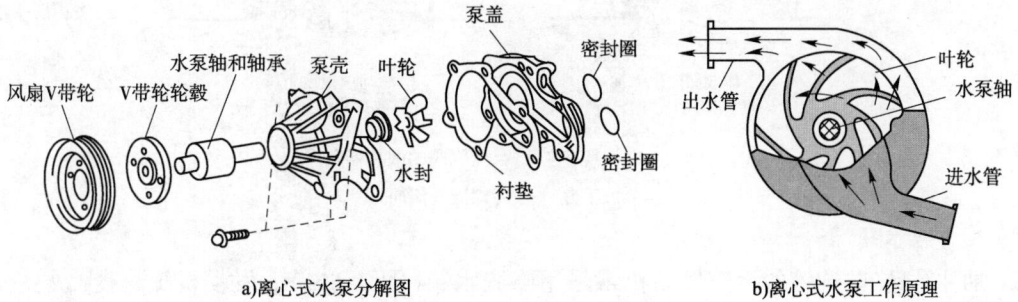

a)离心式水泵分解图　　　　　　　　b)离心式水泵工作原理

图 2-109　水泵

2. 散热器

散热器的功用是使水套中出来的热冷却液得到迅速冷却,以保持发动机的正常的冷却液温度。散热器的主要组成为上储水室、下储水室、散热器芯(包括冷却管和散热带)和散热器盖等,如图 2-110 所示。

(1)上储水室和下储水室。上储水室顶部有加水口,平时用散热器盖盖住,并装有进水软管,与发动机上出水管相连。下储水室有出水管,用软管与水泵进水口相连。一般在下储水室中还装有放水阀。由发动机出水管流出的温度较高的热冷却液进入上储水室,经散热器冷却管散热冷却后流入下储水室,由散热器出水管流出后被吸入水泵。

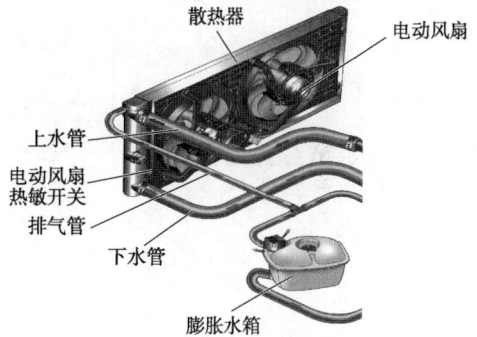

图 2-110　散热器的组成

(2)散热器芯。散热器芯由许多扁圆形的冷却管和散热片组成。冷却管焊接在上、下储水室之间,作为冷却液的通道。空气吹过管的外表面,从而使管内流动的冷却液得到冷却。冷却管周围布置了很多散热片,用来增加散热面积,同时增加整个散热器的刚度和强度。

(3)散热器盖。现代汽车发动机多采用封闭式水冷却系统,这种冷却系统的散热器盖装有一个空气阀和一个蒸汽阀,对冷却系统有密封加压作用。发动机处于正常热态时,阀门关闭,可将冷却系统与大气隔开,防止水蒸气逸出,使系统内压力稍高于大气压力,从而可增高冷却液的沸点,保证发动机在较长时间及较高负荷下工作。如图 2-111 所示,当散热器中压力升高到一定压力时,蒸汽阀便开启,使蒸汽从通气孔排出,以防热膨胀压坏散热器芯管;当冷却液温度降低,冷却系统中蒸汽凝结为水,散热器内形成一定真空时,空气阀开启,空气通过空气阀进入冷却系统,避免压力差将散热器芯管压瘪。

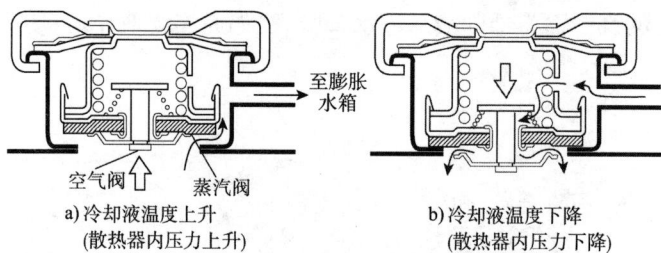

a)冷却液温度上升
(散热器内压力上升)

b)冷却液温度下降
(散热器内压力下降)

图2-111 具有空气阀、蒸汽阀的散热器盖
⇐压力 ←冷却液的流向

3.膨胀水箱

加注防锈、防冻液的汽车发动机常采用膨胀水箱(图2-112)。发动机工作使冷却液温度升高并膨胀,使散热器内压力上升。当压力达到规定值以上时,让一部分冷却液流回膨胀水箱以保持散热器内压力。停车时,冷却液温度降低,散热器内压力下降,膨胀水箱内的冷却液受大气压的作用流回散热器。

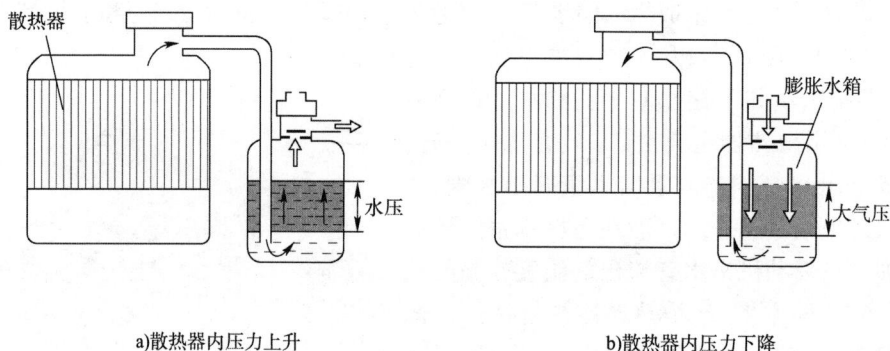

a)散热器内压力上升

b)散热器内压力下降

图2-112 膨胀水箱
←冷却液的流向 ⇐空气

膨胀水箱多用半透明材料(如塑料)制成,透过箱体可直接观察到冷却液的液面高度,无须打开散热器盖,冷却液的液面高度应在 MAX 与 MIN 之间(图2-113)。

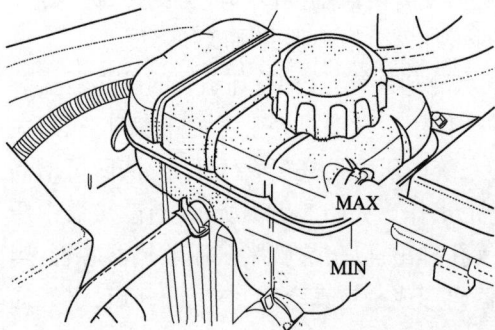

图2-113 检查冷却液的液面高度

4.节温器

节温器安装在冷却液循环的通路中(一般安装在汽缸盖的出水口处),根据发动机负荷的大小和冷却液温度的高低自动改变冷却液的循环流动路线,以达到调节冷却系统冷却强度的目的。

汽车发动机广泛采用蜡式节温器(图2-114)。节温器推杆的一端固定于支架的中心处,另一端插入胶管的中心孔中。胶管与节温器外壳之间形成的腔体内装有精制石蜡。常温时,石蜡呈固态,阀门压在阀座上,这时阀门关闭了通往散热器的水路,来自发动机汽缸盖出水口的冷却液经水泵又流回汽缸体水套中进行小循环。当发动机冷却液温度升高时,石蜡逐渐变成液态,体积随之增大,迫使橡胶管收缩,从而对推杆上端头产生向上的推力。由于推杆上端固定,故推杆对橡胶管、感应体产生向下的反推力,阀门开启。当发动机冷却液温度达到规定温度以上时,阀门全开,来自汽缸盖出水口的冷却液流向散热器,进行大循环。

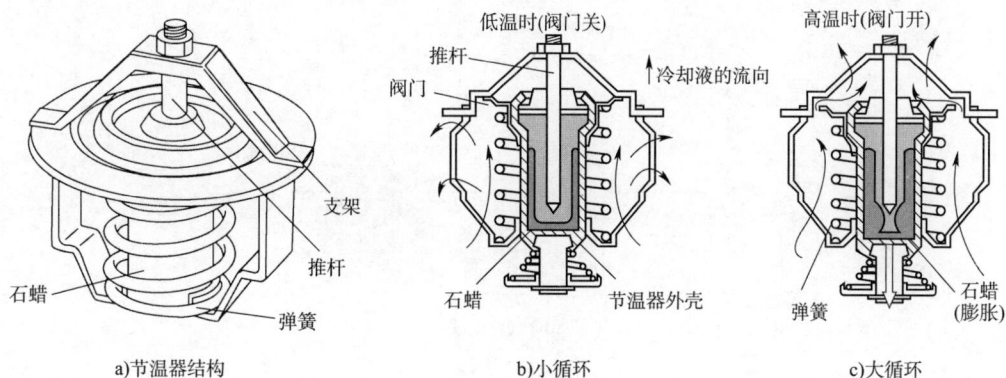

a)节温器结构　　　　　　　b)小循环　　　　　　　c)大循环

图 2-114　节温器

5. 冷却风扇

冷却风扇的功用是提高流经散热器的空气流速和流量,以增强散热器的散热能力并冷却发动机附件。冷却风扇多装在发动机与散热器之间,与水泵同轴驱动。这样,当风扇转动时,对空气产生轴向吸力,空气流从前到后通过散热器芯,从而使散热器芯中的冷却液加速冷却。

风扇的扇风量与风扇的直径、转速、叶片形状、叶片安装角度以及叶片数目有关,目前车用水冷发动机大多数采用轴流式风扇(图 2-115)。

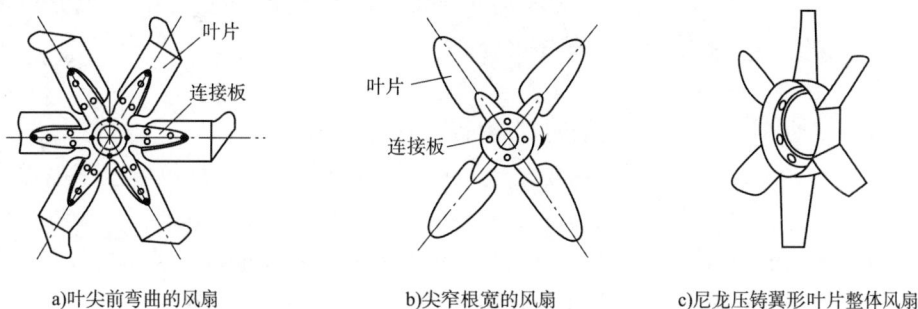

a)叶尖前弯曲的风扇　　　　b)尖窄根宽的风扇　　　　c)尼龙压铸翼形叶片整体风扇

图 2-115　风扇形式

在乘用车上大多采用电动冷却风扇(图 2-116)。电动冷却风扇系统一般由电动冷却风扇温度传感器(水温开关)、风扇、电动机等组成。根据冷却液温度变化,使风扇断续工作,从而提高了整车的经济性能。另外,电动冷却风扇还省去了风扇传动带及带轮,风扇叶片尺寸和散热器等布置自由度大,具有能耗低,噪声小等优点。

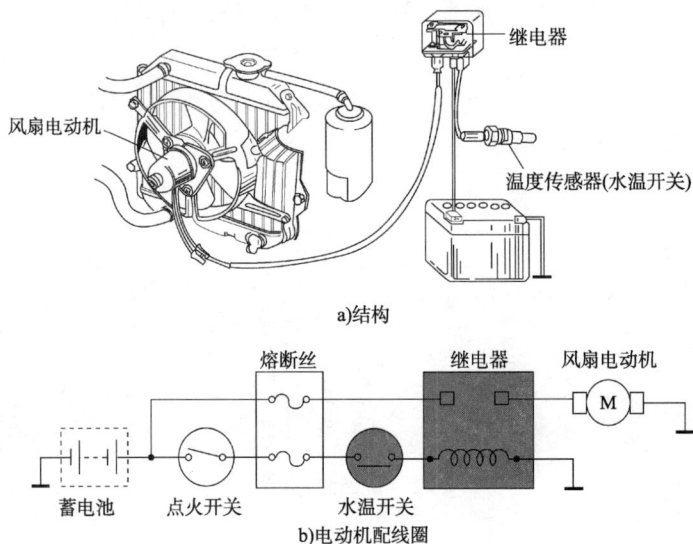

a)结构

b)电动机配线圈

图 2-116　电动风扇的结构

第七节　发动机电气设备

一、蓄电池

1. 蓄电池的功用

汽车蓄电池是一种储能装置,是低压直流电源,它并不是直接储存电能,而是将电能转变成化学能储存起来,当蓄电池连接外部电路时,化学能才变成电能,从蓄电池的正极流出经导线到负荷,再经导线流回蓄电池负极完成回路放电。

当发动机运转时,使用小部分动力驱动发电机以产生电能,再充入蓄电池,把电能变成化学能储存。乘用车一般使用 12V 的蓄电池。

汽车蓄电池的功用如下:

(1)起动发动机时供给起动机摇转发动机所需的大量电流;

(2)当发电机发出的电压低于蓄电池电压时或发电机不工作时,供给全车电器所需的电流;

(3)当汽车上电器的用电量超过发电机的输出量时,帮助发电机提供电器所需的电流;

(4)平衡汽车用电系统的电压,不使用电系统电压过高或过低。

2. 蓄电池的结构

蓄电池由外壳、盖板、极板组、隔板和极柱等组成,如图 2-117 所示。

蓄电池中的电解液为稀硫酸($H_2SO_4 + H_2O$),电解液必须保持高出极板 $10 \sim 12mm$,高度不足时,添加蒸馏水至外壳标示的最高线,如图 2-118 所示。

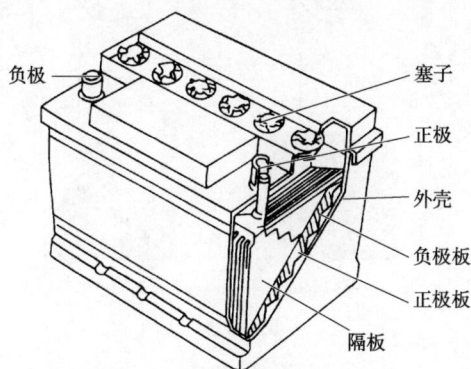

图 2-117 蓄电池的结构

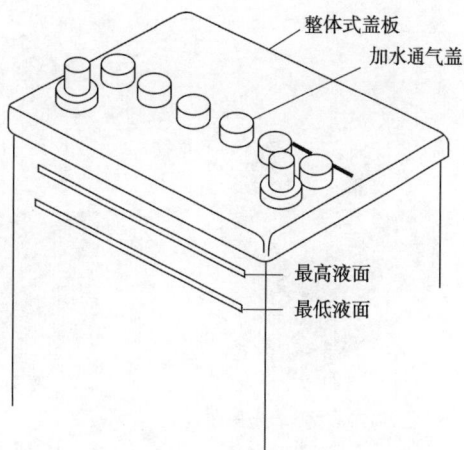

图 2-118 电解液液面高度的检查

蓄电池电解液的密度与蓄电池充电状态有直接关系:完全充电时,其密度应为 $1.28g/cm^3$;充电到一半时,其密度应为 $1.20g/cm^3$;完全放电时,其密度应为 $1.12g/cm^3$ 。蓄电池电解液密度可用电解液检测仪(也称比重计)测量。电解液检仪由一个带有吸液球的玻璃管组成。玻璃管内有一个带刻度的浮子。从蓄电池中抽吸电解液并检查浮子在液体中的浸入深度,通过刻度可以读取电解液密度值,如图 2-119 所示。

现代汽车用蓄电池越来越多地采用免维护蓄电池,所谓免维护蓄电池是在蓄电池使用期间不需要添加蒸馏水,当充电指示器显示电解液面高度不足时,蓄电池即应更换。

免维护蓄电池在盖板上均设有密度与液面观察窗,俗称电眼(图 2-120),以显示蓄电池的充电情况及电解液面是否过低。当蓄电池液面及充电正常时,绿色浮球在中央最高点,从视窗中在黑色区可看到绿色圆圈,如图 2-121a)所示;当蓄电池液面正常,但充电不足时,绿色浮球在球室下方,从视窗中看不到绿色圆圈,整个是黑色,如图 2-121b)所示,应对蓄

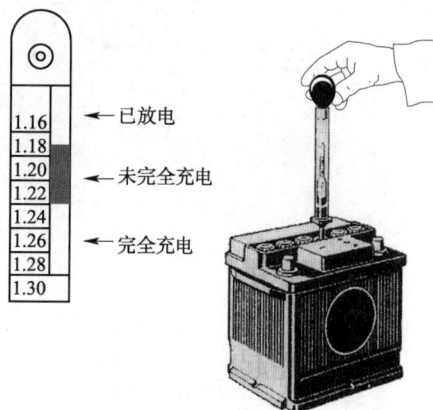

图 2-119 蓄电池电解液密度的检查

电池进行补充充电;当蓄电池液面过低时,视窗中看到的是透明色,表示蓄电池需换新,如图 2-121c)所示。观察窗只能显示电解液密度是 $1.150g/cm^3$ 或更高,要实际获得正确的读数,必须使用密度计测量。

二、充电系统

1. 充电系统功用和组成

起动发动机时需利用蓄电池供应起动机及点火系统等各种电器所需的电流,发动机起动后,必须由充电系统来提供点火系统及其他电器的用电,并补充蓄电池在起动发动机时所消耗的电能,这样发动机才能维持运转,熄火后才能再起动。

绿色　　　　　黑色　　　　　透明色

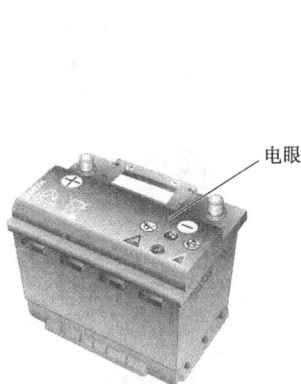

图 2-120　蓄电池电眼位置

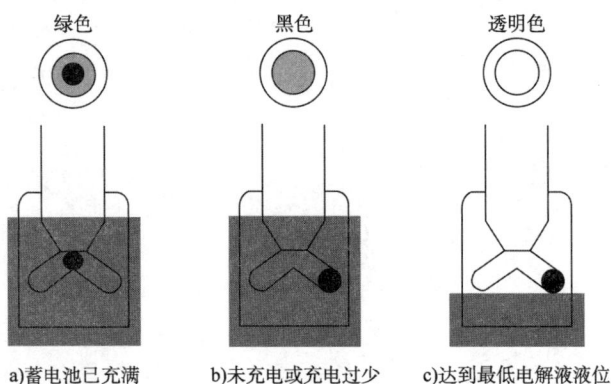

a)蓄电池已充满　　b)未充电或充电过少　　c)达到最低电解液液位

图 2-121　观察窗的作用

充电系统就是将发动机一部分机械能转变为电能的装置。充电系统最重要的部件是产生电能的交流发电机,其次为控制发电机最高输出电压的电压调节器,另外还需有指示充电系统工作是否正常的指示灯或电流表,以及连接各电器间的导电线等,如图 2-122 所示。

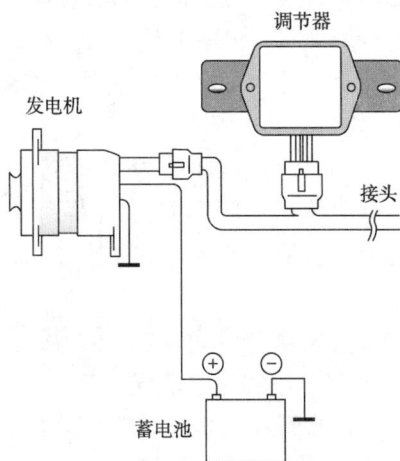

图 2-122　充电系统的组成

交流发电机的功能如下:

(1)在车辆行驶时,供应点火系统、空调系统、音响及其他电器用电。

(2)补充蓄电池在起动时损耗的电能(即对蓄电池充电)。

2.交流发电机的结构

交流发电机由定子、转子、整流器、前端盖、电刷、后端盖和风扇等所组成,如图 2-123 所示,图示的交流发电机采用集成式电压调节器。

转子用来建立交流发电机的磁场,它由压装在转子轴上的两块爪形磁极、两个磁场绕组和两个集电环组成。

定子用来产生三相交流电动势。定子总成安装在前、后端盖之间,定子铁芯由内圆带槽的硅钢片叠成,在槽内安装三相定子绕组。三相绕组按星形连接,其首端分别与整流器的二极管连接,尾端连在一起,称为中性点。

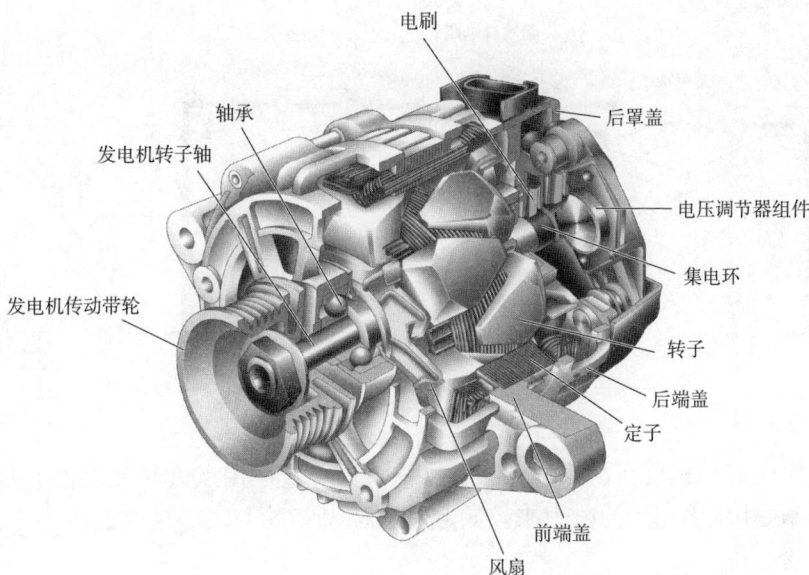

图 2-123　交流发电机的构造

整流器用来将三相定子绕组中产生的三相交流电动势整流为直流电。整流器由 6 个硅二极管组成三相桥式全波整流电路。6 个硅二极管分别安装在 2 个彼此绝缘的元件板上,其中 3 个二极管的外壳为负极,引出线为正极,称为正极二极管,并由红色标记。正极二极管压装在与壳体绝缘的元件板上,元件板与发电机电刷端盖上的"电枢"接线柱相连,作为发电机的正极。另外 3 个二极管的外壳为正极,引出线为负极,称为负极二极管,由黑色标记。负极二极管压装在前端盖上,与后端盖上的搭铁接线柱相连,作为发电机的负极。

发电机的前端装有传动带轮,由发动机曲轴传动带轮通过传动带驱动发电机旋转。在传动带轮的后面装有叶片式风扇,使发电机工作时强制通风散热。有些新型发电机,为了提高散热强度,取消了装在发电机外部的叶片式风扇,将风扇叶片装在转子上,实现转子风扇一体化,不但减小了发电机的体积,而且提高了发电机功率。

电压调节器保证在发电机转速变化时保持发电机输出的端电压为恒定值(13.5 ~ 14.5V)。电压调节器分为触点式电压调节器、晶体管电压调节器和集成电路电压(IC)调节器等。

三、起动系统

1.起动系统的功用和组成

发动机正常工作都必须经过"进气→压缩→做功→排气"4 个行程,因此开始起动发动机完成进气行程和压缩行程必须先靠外力摇转曲轴。常用的外力有人力起动和电力起动两种,人力起动简单,但不方便,劳动强度大,目前只有在部分汽车上作为后备方式而保留着。电力起动操作方便,起动迅速可靠,重复能力强,所以在现代汽车上被广泛应用。

汽车的起动系统由蓄电池、点火开关、电磁开关、起动机和导线等组成。图 2-124 所示为起动系统的示意图,实线部分为起动机电路,虚线部分为起动开关控制线路。

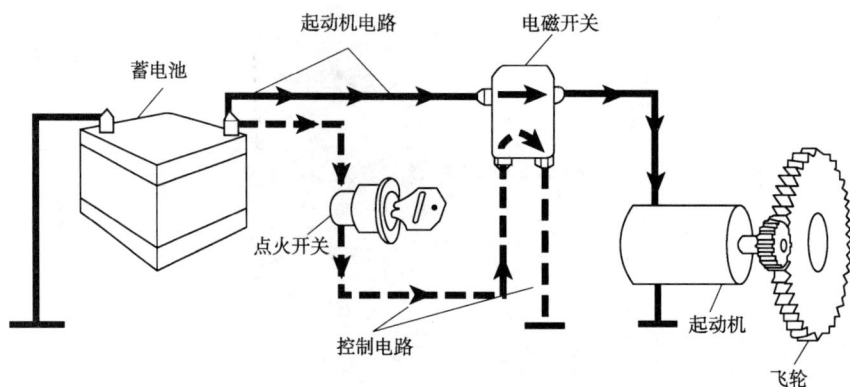

图 2-124　起动系统示意图

蓄电池供应起动机所需的大电流(50～300A),一般使用点火开关以较小的电流(3～5A)经电磁开关中线圈产生的磁力来控制起动机驱动齿轮与飞轮齿圈的接合与分离,即接通和断开起动电路。

2.起动机的结构

起动机的作用是利用起动机驱动齿轮与发动机飞轮齿圈啮合,进而摇转发动机使其能起动;发动机发动后,驱动齿轮与飞轮齿圈必须立刻分离,以免起动机受损。

起动机是起动系统中的重要组成部分,起动机由直流电动机、离合机构和控制装置3个部分组成,如图2-125所示。

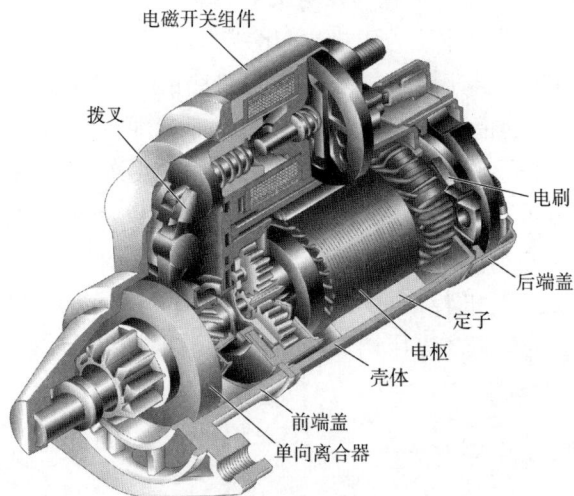

图 2-125　起动机的结构

1)直流电动机

直流电动机的作用是将蓄电池输入的电能转换为机械能,产生电磁转矩。直流电动机主要由电枢、磁极、换向器等主要部件构成。

(1)电枢。电枢是直流电动机的旋转部分,包括电枢轴、换向器、电枢铁芯、电枢绕组。为了获得足够的转矩,通过电枢绕组的电流一般为200～600A,因此电枢绕组采用较粗的矩形裸铜线绕制成成型绕组。电枢绕组各线圈的端头均焊接在换向器片上,通过换向器和电刷将蓄电池的电流引进来。

(2)磁极。磁极一般是4个,两对磁极相对交错安装在电动机定子内壳上,低碳钢板制成的机壳也是磁路的一部分。也有用6个磁极的起动机。

(3)电刷与电刷架。电刷架一般为框式结构,其中正极电刷架与端盖绝缘地固装,负极电刷架直接搭铁。电刷置于电刷架中,电刷由铜粉与石墨粉压制而成,呈棕红色。电刷架上装有弹性较好的盘形弹簧。

(4)轴承。因为起动机工作时间短暂,每次工作时间仅几秒钟,所以所用轴承一般都采用青铜石墨轴承或铁基含油轴承。

2)离合机构

离合机构的作用是将直流电动机的电磁转矩传递给发动机使其起动,同时又能在发动机起动后自动打滑,保护起动机不致飞散损坏。目前,起动机常用的离合机构有滚柱式、摩擦片式和弹簧式3种。

滚柱式离合机构是目前汽车起动机中使用最多的一种。如图2-126所示,滚柱式离合机构由外座圈、内座圈、滚柱以及柱塞等组成。内座圈毂的花键套筒和起动机轴以花键连接,外座圈与驱动齿轮相连。

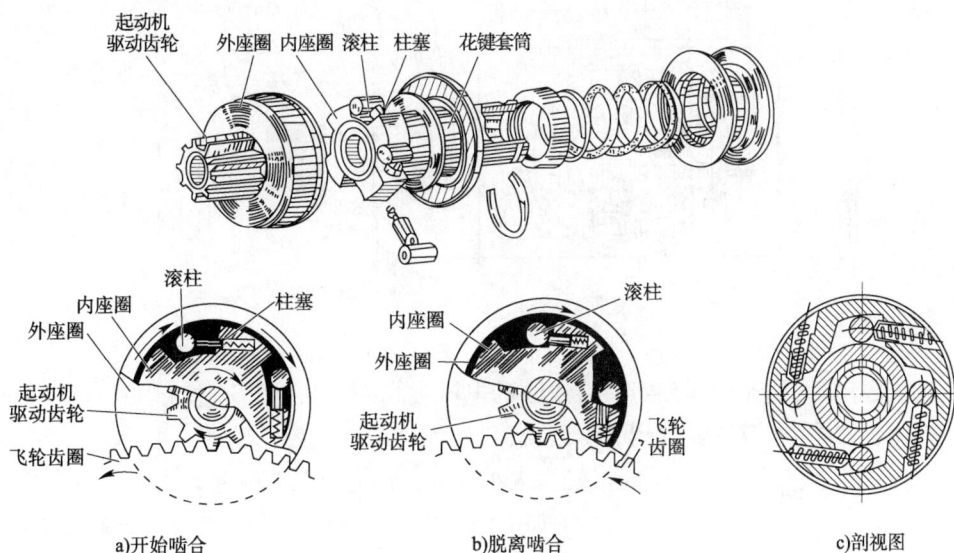

a)开始啮合　　　　b)脱离啮合　　　　c)剖视图

图2-126　滚柱式离合机构

外座圈与内座圈之间的间隙宽窄不等,呈楔形槽。当起动机电枢旋转时,转矩由花键套筒传到内座圈上,内座圈则随电枢一起旋转,这时滚柱便滚入楔形槽的窄处被卡住,于是转矩传递给起动机驱动齿轮,带动飞轮齿圈使发动机起动,如图2-126a)所示。当发动机起动后,曲轴转速增高,飞轮齿圈带动驱动齿轮旋转,此时起动机驱动齿轮旋转方向虽未改变,但已由主动齿轮变为从动齿轮,且外座圈的转速大于内座圈的转速,于是使滚柱滚入楔形槽的宽处,使内、外座圈相对打滑,如图2-126b)所示。这样转矩就不能从起动机驱动齿轮传给电枢,也就防止了电枢超速飞散。

3)控制装置

控制装置的作用是用来接通和断开电动机与蓄电池之间的电路,同时还能接入和切断点火线圈的附加电阻。起动机的控制装置一般是电磁开关,有的还采用了起动继电器。

电磁开关(图2-127)安装在直流电动机壳体上方,吸引线圈与保持线圈的匝数相同,绕向也相同。接通起动开关时,吸引线圈中的电流经由起动机的励磁绕组和电枢绕组后搭铁,而保持线圈直接搭铁。此时两个线圈产生较强的相同方向的电磁吸力,吸引可动铁芯向左移动。铁芯的移动通过拨叉将驱动齿轮推向飞轮齿圈,同时通过电枢中的较小电流使电枢轴缓慢旋转,这样有利于啮合。当驱动齿轮与飞轮齿圈完全啮合时,可动触点与固定触点也刚好完全闭合。此时,吸引线圈被短路,只靠保持线圈吸力将可动触点与固定触点保持在接通状态,强大的起动电流通过励磁绕组和电枢绕组使起动机快速转动。

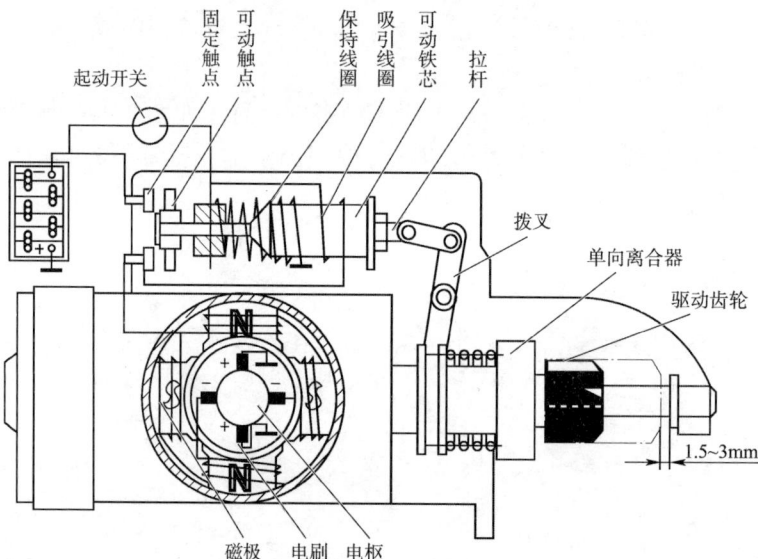

图2-127 电磁开关

发动机起动后,从起动开关到保持线圈的电流被切断,但在断开起动开关的瞬间,两触点仍处在闭合状态,电流从触点到吸引线圈,再经保持线圈搭铁。这时,两个线圈产生的电磁力大小相等,方向相反,相互抵消。铁芯在复位弹簧的作用下返回原位,触点断开,起动机因断电而停转,同时驱动齿轮与飞轮齿圈脱开而复位。

3. 点火开关

汽车的点火开关装在转向柱上,通常有 5 个挡位担任不同的工作,如图2-128 所示。

(1)锁止(LOCK)。钥匙在此位置才能拔出,也在此位置锁住转向盘轴,以防汽车无钥匙被移动或被开走。

(2)关闭(OFF)。在此位置全车电路不通,但转向盘可以转动,以便不起动发动机移动汽车使用。

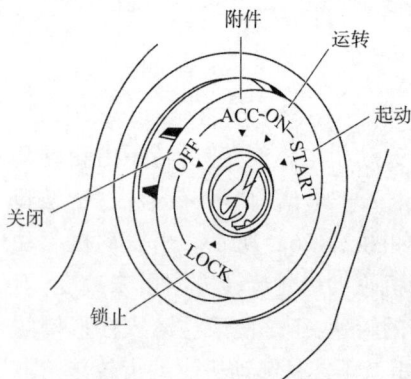

图2-128 点火开关的位置

（3）附件（ACC）。在此位置汽车附属电器的电路接通，如点烟器、收音机等，但点火系统不通。不起动发动机听收音机时应置于在此位置。

（4）运转（ON）。在此位置时点火系统及汽车各电器均接通，一般汽车行驶均在此位置。

（5）起动（START）。由运转位置顺时针方向扭转钥匙即为起动位置，手放松时，钥匙又可回到运转（ON）位置。在起动位置，点火系统及起动系统接通以起动发动机。

四、点火系统

1.点火系统的功用和组成

点火系统的功用是将汽车电源提供的低压电转变为高压电，并按照发动机各缸的点火顺序和点火时刻的要求，适时准确地将高压电送至各缸的火花塞，使火花塞跳火，点燃汽缸内的可燃混合气体。现代汽车发动机均已采用电控点火系统，其组成如图 2-129 所示，主要由传感器、电控单元（ECU）及执行器组成。传感器用来检测发动机工作状态，并将信号传给ECU；ECU 负责对传感器传送的信号进行分析、比较、处理，向执行器发出控制命令；并按指令对点火线圈初级绕组电流进行控制，以产生足够的点火高压电。电控点火系统的各组成部分的功用见表 2-4。

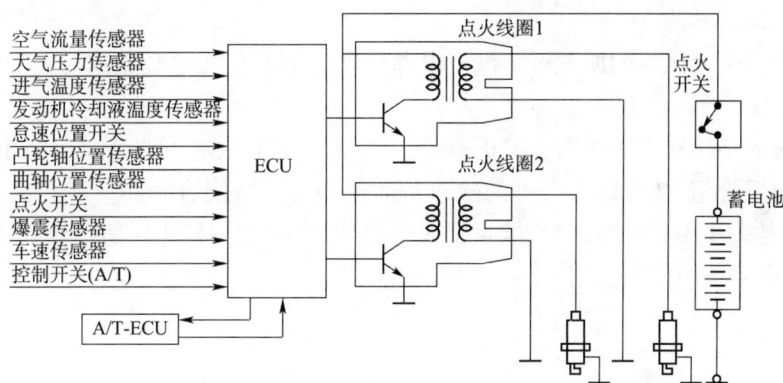

图 2-129　电控点火系统的组成

电控点火系统的组成及元件功用　　　　　　　　表 2-4

组　　成		功　　能
传感器	空气流量传感器	检测进气量(负荷)信号输入 ECU，是点火系统的主控制信号
	大气压力传感器	
	曲轴位置传感器	检测曲轴转角(转速)信号输入 ECU，是点火系统的主控制信号
	凸轮轴位置传感器	检测凸轮轴转角信号输入 ECU，是点火系统的主控制信号
	节气门位置传感器	检测节气门开度信号输入 ECU，是点火提前角的修正信号
	冷却液温度传感器	检测冷却液温信号输入 ECU，是点火提前角的修正信号
	起动开关	向 ECU 输入发动机正在起动中的信号，是点火提前角的修正信号
	空调开关(A/C)	向 ECU 输入空调的工作信号，是点火提前角的修正信号

续上表

组　　成		功　　能
传感器	进气温度传感器	检测进气温度信号输入ECU,是点火提前角的修正信号
	空挡起动开关	检测自动变速器P挡或N挡信号输入ECU,是点火系统的修正信号
	爆震传感器	检测发动机的爆震信号输入ECU,是点火提前角的修正信号
	发动机负荷信号	检测发动机的负荷信号输入ECU,是点火提前角的修正信号
执行器	点火线圈	利用变压器的原理可将汽车电源提供的12V低压电转变成能击穿火花塞电极间隙的15~20kV的高压直流电
控制单元(ECU)		根据各传感器输入的信号,计算出最佳的点火提前角,并将点火控制信号输送给点火控制器
火花塞		火花塞的作用是将高压电引入汽缸燃烧室,产生电火花点燃可燃混合气

2. 点火线圈的结构

点火线圈利用变压器的原理可将汽车电源提供的12V低压电转变成能击穿火花塞电极间隙的15~20kV的高压电。

点火线圈的结构和磁路如图2-130所示。在"口"字形铁芯内绕有次级绕组,在次级绕组外面绕有初级绕组,初级绕组产生的磁通量通过铁芯构成闭合磁路。与开磁路点火线圈相比,闭磁路点火线圈具有漏磁少、能量损失小、转换效率高、体积小、质量轻和易散热等优点,因此在点火系统中广泛应用。

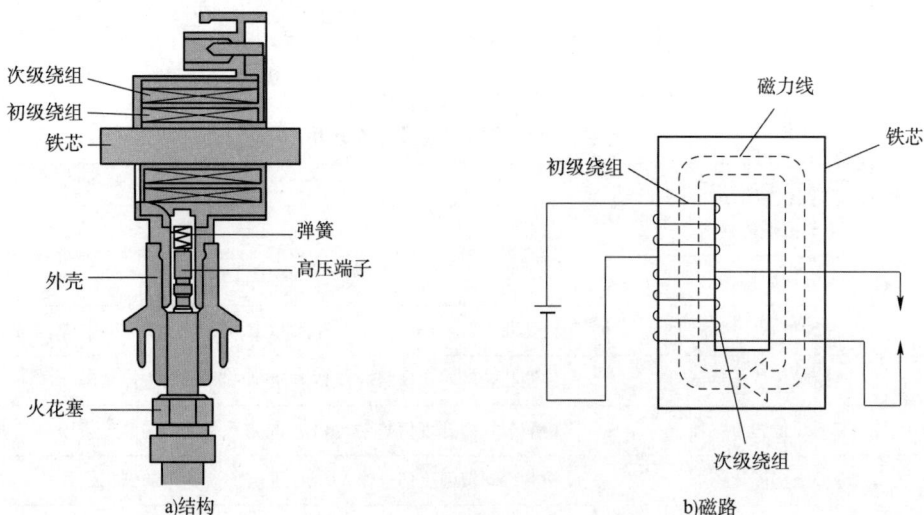

图2-130　闭磁路点火线圈的磁路

3. 火花塞的结构

火花塞的作用是将高压电引入汽缸燃烧室,产生电火花点燃可燃混合气。火花塞的结构如图 2-131 所示,主要由接线帽、瓷绝缘体、中心电极、侧电极和壳体等组成。中心电极用镍铬合金制成,具有良好的耐高温、耐腐蚀性能,中心电极做成两段,中间加有导电玻璃,由于导电玻璃和瓷绝缘体的膨胀系数相近,因此,导电玻璃主要是起密封作用。火花塞的间隙一般为 1.0 ~ 1.2mm。

火花塞根据其热特性的不同,可分为冷型火花塞、中型火花塞和热型火花塞。绝缘体裙部长的火花塞,其受热面积大,传热距离长,散热困难,裙部温度高,称为热型火花塞;反之,裙部短的火花塞,吸热面积小,传热距离短,散热容易,裙部温度低,称为冷型火花塞。热型火花塞用于低压缩比、低转速、小功率的发动机;冷型火花塞用于高压缩比、高转速、大功率的发动机。

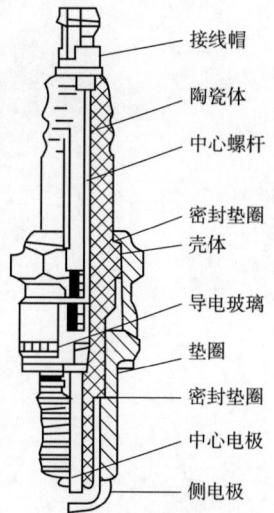

图 2-131 火花塞的结构

接线帽
陶瓷体
中心螺杆
密封垫圈
壳体
导电玻璃
垫圈
密封垫圈
中心电极
侧电极

第三章　底　　盘

第一节　传动系统

一、传动系统概述

传动系统的基本功用是将发动机的转矩传递给驱动车轮,同时还必须适应行驶条件的需要,改变转矩的大小。

普通机械式传动系统如图 3-1 所示,发动机发出的动力依次经过离合器、变速器和由万向节与传动轴组成的万向传动装置,以及安装在驱动桥中的主减速器、差速器和半轴,最后传到驱动车轮。现在乘用车中采用自动变速器的越来越多,其传动系统包括自动变速器、万向传动装置、驱动桥等,即用自动变速器取代了离合器和手动变速器。

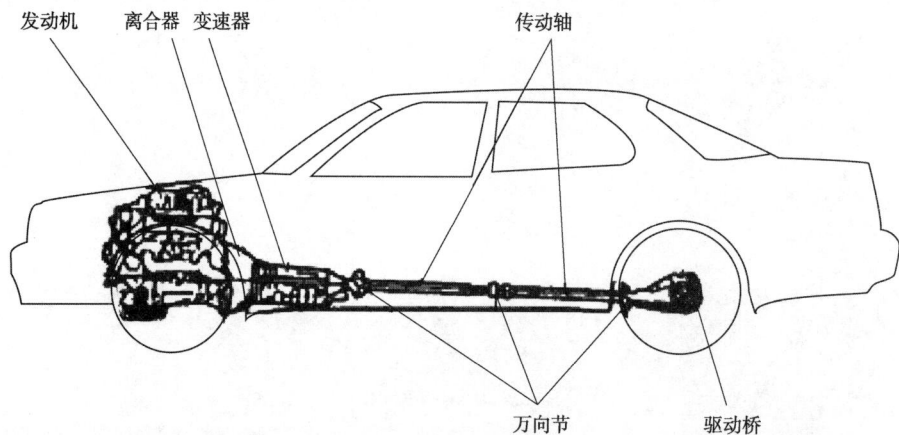

发动机　离合器 变速器　　　　　　　　　传动轴

万向节　　　　　驱动桥

图 3-1　普通机械式传动系统

二、离合器

(一) 离合器的功用、基本结构和工作原理

1. 离合器的功用

离合器安装在发动机与变速器之间,其功用是:使发动机与传动系统逐渐接合,保证汽车平稳起步;暂时切断发动机的动力传动,保证变速器换挡平顺;限制所传递的转矩,防止传

动系统过载。

2. 离合器的基本结构

离合器的基本结构如图3-2所示,离合器由主动部分、从动部分、压紧装置和操纵机构组成。压紧装置(膜片弹簧或螺旋弹簧)将从动盘压紧在飞轮端面上,发动机转矩靠飞轮与从动盘接触面之间的摩擦作用而传递到从动盘上,再经过从动轴等传给变速器。

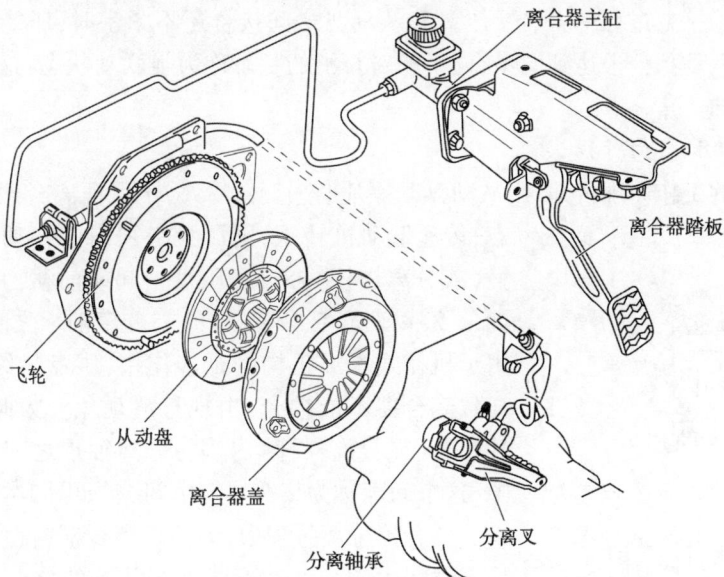

图 3-2 离合器的基本结构

3. 离合器的工作原理

离合器的工作原理如图3-3所示。从动盘通过花键和变速器主动轴相连,可以前后运动。在压紧弹簧作用下,离合器处于接合状态。

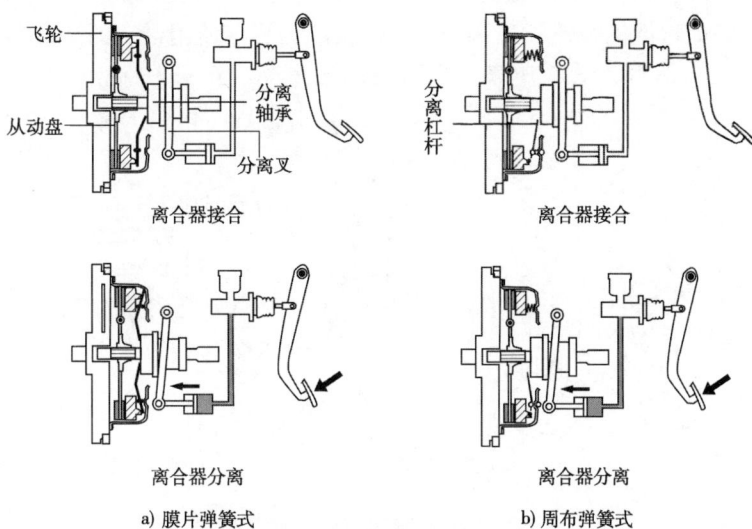

a) 膜片弹簧式　　b) 周布弹簧式

图 3-3 离合器的工作原理

当驾驶人踩下离合器踏板,分离套筒和分离轴承在分离叉的推动下,推动从动盘克服压紧弹簧的力而后移,使离合器处于分离状态,中断动力传递。

逐渐抬起离合器踏板,压盘在压紧弹簧的作用下前移逐渐压紧从动盘,此时从动盘与压盘、飞轮的接触面之间产生摩擦力矩并逐渐增大,动力由飞轮、压盘传给从动盘经输出轴输出。在这一过程中,从动盘及输出轴转速逐渐提高,直至与主动部分转速相同,主、从动部分完全接合。

在离合器的接合过程中,飞轮、压盘和从动盘之间接合还不紧密时,所能传递的摩擦力矩较小,其主、从动部分未达到同步,处于相对打滑的状态称为半联动状态,这种状态在汽车起步时是必要的。

4. 离合器踏板自由行程

由离合器的工作原理可知,当从动盘摩擦片磨损变薄后,为了保证离合器能处于接合状态,传递发动机转矩,则压盘必须向前移动。此时膜片弹簧(或分离杠杆)外端和压盘一起向前移,其内端向后移。如果膜片弹簧(或分离杠杆)与分离轴承之间没有间隙,则由于机械式操纵机构的干涉作用,压盘最终无法前移,即导致离合器不能接合,出现打滑现象。为此,在离合器膜片弹簧(或分离杠杆)内端与分离轴承之间预留一定的间隙,这个间隙称为离合器自由间隙,如图3-4所示。

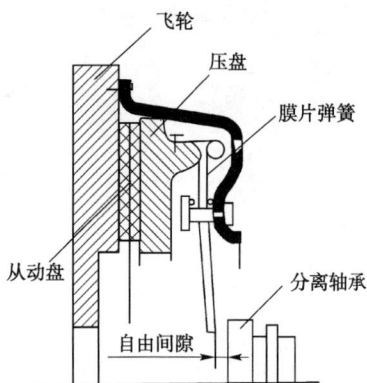

图3-4 离合器自由间隙

离合器分离过程中,为消除离合器自由间隙和操纵机构零件产生的弹性变形所需要踩下的离合器踏板行程称为离合器踏板自由行程。

(二)离合器主要部件的构造

1.膜片弹簧式离合器

膜片弹簧式离合器的结构如图3-5和图3-6所示。膜片弹簧式离合器以膜片弹簧取代周布弹簧离合器中的螺旋弹簧及分离杠杆,使结构简单,并可免除调整分离杠杆高度的麻烦,且膜片弹簧弹力特性优于螺旋弹簧,操作省力,故为目前使用最广的离合器。

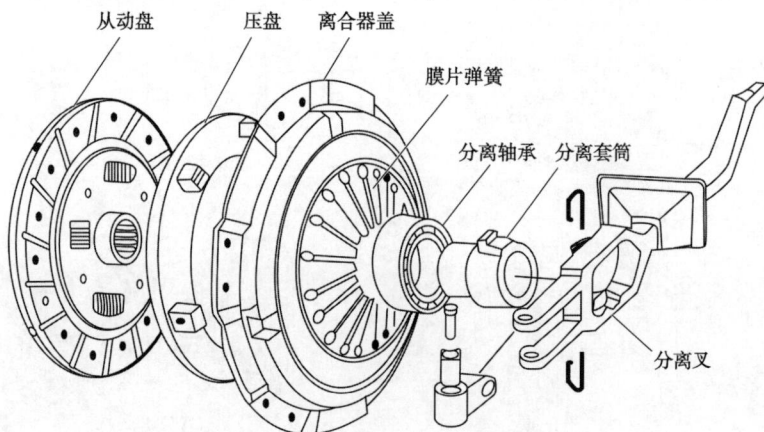

图3-5 膜片弹簧式离合器构造(1)

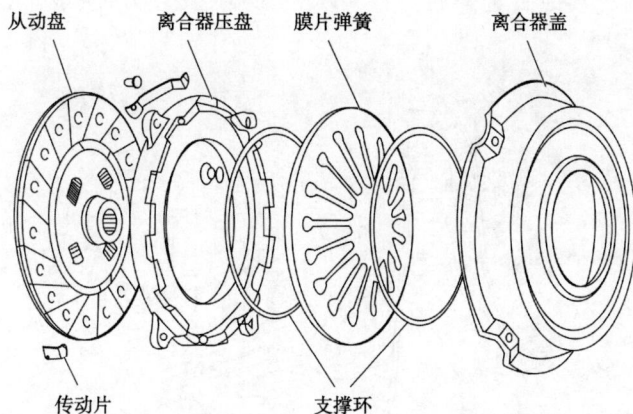

图3-6　膜片弹簧式离合器构造(2)

离合器盖通过螺栓固定在飞轮上,为了保持正确的安装位置,离合器盖通过定位销进行定位。压盘与离合器盖之间通过周向均布的3组或4组传动片来传递转矩。传动片用弹簧钢片制成,每组两片,一端用铆钉铆在离合器盖上,另一端用螺钉连接在压盘上。

从动盘主要由从动盘本体、摩擦片和从动盘毂等组成,如图3-7和图3-8所示。为消除传动系统的扭转振动,从动盘一般都带有扭转减振器。膜片弹簧的径向开有若干切槽,形成弹性杠杆。切槽末端有圆孔,固定铆钉穿过圆孔,并固定在离合器盖上。膜片弹簧两侧装有钢丝支撑环,这两个钢丝支撑环是膜片弹簧工作时的支点。膜片弹簧的外缘通过分离钩与压盘联系起来。

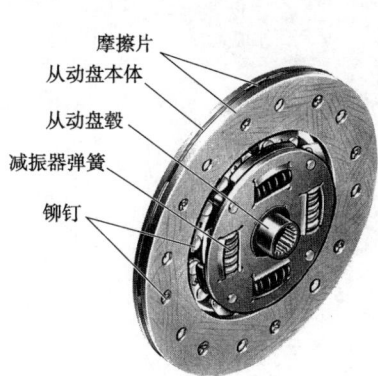

图3-7　从动盘的结构

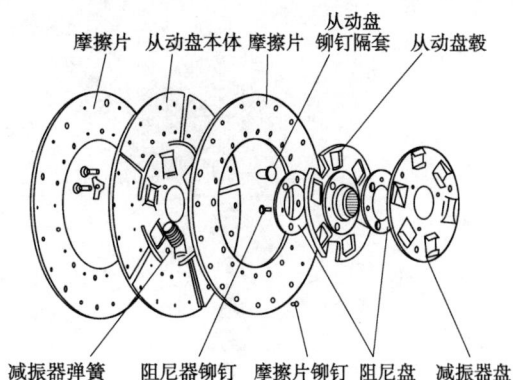

图3-8　从动盘分解图

2. 离合器的操纵机构

离合器的操纵机构起始于离合器踏板,终止于膜片弹簧(或分离杠杆),可分为机械式和液压式。

1)机械式操纵机构

机械式操纵机构有杠杆传动和钢索传动2种。钢索传动操纵机构如图3-9所示。由于钢索是挠性件,因此对其他装置的布置没有大的影响,安装方便,成本低,保养容易,使用较多。

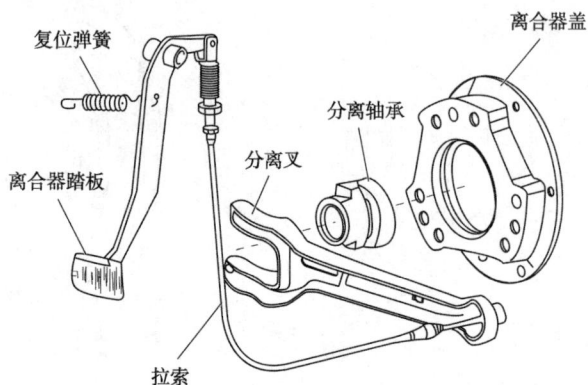

图 3-9　钢索传动机械式操纵机构

2)液压式操纵机构

液压式操纵机构由离合器踏板、离合器主缸、离合器工作缸、分离叉和油管等组成,如图 3-10 所示。

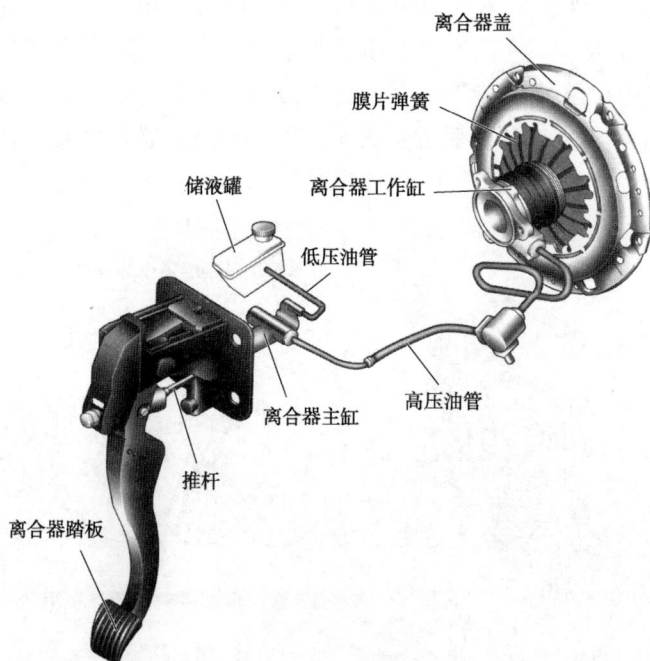

图 3-10　液压式操纵机构

(1)离合器主缸。离合器主缸结构如图 3-11 所示。主缸壳体上的回油孔、补偿孔通过进油软管与储液罐相通。主缸内装有活塞,活塞两端装有皮碗,左端中部装有止回阀,经小孔与活塞右方主缸内腔的油室相通。当离合器踏板处于完全放松位置时,活塞左端皮碗位于回油孔与补偿孔之间,两孔均与储液罐相通。

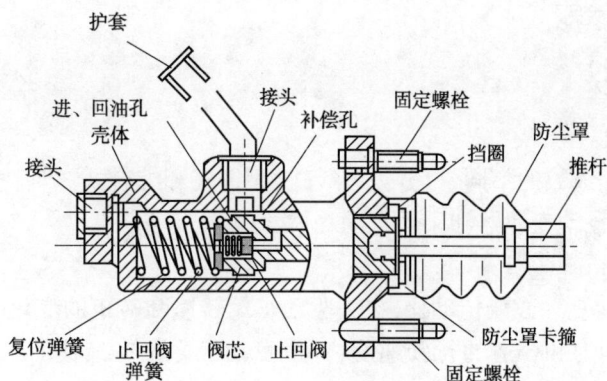

图 3-11　离合器主缸结构

（2）离合器工作缸。离合器工作缸结构如图 3-12 所示。工作缸内装有活塞、皮碗、推杆等，壳体上还设有放气螺钉。当管路内有空气存在而导致离合器不能分离时，需要拧出放气螺钉进行放气。工作缸活塞直径略大于主缸活塞直径，故液压系统具有增力作用，以使操纵轻便。

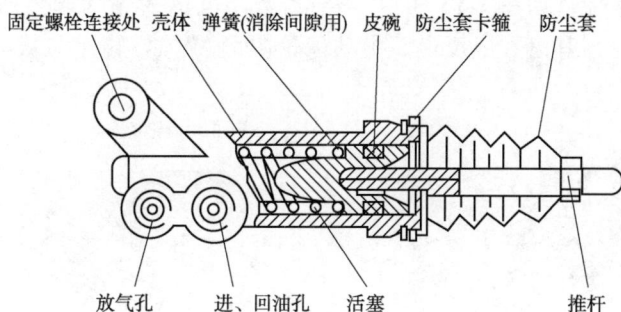

图 3-12　离合器工作缸结构

（3）液压式操纵机构工作原理。

①分离过程。当离合器踏板踩下时，离合器主缸推杆推动主缸活塞，离合器主缸产生油压，压力油经油管使离合器工作缸的活塞推出，经推杆推动分离叉，推移分离轴承等使离合器分离。

②接合过程。离合器踏板放松时，离合器踏板复位弹簧将离合器踏板拉回，离合器主缸油压消失，各机件复原，离合器接合。

③补偿过程。当管路系统渗入空气时，可利用补偿孔来排除渗入的空气。补偿过程如下：当踩下离合器踏板难以使离合器分离时，可迅速放松离合器踏板，在离合器踏板复位弹簧的作用下，主缸活塞快速右移。储液罐中的油液从补偿孔经主缸活塞上的单向阀流入活塞左面。再迅速踩下离合器踏板，工作缸活塞前移，以弥补因从动盘磨损或系统渗入少量空气后引起的在相同离合器踏板位置工作缸活塞移动量的不足，从而保证离合器的正常工作。

三、手动变速器

(一)变速器概述

1. 变速器的分类

变速器按传动比级数的不同,可分为有级式、无级式和综合式 3 种;按操纵方式的不同,可分为手动变速器、自动变速器和手动自动一体变速器 3 种。

2. 变速器的功用

(1)实现变速、变矩。改变传动比,扩大驱动车轮转速和转矩的变化范围,以适应汽车不同工况下所需的驱动力和合适的行驶速度,并使发动机尽量在最佳的工况下工作。变速器中是通过不同的挡位来实现这一功用。

(2)实现倒车。发动机的旋转方向从前往后看为顺时针方向,且是不能改变,为了实现汽车的倒向行驶,变速器中设置了倒挡。

(3)实现中断动力传动。在发动机起动和怠速运转、变速器换挡、汽车滑行和暂时停车等情况下,都需要中断发动机的动力传动,因此变速器中设有空挡。

3. 齿轮传动的基本原理

齿轮传动的基本原理如图 3-13 所示,一对齿数不同的齿轮啮合传动时可以实现变速,而且两齿轮的转速比与其齿数成反比。主动齿轮(即输入轴)转速与从动齿轮(即输出轴)转速之比值称为传动比。

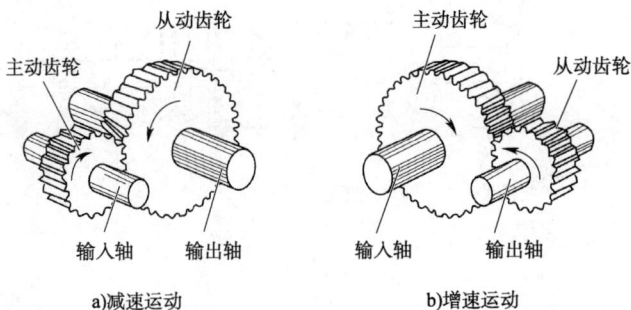

图 3-13　齿轮传动的基本原理

当小齿轮为主动齿轮,带动大齿轮转动时,输出转速降低,为减速传动,此时传动比大于 1;当大齿轮驱动小齿轮时,输出转速升高,为增速传动,此时传动比小于 1。

(二)变速器的结构和工作原理

变速器包括变速传动机构和操纵机构两大部分。

1. 变速器变速传动机构

二轴式变速器用于发动机前置前轮驱动的汽车,一般与驱动桥(前桥)合称为手动变速驱动桥。前置发动机有纵向布置和横向布置两种形式,与其配用的二轴式变速器也有两种不同的结构形式。发动机纵置时,主减速器为一对圆锥齿轮;发动机横置时,主减速器采用一对圆柱齿轮。

图 3-14 所示为别克凯越乘用车二轴式五挡手动变速器的结构图。

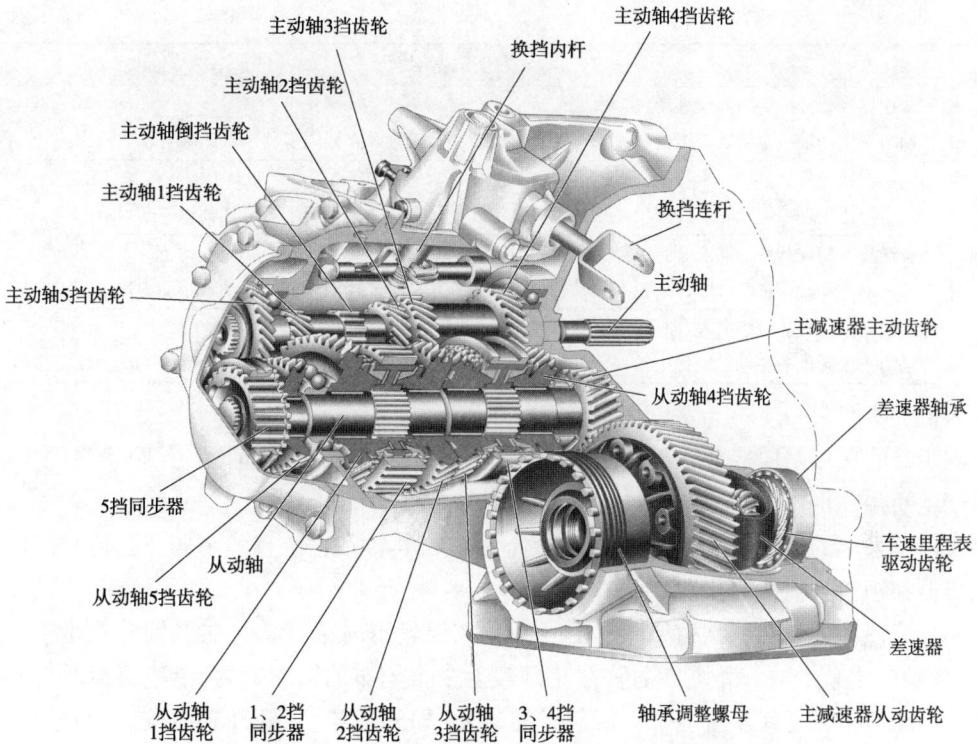

图 3-14 别克凯越乘用车二轴式五挡手动变速器结构图

图 3-15 所示为手动变速器动力传递示意图,各挡动力传递路线见表 3-1。

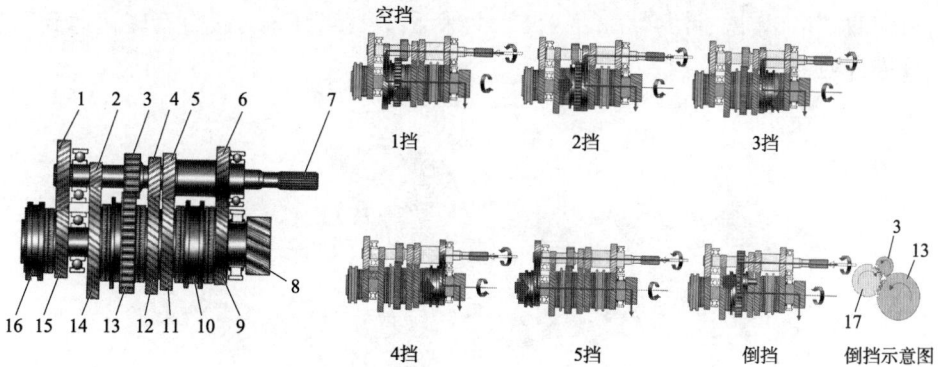

图 3-15 手动变速器动力传递示意图

1-主动轴5挡齿轮;2-主动轴1挡齿轮;3-主动轴倒挡齿轮(倒挡主动齿轮);4-主动轴2挡齿轮;5-主动轴3挡齿轮;6-主动轴4挡齿轮;7-主动轴;8-主减速器主动齿轮;9-从动轴4挡齿轮;10-3、4挡同步器;11-从动轴3挡齿轮;12-从动轴2挡齿轮;13-1、2挡同步器(接合套上有倒挡从动齿轮);14-从动轴1挡齿轮;15-从动轴5挡齿轮;16-5挡同步器;17-倒挡惰轮

别克凯越乘用车变速器动力传递路线 表 3-1

挡位	动力传递路线
1 挡	变速器换挡杆从空挡向左、向前移动,实现: 动力→主动轴→主动轴1挡齿轮→从动轴1挡齿轮→从动轴1、2挡同步器→从动轴→动力输出
2 挡	变速器换挡杆从空挡向左、向后移动,实现: 动力→主动轴→主动轴2挡齿轮→从动轴2挡齿轮→从动轴1、2挡同步器→从动轴→动力输出

续上表

挡位	动力传递路线
3挡	变速器换挡杆从空挡向前移动,实现: 动力→主动轴→主动轴3挡齿轮→从动轴3挡齿轮→从动轴3、4挡同步器→从动轴→动力输出
4挡	变速器换挡杆从空挡向后移动,实现: 动力→主动轴→主动轴4挡齿轮→从动轴4挡齿轮→从动轴3、4挡同步器→从动轴→动力输出
5挡	变速器换挡杆从空挡向右、向前移动,实现: 动力→主动轴→主动轴5挡齿轮→从动轴5挡齿轮→从动轴5挡同步器→从动轴→动力输出
倒挡	变速器换挡杆从空挡向左、向前移动,实现: 动力→主动轴→主动轴倒挡齿轮→倒挡惰轮→倒挡从动齿轮(1、2挡同步器)→从动轴→动力反向输出

2. 同步器

同步器的功用是使接合套与待啮合的齿圈迅速同步,缩短换挡时间;且防止在同步前啮合而产生换挡冲击。

目前所采用的同步器几乎都是摩擦式惯性同步器,按锁止装置的不同,可分为锁环式惯性同步器和锁销式惯性同步器。

锁环式惯性同步器的结构如图3-16所示,花键毂用内花键套装在二轴外花键上,用垫圈、卡环轴向定位。3个滑块分别装在花键毂上3个均布的轴向槽内,沿槽可以轴向移动。花键毂两端与齿轮之间各有一个青铜制成的锁环(即同步环)。锁环有内锥面,与接合齿圈外锥面相配合,组成锥面摩擦副。通过这对锥面摩擦副的摩擦,可使转速不等的两齿轮在接合之前迅速达到同步。锁环上的花键齿在对着接合套的一端制有倒角(称为锁止角),且与接合套齿端的倒角相同。同步器在结构设计上保证:只有当锁环与接合套转速达到同步时,两者方可进行啮合(即挂上挡)。

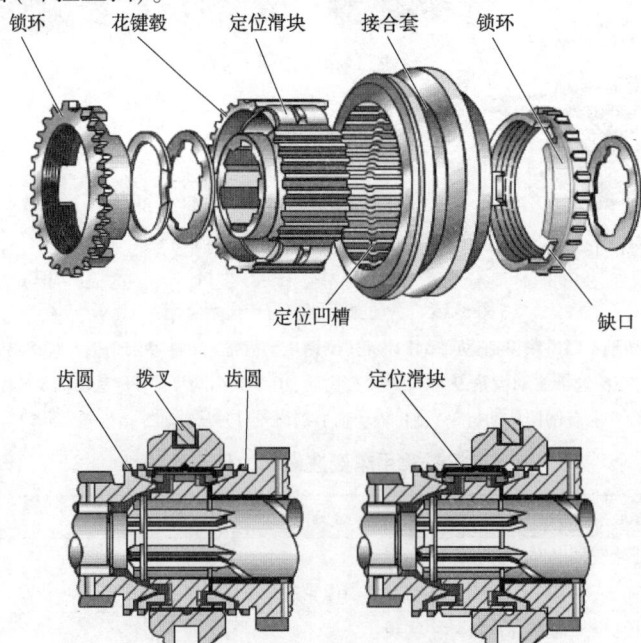

图3-16　锁环式惯性同步器

3.变速器操纵机构

变速器操纵机构按照换挡杆(操纵杆)位置的不同,可分为直接操纵式和远距离操纵式两种类型。

直接操纵式变速器布置在驾驶人座椅附近,换挡杆由驾驶室底板伸出,驾驶人可以直接操纵,多用于发动机前置后轮驱动的车辆。

在有些汽车上,由于变速器离驾驶人座位较远,则需要在换挡杆与拨叉之间加装一些辅助杠杆或一套传动机构,构成远距离操纵机构,这种操纵机构多用于发动机前置前轮驱动的乘用车,由于其变速器安装在前驱动桥处,远离驾驶人座椅,需要采用这种操纵方式(图3-17)。

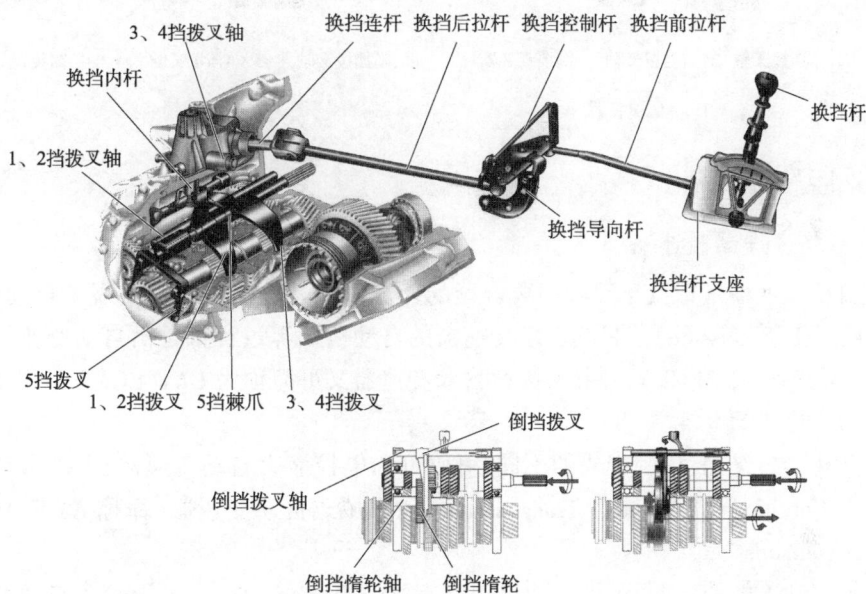

图3-17　变速器远距离操纵机构

为了保证变速器在任何情况下都能准确、安全、可靠地工作,变速器操纵机构一般都具有换挡锁装置,包括自锁装置、互锁装置和倒挡锁装置。自锁装置用于防止变速器自动脱挡或挂挡,并保证轮齿以全齿宽啮合;互锁装置用于防止同时挂上两个挡位;倒挡锁装置用于防止误挂倒挡。

(1)自锁装置。自锁装置的结构原理如图3-18所示。换挡拨叉轴上方有3个凹坑,上面有被弹簧压紧的钢球,当拨叉轴位置处于空挡或某一挡位置时,钢球压在凹坑中内,起到了自锁作用。

(2)互锁装置。互锁装置的结构原理如图3-19所示。当某一拨叉轴移动挂挡时,另外两个拨叉轴被钢球锁住,防止同时挂上两个挡而使变速器卡死或损坏,起到了互锁作用。

(3)倒挡锁装置。倒挡锁装置的结构原理如图3-20所示。当换挡杆下端向倒挡拨叉轴

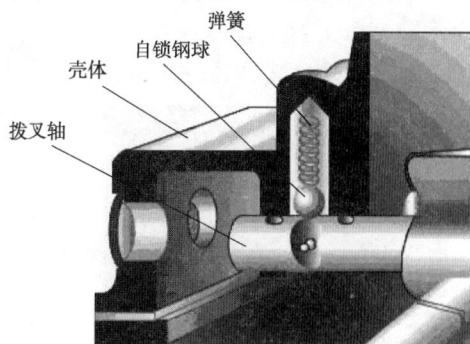

图3-18　自锁装置

移动时,必须压缩弹簧才能进入倒挡拨叉轴上的拨块槽中。这样防止了在汽车前进时因误挂倒挡而导致变速器零部件损坏,起到了倒挡锁的作用。

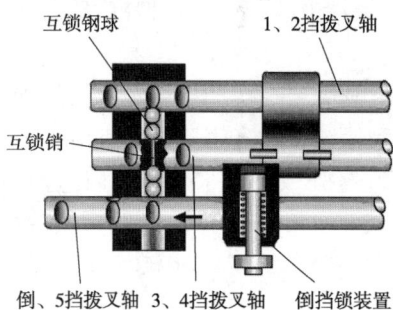

图 3-19   互锁装置

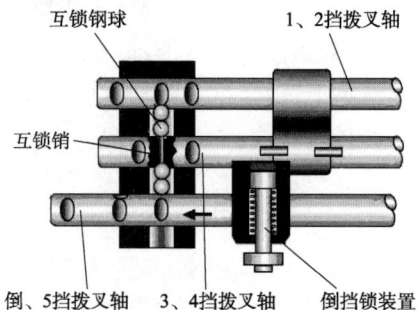

图 3-20   倒挡锁装置

四、自动变速器

(一) 自动变速器概述

所谓自动变速器是指汽车驾驶中离合器的操纵和变速器的操纵都实现了自动化,简称 AT(Automatic Transmission)。目前自动变速器的自动换挡等过程都是由自动变速器的电子控制单元(英文缩写为 ECU)控制的,因此自动变速器又可简称为 EAT、ECAT、ECT 等。

1. 自动变速器的分类

自动变速器按结构、控制方式的不同,可以分为电控液力自动变速器、无级自动变速器(简称 CVT,Continuously Variable Transmission)和机械式自动变速器(简称 AMT,Automated Mechanical Transmission)。

按车辆驱动方式的不同,可以分为自动变速器(Automatic Transmission)和自动变速驱动桥(Automatic Transaxle)。

按照自动变速器换挡杆置于前进挡时的挡位数的不同,可以分为 4 挡自动变速器、5 挡自动变速器、6 挡自动变速器等。

2. 自动变速器换挡杆的使用

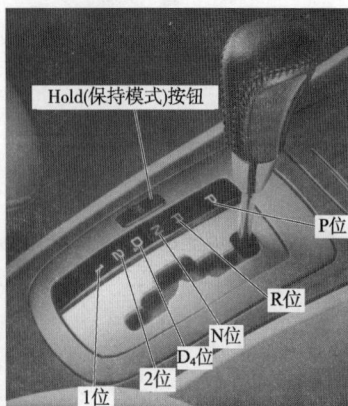

图 3-21   自动变速器换挡杆位置示意图

自动变速器的换挡杆通常有 6 个或 7 个位置,如图 3-21所示。其功能如下:

P 位:驻车挡。换挡杆置于此位置时,驻车锁止机构将自动变速器输出轴锁止。

R 位:倒挡。换挡杆置于此位置时,液压系统倒挡油路被接通,驱动车轮反转,实现倒向行驶。

N 位:空挡。换挡杆置于此位置时,所有齿轮变速机构中的齿轮空转,不能输出动力。

D_4(或 D)位:前进挡。换挡杆置于此位置时,液压系统控制装置根据节气门开度信号和车速信号自动接通相应的前进挡油路,齿轮变速机构在换挡执行元件的控制下得到相应的传动比。随着行驶条件的变化,在前进挡中自动升降挡,实现自动变速功能。

D_3(或 3)位:高速发动机制动挡。换挡杆置于该位置时,液压制动系统只能接通前进挡中的 1、2、3 挡油路,自动变速器只能在这 3 个挡位间自动换挡,无法升入 4 挡位,从而使汽车获得发动机制动效果。

2(或 S)位:中速发动机制动挡。换挡杆置于此位置时,液压控制系统只能接通前进挡中的 1、2 挡油路,自动变速器只能在这两个挡位间自动换挡,无法升入更高的挡位,从而使汽车获得发动机制动效果。

1(或 L)位:低速发动机制动挡。换挡杆置于此位置时,汽车被锁定在前进的 1 挡,只能在该挡位行驶而无法升入高挡,发动机制动效果更强。

发动机只有在换挡杆置于 N 或 P 位时才能起动,此功能靠空挡起动开关来实现。

(二)自动变速器的基本组成及工作原理

1.基本组成

自动变速器主要由液力变矩器、齿轮变速机构、换挡执行元件、液压控制系统和电子控制系统等组成,如图 3-22 所示。

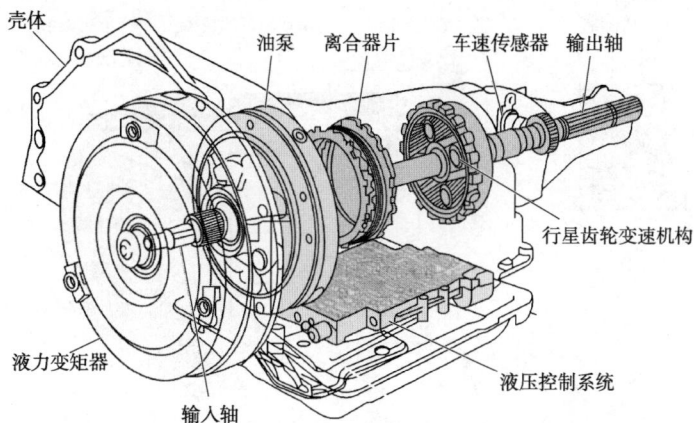

图 3-22 自动变速器的结构

(1)液力变矩器。液力变矩器位于自动变速器的最前端,安装在发动机的飞轮上,它是一个通过自动变速器油(ATF)传递动力的装置,可以实现动力的柔和传递。

液力变矩器的主要作用是利用 ATF 循环流动将发动机的动力传递给自动变速器齿轮变速机构的输入轴,并能根据汽车行驶阻力的变化,在一定范围内自动改变传动比,具有一定的减速增矩功能。液力变矩器还具有自动离合器的功用,在发动机不熄火、自动变速器位于动力挡(D 或 R 位)的情况下,汽车可以处于停车状态。

(2)齿轮变速机构。齿轮变速机构可形成不同的传动比,组合成不同的挡位。目前绝大多数电控液力自动变速器采用行星齿轮变速机构进行变速,有的乘用车采用平行轴齿轮变速机构(如本田车系)进行变速。

(3)换挡执行元件。电控液力自动变速器换挡执行元件主要包括离合器、制动器和单向离合器。

(4)液压控制系统。液压控制系统是由油泵、各种控制阀及与之相连通的液压换挡执行元件,如离合器油缸、制动器油缸等组成液压控制回路。汽车行驶中根据驾驶人的要求和行驶条件的需要,控制离合器和制动器的工作状况的改变来实现齿轮变速机构的自动换挡。

(5)电子控制系统。电子控制系统主要包括各类传感器及开关、电子控制单元(ECU)、执行器等。电子控制系统中的传感器及各种控制开关将发动机工况、车速等信号传递给ECU,经ECU处理后发出控制指令给执行器,执行器和液压系统按一定规律控制换挡执行元件工作,实现自动变速器自动换挡。

2. 工作原理

图 3-23 所示为电控液力自动变速器的组成和原理图。电控液力自动变速器是通过各种传感器,将发动机的转速、节气门开度、车速、发动机冷却液温度、自动变速器油(ATF)温度等参数信号输入ECU,ECU根据这些信号,按照设定的换挡规律,向换挡电磁阀、油压电磁阀等发出动作控制信号,换挡电磁阀和油压电磁阀再将ECU的动作控制信号转变为液压控制信号,阀板中的各控制阀根据这些液压控制信号,控制换挡执行元件的动作,从而实现自动换挡过程。

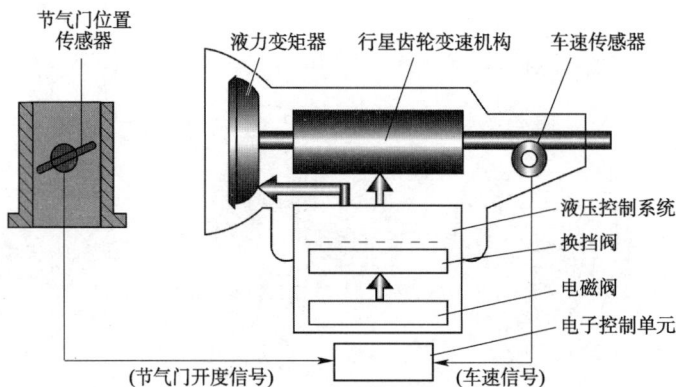

图 3-23　电控液力自动变速器的组成和原理图

(三) 自动变速器主要部件的构造

1. 液力变矩器

1)液力变矩器的功用

液力变矩器位于发动机和自动变速器齿轮变速机构之间,以ATF为工作介质,主要完成以下功用:

(1)传递转矩。发动机的转矩通过液力变矩器的主动元件,再通过ATF传给液力变矩器的从动元件,最后传给自动变速器齿轮变速机构。

(2)无级变速。根据工况的不同,液力变矩器可以在一定范围内实现转速和转矩的无级变化。

(3)自动离合。液力变矩器由于采用ATF传递动力,当踩下制动踏板时,发动机也不会熄火,此时相当于离合器分离;当抬起制动踏板时,汽车可以起步,此时相当于离合器接合。

（4）驱动油泵。ATF 在工作的时候需要油泵提供一定的压力,而油泵一般是由液力变矩器壳体驱动的。

同时由于采用 ATF 传递动力,液力变矩器的动力传递柔和,且能防止传动系统过载。

2）液力变矩器的结构和工作原理

（1）液力变矩器的结构。如图 3-24 所示,液力变矩器通常由泵轮、涡轮和导轮 3 个元件组成,称为三元件液力变矩器。也有的采用两个导轮,则称为四元件液力变矩器。

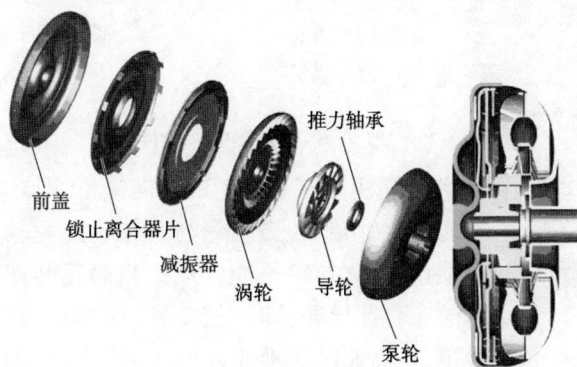

图 3-24　液力变矩器的组成

液力变矩器总成封在一个钢制壳体(液力变矩器壳体)中,内部充满 ATF。液力变矩器壳体通过螺栓与发动机曲轴后端的飞轮连接,与发动机曲轴一起旋转。泵轮位于液力变矩器的后部,与液力变矩器壳体连在一起。涡轮位于泵轮前,通过带花键的从动轴向后面的自动变速器齿轮变速机构输出动力。泵轮、涡轮和导轮上都带有叶片。导轮位于泵轮与涡轮之间,通过单向离合器支承在固定套管上,使得导轮只能单向旋转(顺时针旋转)。液力变矩器装配好后形成环形内腔,其间充满 ATF。

（2）液力变矩器的工作原理。液力变矩器的工作原理可以通过一对风扇的工作来描述。如图 3-25 所示,将风扇 A 通电,将气流吹动起来,并使未通电的电扇 B 也转动起来,此时动力由电扇 A 传递到电扇 B。为了实现转矩的放大,在两台电扇的背面加上一条空气通道,使穿过风扇 B 的气流通过空气通道的导向,从电扇 A 的背面流回,这会加强电扇 A 吹动的气流,使吹向电扇 B 的转矩增加。即电扇 A 相当于泵轮,电扇 B 相当于涡轮,空气通道相当于导轮,空气相当于 ATF。

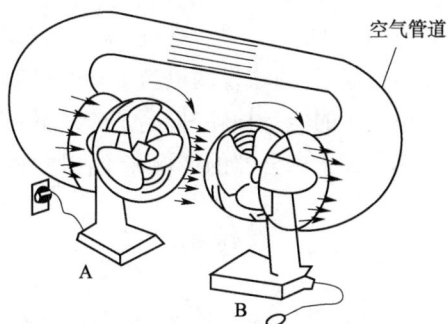

图 3-25　液力变矩器的工作模型

液力变矩器工作时,发动机带动壳体旋转,壳体带动泵轮旋转,泵轮的叶片将 ATF 带动起来,并冲击到涡轮的叶片;如果作用在涡轮叶片上冲击力大于作用在涡轮上阻力,涡轮将开始转动,并使自动变速器齿轮变速机构的输入轴一起转动。由涡轮叶片流出的 ATF 经过导轮后再流回到泵轮,形成图 3-26 所示的循环流动。

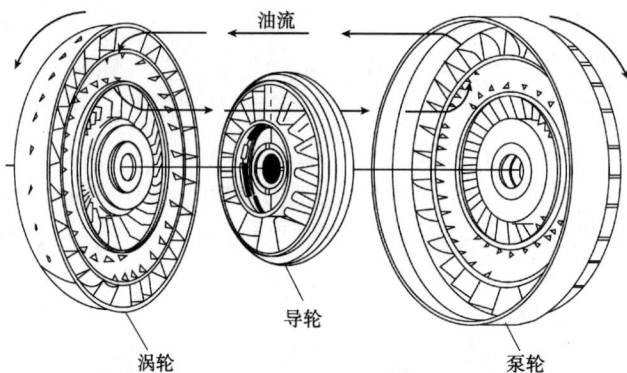

图 3-26　ATF 在液力变矩器中的循环流动

（3）单向离合器。单向离合器的功用是实现导轮的单向锁止，即导轮只能顺时针转动而
不能逆时针转动，当涡轮与泵轮转速差较大时，单向离合器处
于锁止状态，导轮不能转动。当涡轮转速升高到一定程度后，
单向离合器导通，即导轮空转，使得液力变矩器不能改变输出
转矩，在高速区实现偶合传动。常见的单向离合器有滚柱式及
楔块式两种。

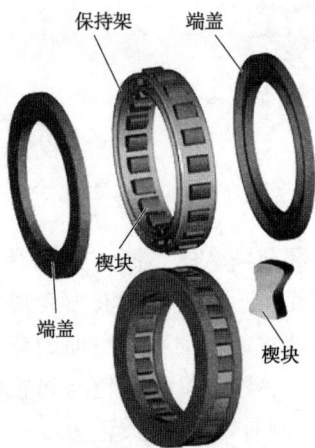

图 3-27　单向离合器的构造

楔块式单向离合器的构造和工作原理如图 3-27 和图 3-28
所示，由内座圈、外座圈、楔块、保持架等组成，内外座圈组成的
滚道宽度是均匀的，采用不均匀形状的楔块，楔块的大端长度
大于滚道宽度。内座圈固定，当外座圈顺时针旋转时，楔块顺
时针旋转，$L_1 < L$，外座圈可相对楔块和内座圈旋转；反之，当外
座圈逆时针旋转时，楔块逆时针旋转，$L_2 > L$，楔块阻止外座圈
旋转。

（4）锁止离合器。锁止离合器简称 TCC（Torque Converter Clutch），可以将泵轮和涡轮直
接连接起来，即将发动机与自动变速器齿轮变速机构直接连接起来，这样减少液力变矩器在
高速比时的能量损耗，提高了传动效率，提高汽车在正常行驶时的燃油经济性，并防止 ATF
过热。锁止离合器的结构和工作原理如图 3-29 所示。

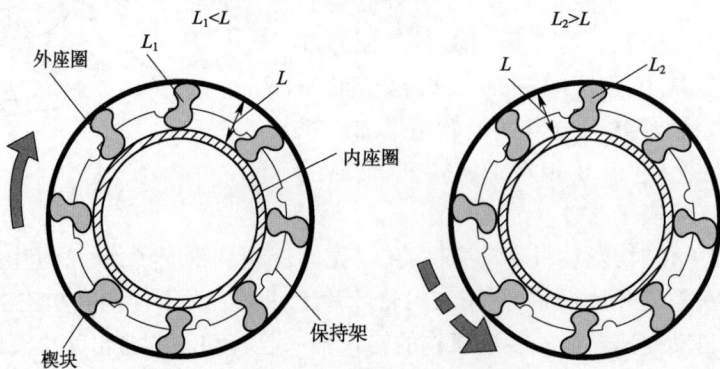

图 3-28　单向离合器的工作原理

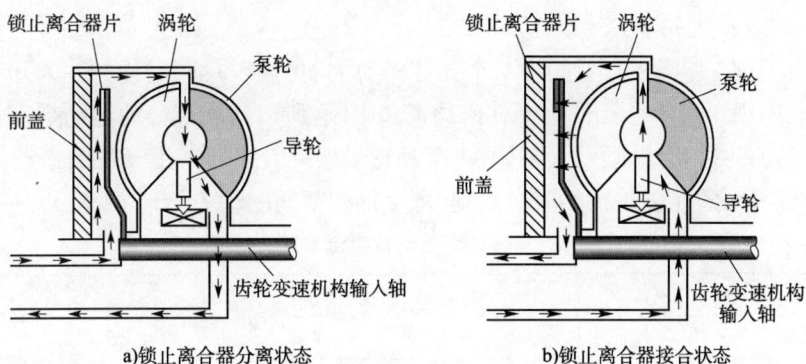

a)锁止离合器分离状态　　　　　b)锁止离合器接合状态

图3-29　锁止离合器的结构和工作原理

当车辆起步、低速或在坏路面上行驶时,应将锁止离合器分离,使液力变矩器具有变矩作用。此时油液流至锁止离合器的前端,锁止离合器片前端与后端的压力相同,使锁止离合器分离。当车辆以中速至高速行驶时,油液流至锁止离合器的后端,使锁止离合器片与前盖一起转动。此时发动机的动力经液力变矩器壳体、锁止离合器、涡轮轮毂传给后面的自动变速器齿轮变速机构,相当于将泵轮和涡轮刚性连在一起,传动效率为100%。

2. 齿轮变速机构

自动变速器的齿轮变速机构主要有行星齿轮变速机构和平行轴齿轮变速机构两种类型。齿轮变速机构与液力变矩器配合使用,执行机构根据自动变速器控制系统的命令来接合或分离、制动或放松齿轮变速机构的某个元件,通过改变动力传递路线得到不同的传动比。

如图3-30所示,单排行星齿轮变速机构主要由一个太阳轮、一个带有若干个行星齿轮的行星架和一个齿圈组成。

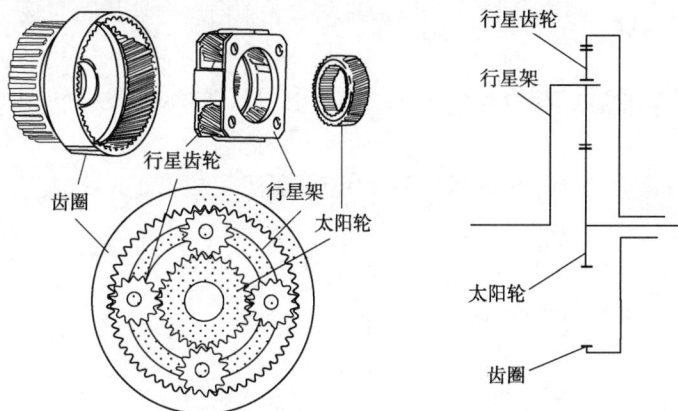

图3-30　单排行星齿轮变速机构

由于太阳轮与行星齿轮是外啮合,所以两者的旋转方向是相反的;而行星齿轮与齿圈是内啮合,则这两者的旋转方向是相同的。

根据能量守恒定律,由作用在单排行星齿轮机构各元件上的力矩和结构参数,可以得出表示单排行星齿轮变速机构运动规律的特性方程式为:

$$n_1 + \alpha n_2 - (1 + \alpha) n_3 = 0$$

式中,n_1为太阳轮转速;n_2为齿圈转速;n_3为行星架转速;α为齿圈齿数z_2与太阳轮齿数

z_1 之比,即 $\alpha = z_2/z_1$,且 $\alpha > 1$。

如果将太阳轮、齿圈和行星架中某个元件作为主动(输入)部分,让另一个元件作为从动(输出)部分,则由于第3个元件不受任何约束和限制,所以从动部分的运动是不确定的。因此为了得到确定的运动,必须对太阳轮、齿圈和行星架三者中的某个元件的运动进行约束和限制。通过对不同的元件进行约束和限制,可以得到不同的动力传动方式,见表3-2所示。

单排行星齿轮变速机构组合与速比关系   表3-2

序号	主动件	从动件	固定件	传动比	备注
1	太阳轮	行星架	齿圈	$1 + \alpha$	降挡
2	行星架	太阳轮	齿圈	$1/(1 + \alpha)$	升挡
3	齿圈	行星架	太阳轮	$1 + 1/\alpha$	降挡
4	行星架	齿圈	太阳轮	$\alpha/(1 + \alpha)$	升挡
5	太阳轮	齿圈	行星架	$-\alpha$	倒挡
6	齿圈	太阳轮	行星架	$-1/\alpha$	倒挡
7	任意两个连成一体			1	直接挡
8	既无元件制动,又无任意两个元件连成一体			自由转动	不能传动、空挡

自动变速器中的行星齿轮变速机构一般是采用2~3排的单排行星齿轮变速机构传动,其各挡传动比就是根据上述单排行星齿轮变速机构传动特点进行合理组合得到的。

3. 换挡执行元件

行星齿轮自动变速器的换挡执行元件包括离合器、制动器和单向离合器。离合器和制动器以液压方式控制行星齿轮变速机构元件的旋转,单向离合器是以机械方式对行星齿轮变速机构的元件进行锁止。单向离合器的结构、原理与导轮单向离合器相同,此处不做介绍。

1)离合器

离合器的功用是连接轴和行星齿轮变速机构中的元件或是连接行星齿轮变速机构中的不同元件。

离合器主要由离合器鼓、花键毂、活塞、主动摩擦片、从动钢片、复位弹簧等组成,如图3-31所示。

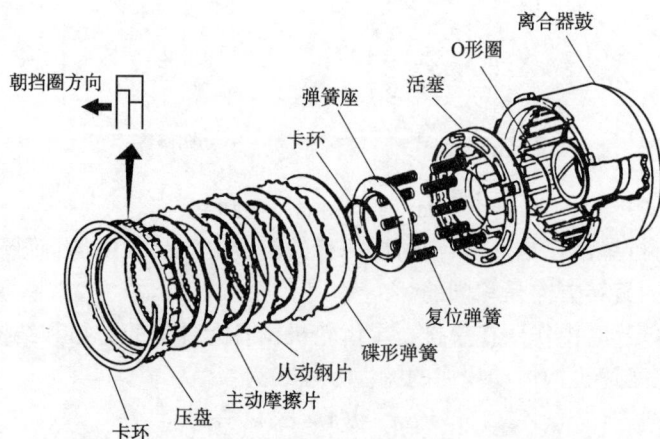

图3-31 离合器零件分解图

离合器的工作原理如图 3-32 所示。

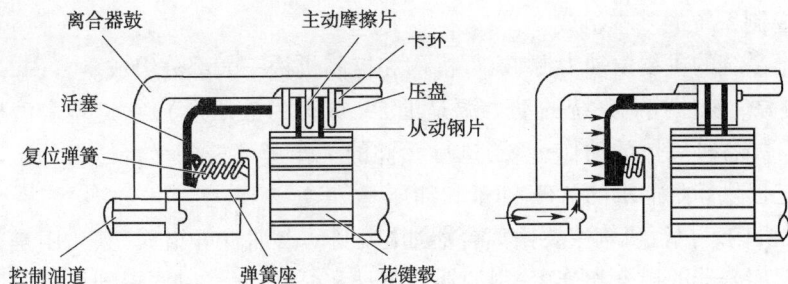

图 3-32 离合器工作原理

当一定压力的 ATF 经控制油道进入活塞左面的液压缸时,液压作用力便克服弹簧力使活塞右移,将所有离合器片压紧,即离合器接合,与离合器主、从动部分相连的元件也被连接在一起,以相同的速度旋转。

当控制阀将作用在离合器液压缸的油压撤除后,离合器活塞在复位弹簧的作用下回复原位,并将缸内的 ATF 从进油孔排出,使离合器分离,离合器主、从动部分可以不同转速旋转。

2)制动器

制动器的功用是固定行星齿轮变速机构中的元件,防止其转动。制动器有片式和带式两种形式。

(1)片式制动器。片式制动器与离合器的结构和原理相同,不同之处是离合器是起连接作用而传递动力,而片式制动器是通过连接而起制动作用。

(2)带式制动器。带式制动器由制动带和控制油缸等组成,图 3-33 所示为带式制动器的零件分解图。制动带是内表面带有镀层的开口式环形钢带。制动带的一端支承在与自动变速器壳体固连的支座上,另一端与控制油缸的活塞杆相连。

带式制动器的工作原理如图 3-34 所示。制动时,压力油进入活塞右腔,克服左腔油压和复位弹簧的作用力推动活塞左移,制动带以固定支座为支点收紧。在制动力矩的作用下,制动鼓停止旋转,行星齿轮变速机构某元件被锁止。随着油压撤除,活塞逐渐复位,制动解除。若仅依靠弹簧张力,则活塞复位速度较慢,目前大多数制动器设置了左腔进油道。在右腔撤除油压的同时,左腔进油,活塞在油压和复位弹簧的共同作用下复位,可迅速解除制动。

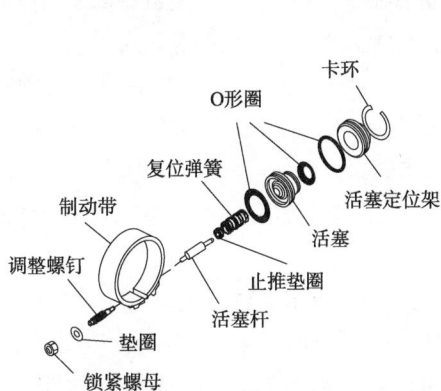

图 3-33 带式制动器的零件分解图

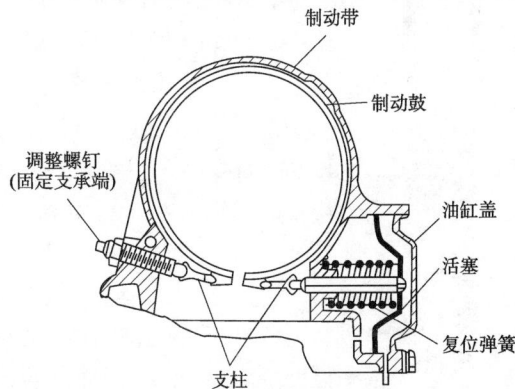

图 3-34 带式制动器的工作原理

4.液压控制系统

1)液压控制系统的基本组成

液压控制系统的主要由动力源、执行机构和控制机构三大部分组成。

(1)动力源。液压控制系统的动力源是油泵(或称为液压泵),它是整个液压控制系统的工作基础。如各种阀体的动作、换挡执行元件的工作等都需要一定压力的 ATF。油泵的基本功用就是提供满足需求的 ATF 油量和油压。

(2)执行机构。执行机构主要由离合器油缸、制动器油缸等组成,其功用是在控制油压的作用下实现离合器的接合和分离、制动器的制动和松开动作,以便得到相应的挡位。

(3)控制机构。控制机构包括阀体和各种阀,包括主调压阀、次调压阀、手动阀、换挡阀等。此外,液压控制系统还包括一些辅助装置,如用于防止换挡冲击的蓄能器、单向阀等。

2)液压控制系统主要部件的构造

(1)油泵。油泵的功用是产生一定压力和流量的 ATF,供给液力变矩器、液压控制系统和换挡执行元件。

油泵一般位于液力变矩器和行星齿轮变速机构之间,由液力变矩器壳体驱动。油泵的类型主要有齿轮泵、转子泵和叶片泵。

图 3-35 所示为内啮合齿轮泵的结构和工作原理示意图,主要由主动齿轮、从动齿轮、月牙板、壳体等组成。

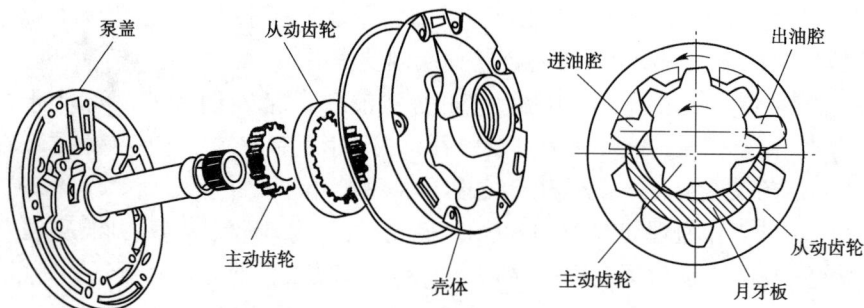

图 3-35　内啮合齿轮泵的结构和工作原理

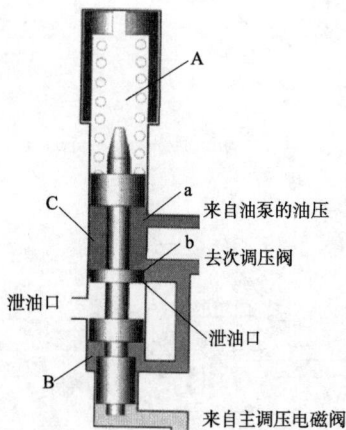

图 3-36　主调压阀的结构

油泵在工作过程中,主动齿轮带动从动齿轮转动,在齿轮脱离啮合的一端(进油腔),容积不断变大,产生真空吸力,把 ATF 从油底壳经滤网吸入油泵。在齿轮进入啮合的一端(出油腔),容积不断减小,油压升高,把 ATF 从出油腔挤压出去。这样,油泵不断地运转,就形成了具有一定压力的油液,供给自动变速器工作。

(2)主调压阀。主调压阀的作用是将油泵输出压力精确调节到所需值后再输入主油路。

主调压阀结构如图 3-36 所示。油压的调节是靠电子控制,主调压电磁阀调整出不同的油压值,使滑阀改变节流口 a 的大小,通过节流作用控制主油压的大小。节流口 b 泄出的油压经次调压阀的节流作用,调节出液力变矩器油压。

（3）次调压阀。次调压阀是把主调压阀泄出的油压调节成液力变矩器油压。

如图 3-37 所示，滑阀上端作用着手动阀来的油压，向下推阀，还作用着一个主油压，也向下推阀。而向上推阀的力有弹簧弹力和来自主调压阀调节后的油压，上下两力的平衡决定了节流口 a 的开度，即通过节流口的开度将主油压调节成液力变矩器油压。

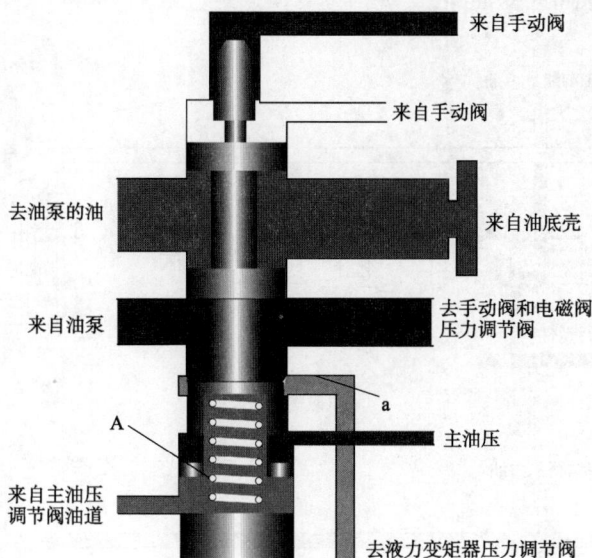

图 3-37　次调压阀

（4）手动阀。手动阀又称为手控阀或手动换挡阀，与驾驶室内的换挡杆相连，其功用是控制各挡位油路的转换。如图 3-38 所示，当驾驶人操纵换挡杆时，手动阀会移动，使主油压通往不同的油道。如当换挡杆置于"P"位时，主油压会通往"P""R"和"L"位油道；当换挡杆置于"R"位时，主油压会同时通往"P""R"和"L"位油道与"R"位油道；当换挡杆置于"N"位时，手动阀会将主油压进油道切断，使不会有主油压通往各换挡阀；当换挡杆置于"D"位时，主油压会通往"D""2"和"L"位油道；当换挡杆置于"2"位时，主油压会同时通往"D""2"和"L"位油道与"2"和"L"位油道；当换挡杆置于"L"位时，主油压会同时通往"D""2"和"L"位油道与"2"和"L"位油道及 P""R"和"L"位油道。

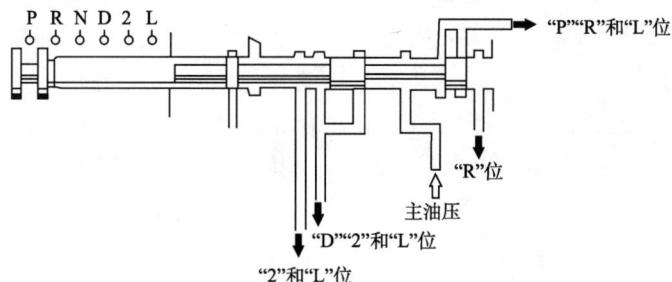

图 3-38　手动阀的结构

（5）换挡阀。电控液力自动变速器换挡阀的工作由换挡电磁阀控制，其控制方式有两种:一种是加压控制,即通过开启或关闭换挡阀控制油路进油孔来控制换挡阀的工作;另一种是泄压控制,即通过开启或关闭换挡阀控制油路泄油孔来控制换挡阀的工作。加压控制方式的工作原理如图3-39所示,当换挡电磁阀关闭时,没有油压作用在换挡阀左端,换挡阀在右端弹簧力的作用下移向左端;当换挡电磁阀开启时,压力油作用在换挡阀左端,使换挡阀克服弹簧力右移,从而改变油路,实现挡位变换。

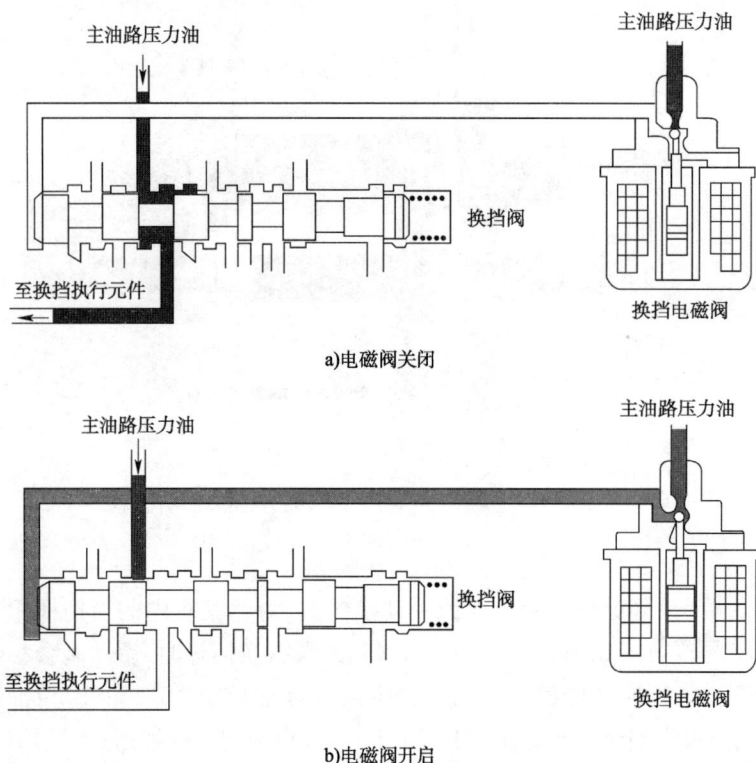

主油路压力油　　　　　　　　　　　主油路压力油

换挡阀

至换挡执行元件

换挡电磁阀

a)电磁阀关闭

主油路压力油　　　　　　　　　　　主油路压力油

换挡阀

至换挡执行元件

换挡电磁阀

b)电磁阀开启

图3-39　换挡阀工作原理

(6)锁止离合器控制阀。锁止离合器电磁阀采用脉冲式电磁阀,ECU可利用脉冲电信号占空比大小来调节锁止离合器电磁阀的开度,以控制作用在锁止离合器控制阀右端的油压,调节锁止离合器控制阀左移时排油孔的开度,从而控制锁止离合器活塞右侧油压的大小(图3-40)。当作用在锁止离合器电磁阀上的脉冲电信号的占空比为0时,锁止离合器电磁阀关闭,没有油压作用在锁止离合器控制阀的右端,此时锁止离合器活塞左右两侧的油压相同,锁止离合器处于分离状态。当作用在锁止离合器电磁阀上的脉冲电信号较小时,锁止离合器电磁阀的开度和作用在锁止离合器控制阀右端的油压以及锁止离合器控制阀左移打开的排油孔开度均较小,锁止离合器活塞左右两侧油压差以及由此产生的锁止离合器接合力也较小,使锁止离合器处于半接合状态。作用在锁止离合器电磁阀上的脉冲信号的占空比越大,锁止离合器活塞左右两侧油压差以及锁止离合器接合力也越大。当脉冲信号的占空比达到一定数值时,锁止离合器即可完全接合。ECU在控制锁止离合器接合时,可以通过锁止离合器电磁阀来调节其接合速度,让接合力逐渐增大,使接合过程更加柔和。

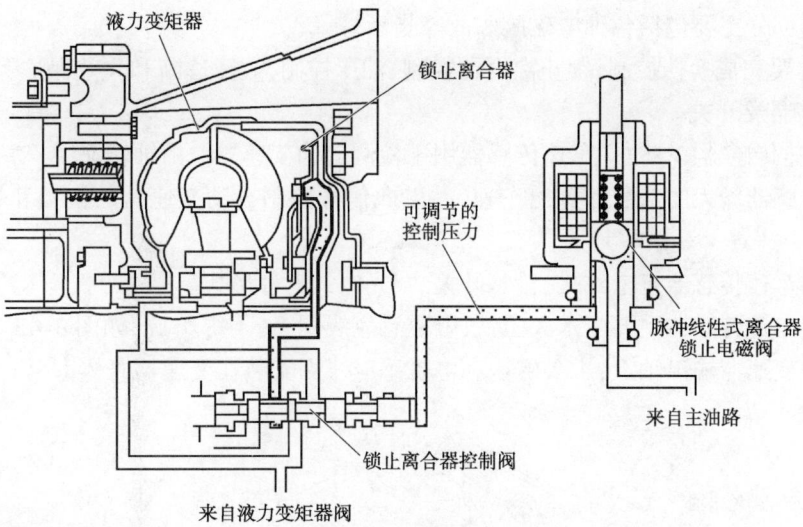

图 3-40 锁止离合器控制阀工作原理

5. 电子控制系统

1) 电子控制系统的组成

自动变速器的电子控制系统包括传感器及开关、电子控制单元(ECU)和执行器 3 部分，如图 3-41 所示。

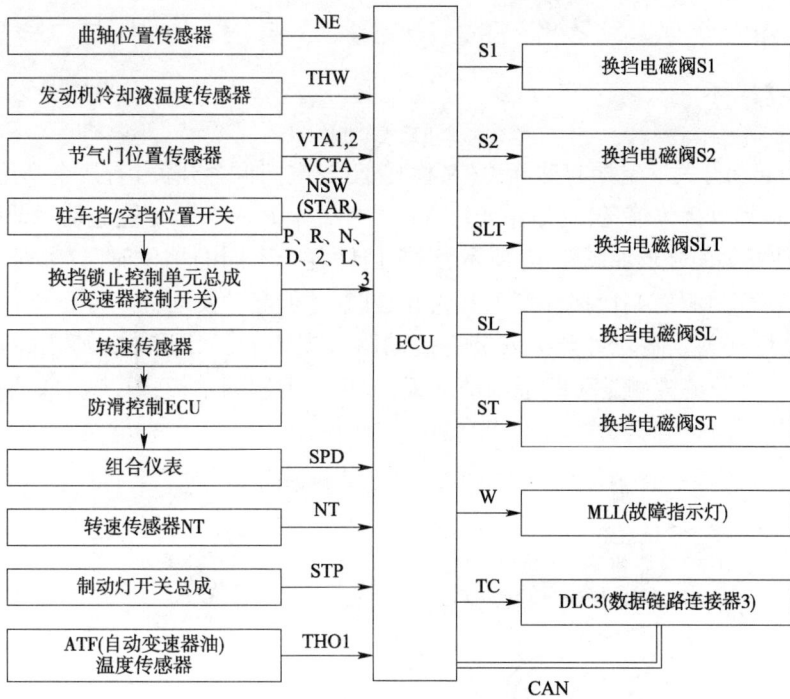

图 3-41 电子控制系统组成框图

传感器及开关部分主要包括节气门位置传感器、车速传感器、发动机转速传感器、冷却液温度传感器、ATF 温度传感器、空挡起动开关、制动灯开关等。

执行器部分主要包括各种电磁阀和故障指示灯等。

ECU 主要完成换挡控制、锁止离合器控制、油压控制、故障诊断和失效保护等功能。

2)传感器及开关

(1)车速传感器(VSS)。车速传感器用于检测自动变速器输出轴转速,自动变速器 ECU 根据车速传感器输入的信号计算出车速,并以此信号控制自动变速器的换挡和锁止离合器的锁止。

常见的车速传感器有电磁式、舌簧开关式、光电式 3 种形式。

电磁式车速传感器主要由永久磁铁、电磁感应线圈、转子等组成,如图 3-42 所示。转子一般安装在变速器输出轴上,永久磁铁和电磁感应线圈安装在变速器壳体上。

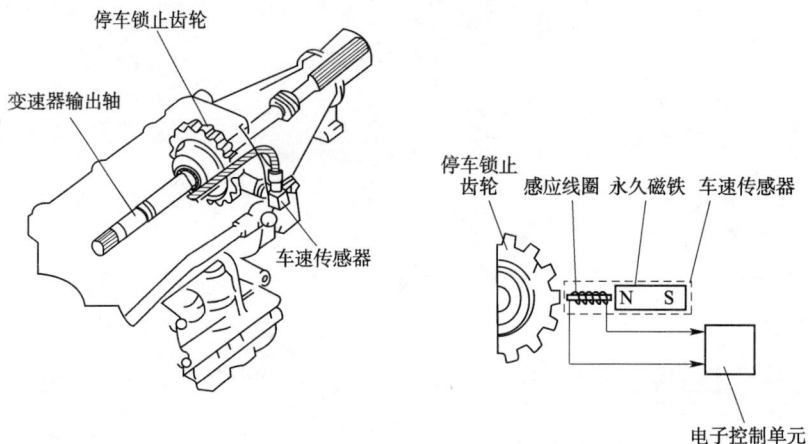

图 3-42　电磁式车速传感器

(2)空挡起动开关。空挡起动开关(又称驻车挡/空挡位置开关)有两个功用,一是给自动变速器 ECU 提供挡位信息,二是保证只有换挡杆置于 P 或 N 位才能起动发动机。

空挡起动开关的外形如图 3-43 所示,当换挡杆置于不同的挡位时,仪表盘上相应的挡位指示灯会点亮,且只有当换挡杆置于 P 或 N 位时,才能起动发动机。

(3)制动灯开关。制动灯开关安装在制动踏板支架上,如图 3-44 所示。自动变速器 ECU 通过制动灯开关检测是否踩下制动踏板,如果踩下制动踏板,ECU 会取消锁止离合器的工作。

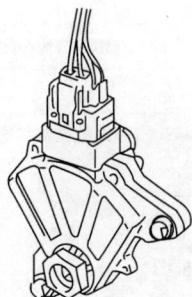

图 3-43　空挡起动开关

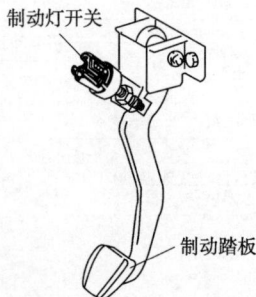

图 3-44　制动灯开关

3）执行器

电子控制系统的执行器主要指电磁阀和故障指示灯,这里只介绍电磁阀。

电磁阀根据功能的不同,可以分为换挡电磁阀、锁止离合器电磁阀和油压电磁阀。根据工作原理的不同,可以分为开关式电磁阀和占空比式电磁阀。绝大多数换挡电磁阀是采用开关式电磁阀,油压电磁阀是采用占空比式电磁阀,而锁止离合器电磁阀采用开关式的和占空比式的都有。

（1）开关式电磁阀。开关式电磁阀的功用是开启或关闭液压油路,通常用于控制换挡阀和部分车型锁止离合器的工作。

开关式电磁阀由电磁线圈、衔铁、复位弹簧、阀芯和球阀等组成,如图 3-45 所示。它有两种工作方式,一种是使油路油压上升或使油路泄压,如图 3-45a) 所示,当电磁线圈不通电时,阀芯被油压推开,打开泄油孔,油路的液压油经电磁阀泄掉;当电磁线圈通电时,在电磁吸力作用下衔铁和阀芯下移,关闭泄油孔,使主油道油压上升。另一种是开启或关闭某一条油路,即当电磁线圈不通电时,油压将阀芯推开,球阀在油压作用下关闭泄油孔,打开进油孔,使主油道压力油进入控制油道,如图 3-45b) 所示;当电磁线圈通电时,电磁力使衔铁和阀芯下移,推动球阀关闭进油孔,打开泄油孔,控制油道内的压力油经泄油孔泄掉,如图 3-45c) 所示。

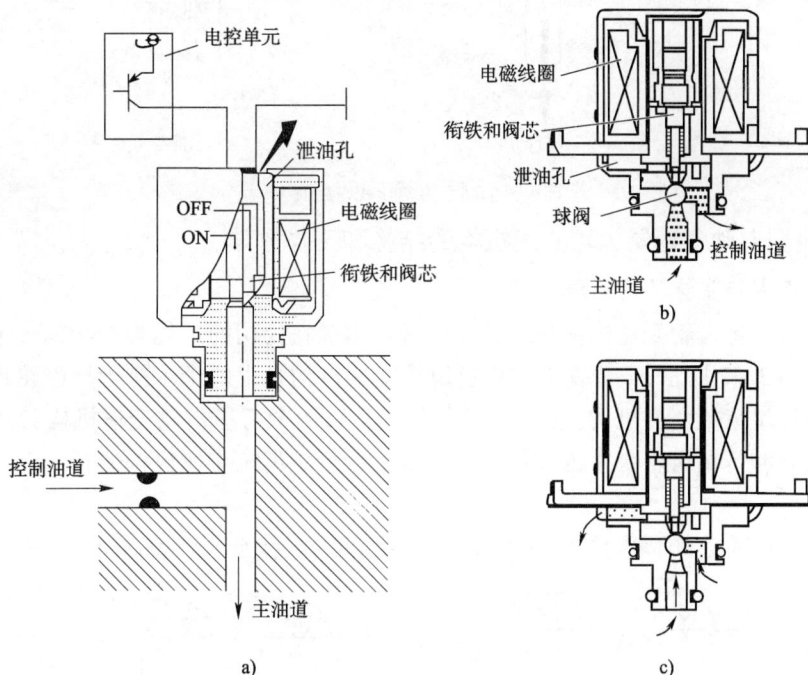

图 3-45 开关式电磁阀

（2）占空比式电磁阀。占空比式电磁阀(又称为线性脉冲式电磁阀)与开关式电磁阀类似,也是有电磁线圈、滑阀、弹簧等组成,如图 3-46 所示,它通常用于控制油路的油压,有的车型的锁止离合器也采用此种电磁阀控制。与开关式电磁阀不同的是,控制占空比式电磁阀的电信号不是恒定不变的电压信号,而是一个固定频率的脉冲电信号。在脉冲电信号的作用下,电磁阀不断开启、关闭泄油口。

占空比式电磁阀有两种工作方式,一是占空比越大,经电磁阀泄油越多,油压就越低;另一种是占空比越大,油压越高。

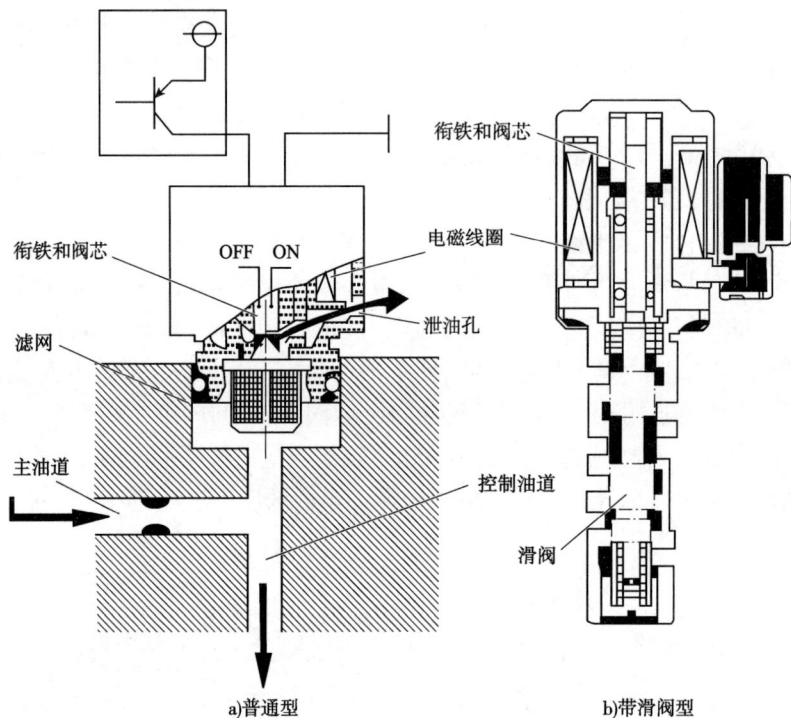

图 3-46　占空比式电磁阀

(四) 典型自动变速器齿轮变速机构的结构和工作原理

1. 辛普森式行星齿轮变速机构

辛普森式行星齿轮变速机构是以其设计者美国福特公司的工程师霍华德·辛普森的名字命名。如图 3-47 所示,辛普森 I 型行星齿轮变速机构是由两个单排行星齿轮组连接而成的一种双排行星齿轮变速机构,其结构特点是:前、后两个行星齿轮变速机构共用一个太阳轮。辛普森 II 型行星齿轮变速机构是在辛普森 I 型行星齿轮变速机构的基础上加以改变而得来的。

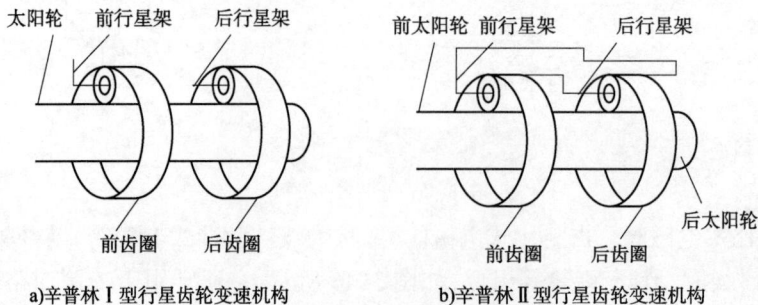

a)辛普林 I 型行星齿轮变速机构　　b)辛普森 II 型行星齿轮变速机构

图 3-47　辛普森行星齿轮变速机构原理图

1)结构和组成

卡罗拉乘用车配备的 U341E 型自动变速器行星齿轮变速机构(辛普森Ⅱ型行星齿轮变速机构),采用了 CR-CR 式行星齿轮变速机构,即将两组单行星排的行星架 C(planet carrier)和齿圈 R(gearring)分别组配,该行星齿轮变速机构仅有 4 个独立元件(前太阳轮、后太阳轮、前行星架和后齿圈组件、前齿圈和后行星架组件),其特点是变速比大、效率高、元件轴转速低。

U341E 型自动变速器行星齿轮变速机构的结构如图 3-48 所示,主要部件的功能见表 3-3,各换挡执行元件的工作情况见表 3-4。

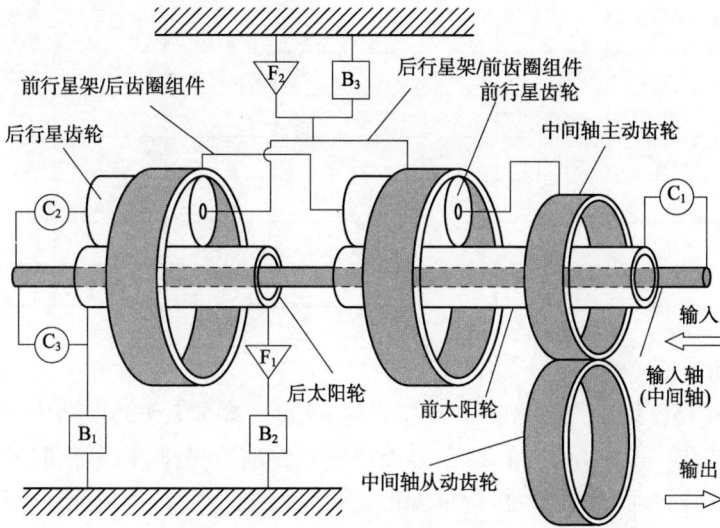

图 3-48　U341E 型自动变速器行星齿轮变速机构的结构

主要部件的功能　　　　　　　　　　　　　　　　　　　　　　表 3-3

部　件		功　能
C_1	前进挡离合器	连接输入轴和前排太阳轮
C_2	直接离合器	连接输入轴和后排行星架
C_3	倒挡离合器	连接输入轴和后太阳轮
B_1	OD 挡和 2 挡制动器	固定后排太阳轮
B_2	2 挡制动器	固定 F_1 的外圈
B_3	1 挡和倒挡制动器	固定后行星架/前齿圈组件
F_1	1 号单向离合器	与 B_2 配合,阻止后太阳轮逆时针转动
F_2	2 号单向离合器	阻止后行星架/前齿圈组件逆时针转动
前行星齿轮组		根据各换挡执行元件的工作情况,改变齿轮动力传递路线,以升高或降低
后行星齿轮组		输出转速
中间轴齿轮副		将动力传递给差速器,并改变传动方向,降低输出转速

各换挡执行元件的工作情况   表 3-4

换挡杆位置	挡位	离合器			制动器			单向离合器	
		C_1	C_2	C_3	B_1	B_2	B_3	F_1	F_2
P	驻车挡								
R	倒挡			○			○		
N	空挡								
D	1挡	○							○
	2挡	○				○		○	
	3挡	○	○				○		
	4挡		○		○	○			
3	1挡	○							○
	2挡	○				○		○	
	3挡	○	○				○		
2	1挡	○							○
	2挡	○			○	○		○	
L	1挡	○					○		○

注:○表示工作。

2)各挡的动力传递路线

(1)1挡。换挡杆处于"D""3"和"2"位置的1挡时,参与工作的换挡执行元件有 C_1、F_2,动力传递路线如图3-49所示。1挡时动力传递发生在前行星排,F_2阻止前齿圈逆输入轴的旋转方向(逆时针)转动,此时,后排行星齿轮组没有元件被约束,因此处于空转状态,动力传递路线如下:

输入轴→C_1前太阳轮→前行星齿轮→前行星架→中间轴主从动齿轮→输出轴

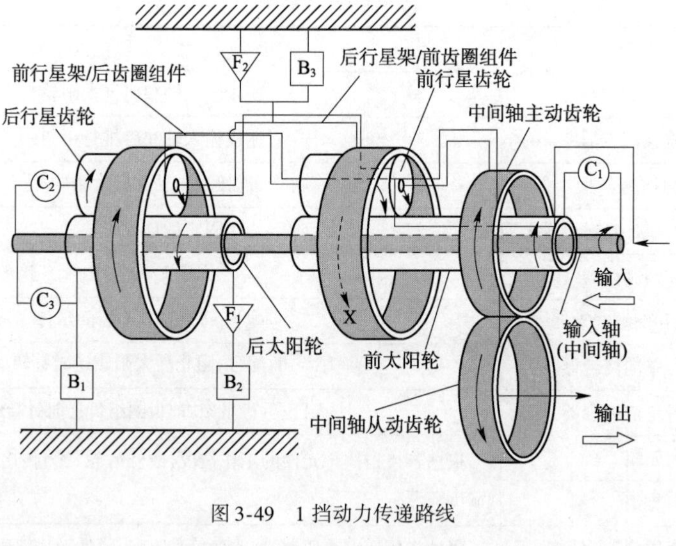

图3-49 1挡动力传递路线

放松加速踏板时,前行星架转速高(接驱动轮),前太阳轮转速低(接发动机),使前齿圈试图被带动加速顺着前行星架(前太阳轮)的旋转方向转动。由于单向离合器 F_2 不阻止前齿圈顺着行星架的旋转方向转动,整个行星排不能反向传递动力,所以无发动机制动效果。

为了提供有发动机制动的 1 挡,在 L 位 1 挡时,除了使上述的 1 挡换挡执行元件工作外,还使 B_3 也工作,使得车辆行驶时,不论是踩下还是放松加速踏板,行星排都有动力传递能力,从而获得发动机制动效果。

(2)2 挡。换挡杆处于"D"和"3"位置的 2 挡时,参与工作的换挡执行元件有 C_1、B_2、F_1,动力传递路线如图 3-50 所示。2 挡时动力传递发生在前、后 2 个行星排,B_2、F_1 联合作用,阻止后太阳轮逆输入轴的旋转方向转动,动力传递路线如下:

输入轴→C_1→前太阳轮→前行星齿轮→前行星架 / 前齿圈→后行星架→后行星齿轮→后齿圈→中间轴主从动齿轮→输出轴

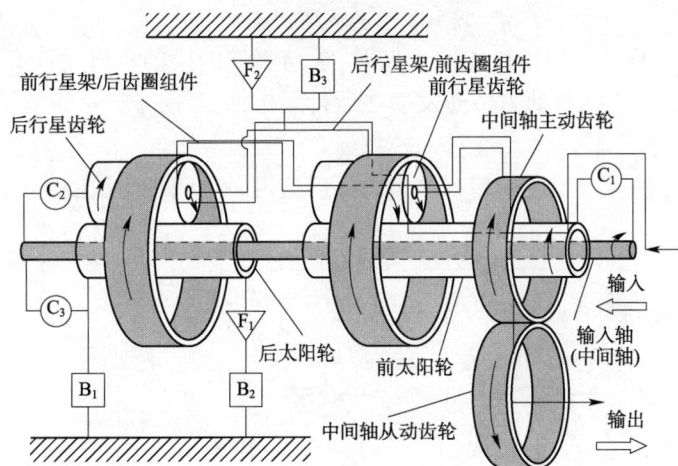

图 3-50　2 挡动力传递路线

放松加速踏板时,前行星架和后齿圈组件转速高(接驱动轮),前太阳轮转速低(接发动机),使前齿圈和后行星架组件加速转动,进而使后太阳轮试图被带动加速顺着前行星架(前太阳轮)的旋转方向转动。由于单向离合器 F_1 不阻止后太阳轮顺着行星架的旋转方向转动,整个行星排不能反向传递动力,所以无发动机制动效果。

为了提供有发动机制动的 2 挡,在 2 位 2 挡时,除了使上述的 2 挡换挡执行元件工作外,还使 B_1 也工作,使得车辆获得发动机制动效果。

(3)3 挡。换挡杆处于"D"和"3"位置的 3 挡时,参与工作的换挡执行元件有 C_1、C_2、B_2,动力传递路线如图 3-51 所示。3 挡时前、后排行星齿轮机构互锁于一体旋转,动力传递路线如下:

输入轴→C_1→前太阳轮 / C_2→后行星架→前齿圈→前行星架→中间轴主从动齿轮→输出轴

由于行星齿轮机构的 3 个元件(太阳轮、行星架、齿圈)中有 2 个转速相等(前太阳轮、前行星架都与输入轴相连),因此在放松加速踏板时,驱动轮的动力可以经前行星架传给前太阳轮,所以有发动机制动效果。

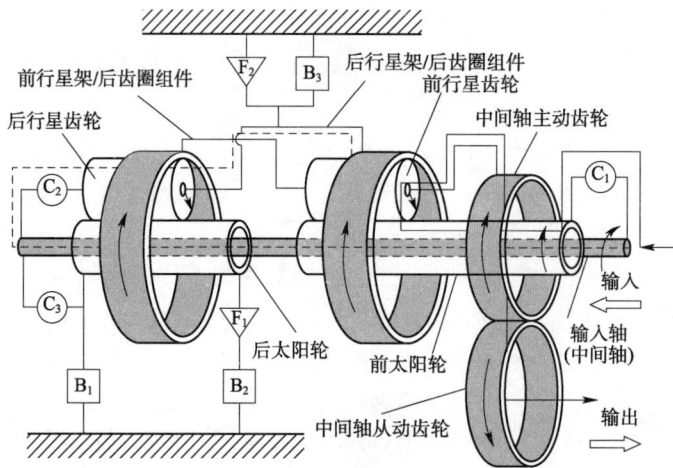

图3-51   3挡动力传递路线

(4)4挡。换挡杆处于"D"位置的4挡时,参与工作的换挡执行元件有 C_2、B_1、B_2,动力传递如图3-52所示。4挡时动力传递发生在后行星排,此时前排行星齿轮组处于空转状态,动力传递路线如下:

输入轴→C_2→后行星架→后行星齿轮→后齿圈→中间轴主从动齿轮→输出轴

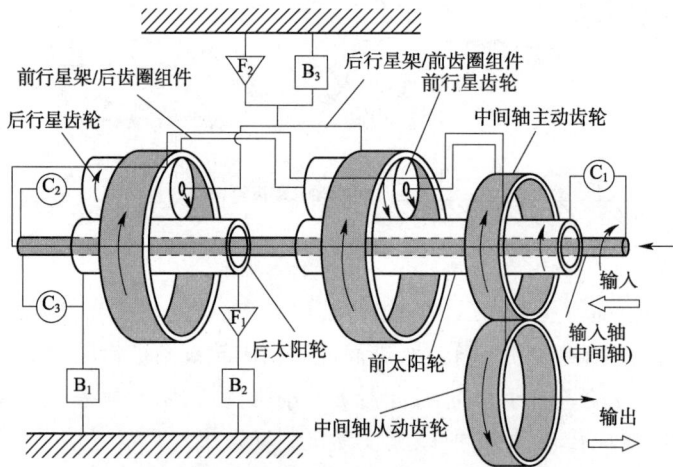

图3-52   4挡动力传递路线

由于行星齿轮机构的3个元件(太阳轮、行星架、齿圈)中有1个固定(后太阳轮被固定),因此在放松加速踏板时,驱动轮的动力可以经后齿圈传给后行星架,所以有发动机制动效果。

(5)R挡。换挡杆处于"R"位置时,参与工作的换挡执行元件有 C_3、B_3,动力传递路线如图3-53所示。R挡时动力传递发生在后行星排,此时前排行星齿轮组处于空转状态,动力传递路线如下:

输入轴→C_3→后太阳轮→后行星齿轮→后齿圈→中间轴主、从动齿轮→输出轴

由于行星齿轮机构的3个元件(太阳轮、行星架、齿圈)中有1个固定(后行星架被固

定),因此在放松加速踏板时,驱动轮的动力可以经后太阳轮传给后齿圈,所以有发动机制动效果。

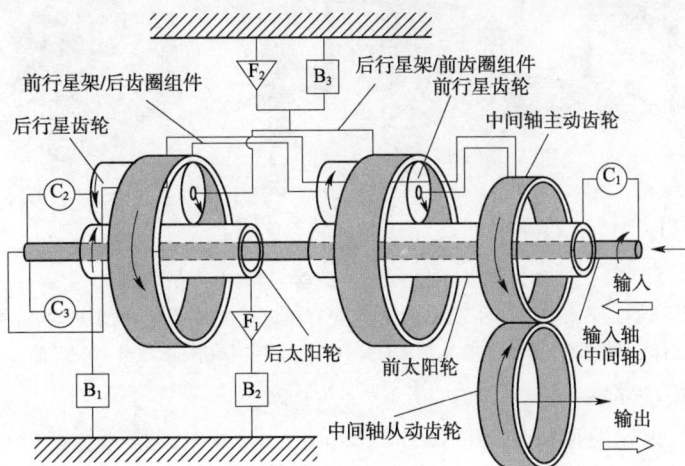

图3-53 R挡动力传递路线

2.拉维挪式行星齿轮变速机构

拉维挪式行星齿轮变速机构结构示意图如图3-54所示,它是一种双排单、双级复合式行星齿轮变速机构。前排为单级机构,后排是双级机构,前、后排共用一个齿圈和一个行星架。在行星架上,外行星齿轮为长行星齿轮,它与齿圈、短行星齿轮和大太阳轮同时啮合;内行星齿轮为短行星齿轮,它与小太阳轮和长行星齿轮同时啮合。

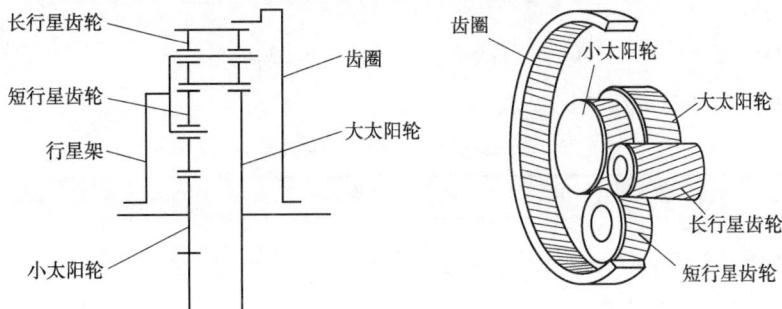

图3-54 拉维挪式行星齿轮变速机构结构示意图

1)结构和组成

拉维娜式行星齿轮变速机构的结构如图3-55所示。行星齿轮变速机构由大、小太阳轮各一个,长、短行星齿轮各3个,行星架和齿圈组成。短行星齿轮与长行星齿轮和小太阳轮同时啮合;长行星齿轮同时与大太阳轮、短行星齿轮及齿圈啮合,动力通过齿圈输出。离合器K_1用于驱动小太阳轮,离合器K_2用于驱动大太阳轮,离合器K_3用于驱动行星架,制动器B_1用于制动行星架,制动器B_2用于制动大太阳轮,单向离合器F防止行星架逆时针转动。

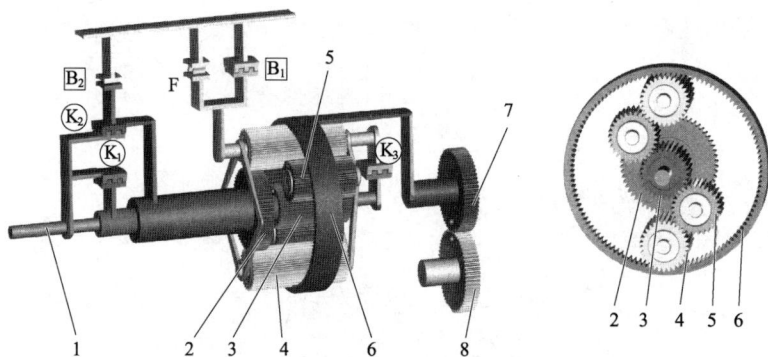

图 3-55　拉威挪式行星齿轮变速机构的结构

1-输入轴;2-大太阳轮;3-小太阳轮;4-长行星齿轮;5-短行星齿轮;6-齿圈;7-输出齿轮;8-主减速器齿圈;
K_1-1 ~ 3挡离合器;K_2-倒挡离合器;K_3-3 ~ 4 挡离合器;B_1-1、倒挡制动器;B_2-2、4 挡制动器;F-单向离合器

2)各挡动力传动路线

拉威挪式行星齿轮变速机构的简图如图 3-56 所示,其中锁止离合器(LC)可将液力变矩器的泵轮和涡轮刚性连在一起。

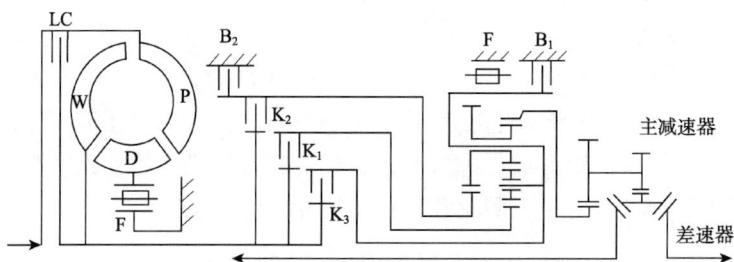

图 3-56　拉威挪式行星齿轮变速机构的简图

各换挡执行元件的工作情况见表 3-5。

各换挡执行元件的工作情况　　　　　　　　　表 3-5

挡位	B_1	B_2	K_1	K_2	K_3	F
R	○			○		○
1挡			○			○
2挡		○	○			
3挡			○		○	
4挡		○			○	

注:○表示离合器、制动器或单向离合器工作。

各挡动力传递路线如下(图 3-56):

(1)1 挡。1 挡时,离合器 K_1 接合,单向离合器 F 工作。动力传递路线为:泵轮→涡轮→涡轮轴→离合器 K_1→小太阳轮→短行星齿轮→长行星齿轮驱动齿圈。

(2)2 挡。2 挡时,离合器 K_1 接合,制动器 B_2 制动大太阳轮。动力传递路线为:泵轮→涡轮→涡轮轴→离合器 K_1→小太阳轮→短行星齿轮→长行星齿轮围绕大太阳轮转动并驱动齿圈。

(3)3挡。3挡时,离合器K_1和K_3接合,驱动小太阳轮和行星架,因而使行星齿轮变速机构锁止并一同转动。动力传递路线为:泵轮→涡轮→涡轮轴→离合器K_1和K_3→整个行星齿轮变速机构转动。

(4)4挡。4挡时,离合器K_3接合,制动器B_2工作,使行星架工作,并制动大太阳轮。动力传递路线为:泵轮→涡轮→涡轮轴→离合器K_3→行星架→长行星齿轮围绕大太阳轮转动并驱动齿圈。

(5)R挡。换挡杆在"R"位置时,离合器K_2接合,驱动大太阳轮;制动器B_1工作,使行星架制动。动力传递路线为:泵轮→涡轮→涡轮轴→离合器K_2→大太阳轮→长行星齿轮反向驱动齿圈。

五、万向传动装置

(一)万向传动装置的功用和组成

1.功用

万向传动装置在汽车上有很多应用,结构也稍有不同,但其功用都是一样的,即在轴线相交且相互位置经常发生变化的两转轴之间传递动力。

图3-57所示为万向传动装置在汽车中最常见的应用,位于变速器与驱动桥之间。

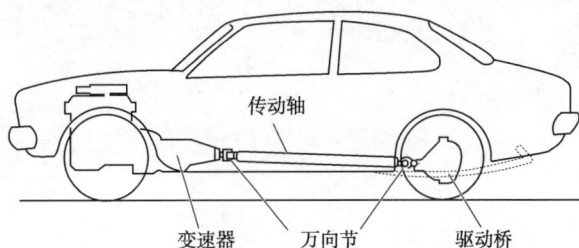

图3-57 变速器与驱动桥之间的万向传动装置

2.组成

万向传动装置主要包括万向节和传动轴,对于传动距离较远的分段式传动轴,为了提高传动轴的刚度,还设置有中间支承,如图3-58所示。

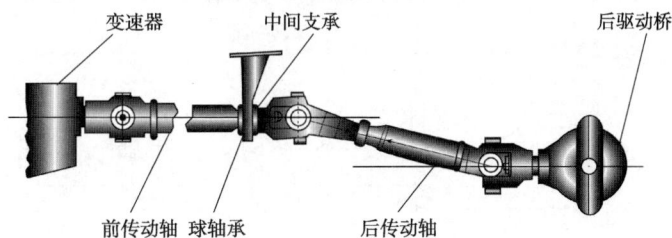

图3-58 万向传动装置的组成

(二)万向传动装置主要部件的构造

1.万向节

在汽车上使用的万向节按其刚度大小的不同,可分为刚性万向节和柔性万向节。刚性万向节按其速度特性的不同,分为不等速万向节(常用的为十字轴式)、准等速万向节(双联式和三销轴式)和等速万向节(包括球叉式和球笼式等)。目前在汽车上应用较多的是十字轴式不等速万向节和等速万向节。十字轴式不等速万向节主要用于发动机前置后轮驱动的变速器与驱动桥之间,等角速万向节主要用于发动机前置前轮驱动的内、外半轴之间。

1)十字轴式万向节

常见的不等速万向节为十字轴式万向节,如图3-59所示,它允许相邻两轴的最大交角为15°~20°。

十字轴式万向节主要由十字轴、万向节叉等组成。万向节叉上的孔分别套在十字轴的4个轴颈上。在十字轴轴颈与万向节叉孔之间装有滚针和套筒,用带有锁片的螺钉和轴承盖来使之轴向定位。为了润滑轴承,十字轴内钻有油道,且与油嘴、安全阀相通,如图3-60所示。为避免润滑油流出及尘垢进入轴承,十字轴轴颈的内端套装着油封。

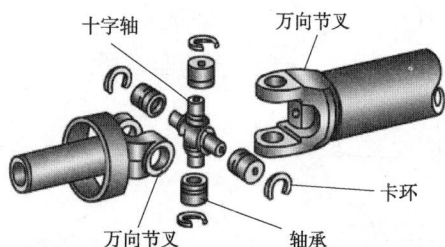

图3-59 十字轴式万向节

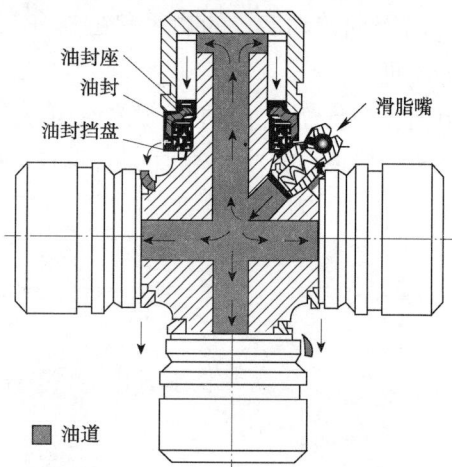

图3-60 润滑油道及密封装置

单个十字轴式万向节在主动轴和从动轴之间有夹角的情况下,当主动叉等角速转动时,从动叉是不等角速的,这称为十字轴式万向节的不等速特性。且两转轴之间的夹角越大,不等速性就越大,图3-61所示为传动轴每转一圈时速度变化情况。

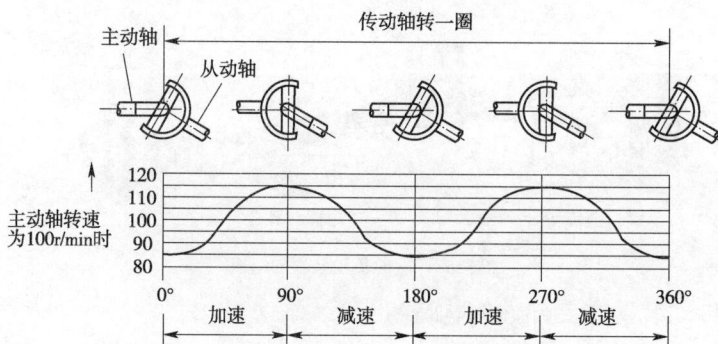

图3-61 十字轴式万向节的不等速特性

十字轴式万向节的不等速特性将使从动轴及其相连的传动部件产生扭转振动,从而产生附加的交变载荷,影响零部件寿命。可以采用图 3-62 所示的双十字轴式万向节的传动方式,第一万向节的不等速特性可以被第二万向节的不等速特性所抵消,从而实现两轴间的等角速传动。具体条件是:①第一万向节两轴间夹角 α_1 与第二万向节两轴间夹角 α_2 相等;②第一万向节的从动叉与第二万向节的主动叉处于同一平面。

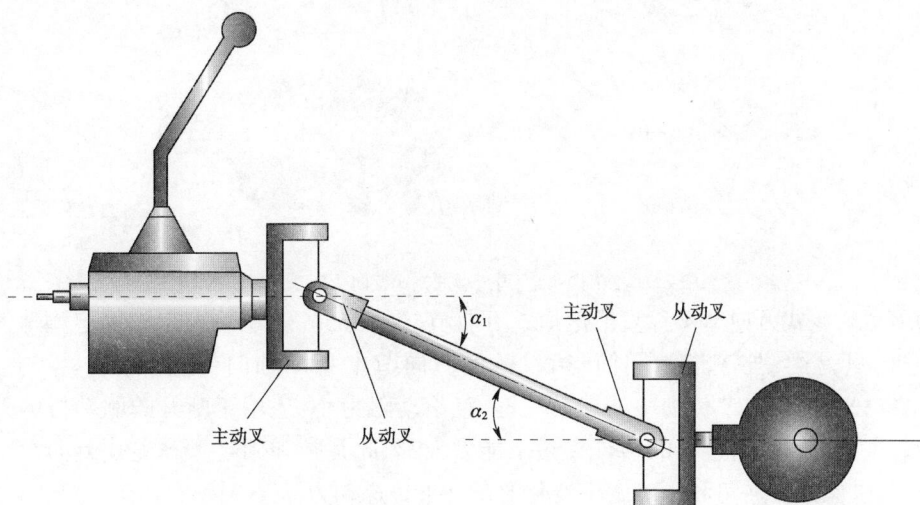

图 3-62 双十字轴式万向节等速传动布置图

由于悬架的振动,不可能在任何时候都保证 $\alpha_1 = \alpha_2$,因此这种双十字轴式万向节的传动只能近似地解决等速传动问题,且由于两轴夹角最大只能是 20°,因此使用上受到一定的限制。

2)等速万向节

等速万向节的工作原理是保证万向节在工作过程中,其传力点永远位于两轴交角的平分面上,如图 3-63 所示。

常见的球笼式等速万向节有固定型球笼式万向节(RF 节)和伸缩型球笼式万向节(VL 节)。

如图 3-64 所示,固定型球笼式万向节由 6 个钢球、星形套、球形壳和保持架等组成。万向节星形套与主动轴用花键固接在一起,星形套外表面有 6 条弧形凹槽滚道,球形壳的内表面有相应的 6 条凹槽,6 个钢球分别装在各条凹槽中,由球笼使其保持在同一平面内。动力由主动轴、钢球、球形壳输出。

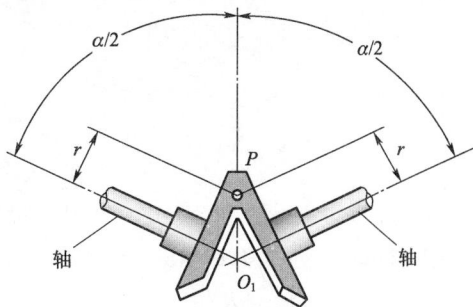

图 3-63 等速万向节的工作原理

固定型球笼式万向节工作时 6 个钢球都参与传力,故承载能力强、磨损小、寿命长。它被广泛应用于各种类型的转向驱动桥和独立悬架的驱动桥。

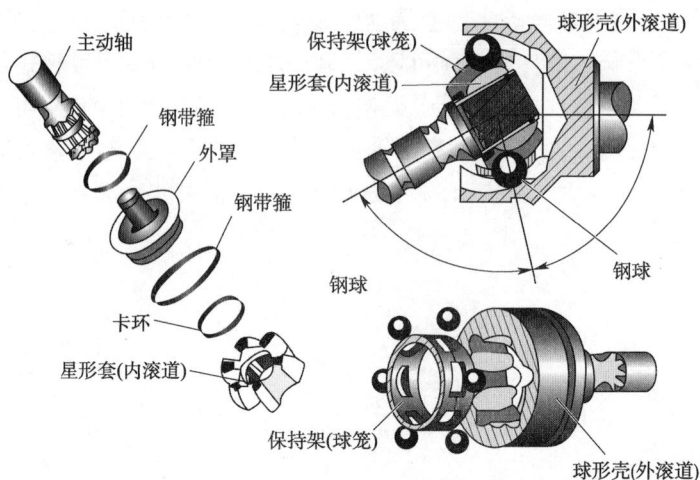

图 3-64　固定型球笼式万向节

伸缩型球笼式万向节又称直槽滚道式万向节(图 3-65),其结构与上述固定型球笼式万向节相近,只是内、外滚道为圆筒形直槽,使万向节本身可轴向伸缩(伸缩量可达 40 ~ 50mm),省去其他万向节传动中的滑动花键,且滚动阻力小,适用于断开式驱动桥的万向传动装置。这种万向节所连接的两轴夹角不能太大,因此常常和固定型球笼式万向节组合在一起使用,以保证在夹角和距离发生变化的条件下传递动力。

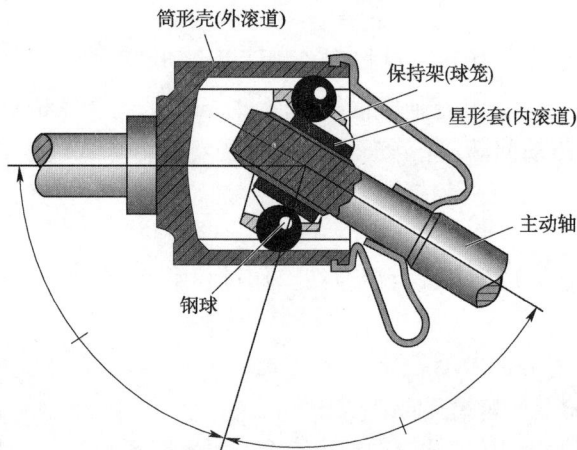

图 3-65　伸缩型球笼式万向节

固定型球笼式万向节(RF 节)和伸缩型球笼式万向节(VL 节)广泛应用于采用独立悬架的乘用车转向驱动桥,其中 RF 节用于靠近车轮处,VL 节用于靠近驱动桥处,如图 3-66 所示。

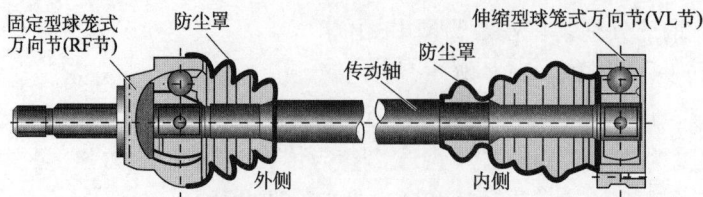

图 3-66　RF 节和 VL 节在转向驱动桥中的布置

2．传动轴

传动轴是万向传动装置中的主要传力部件。通常用来连接变速器（或分动器）和驱动桥，在转向驱动桥和断开式驱动桥中，则用来连接差速器和驱动车轮。

图 3-67 所示为传动轴的结构。传动轴有实心轴和空心轴之分。为了减轻传动轴的质量，节省材料，提高轴的强度、刚度，传动轴多为空心轴，超重型货车则直接采用无缝钢管。转向驱动桥、断开式驱动桥或微型汽车的传动轴通常制成实心轴。传动轴两端的连接件装好后，应进行动平衡试验。在质量轻的一侧补焊平衡片，使其不平衡量不超过规定值。

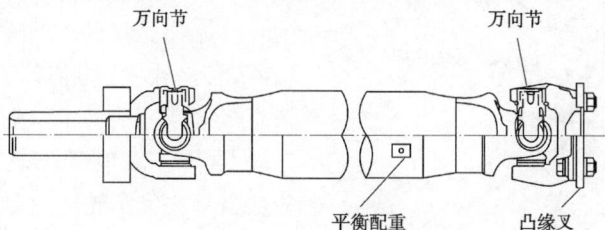

图 3-67　传动轴的结构

汽车行驶过程中，变速器与驱动桥的相对位置会发生变化，随着传动轴角度的改变，其长度也会改变，因此采用滑动花键轴和滑动花键套组成的滑套连接方式，以实现传动轴长度的变化，如图 3-68 所示。

3．中间支承

传动轴分段时需加装中间支承，中间支承通常安装在车架横梁上，能补偿传动轴轴向和角度方向的安装误差，以及汽车行驶过程中因发动机窜动或车架变形等引起的位移。

图 3-69 所示的中间支承是由支架和轴承等组成，轴承固定在中间传动轴后部的轴颈上。带油封的支承盖之间装有弹性元件橡胶垫环，用 3 个螺栓紧固。紧固时，橡胶垫环会径向扩张，其外圆被挤紧于支架的内孔。

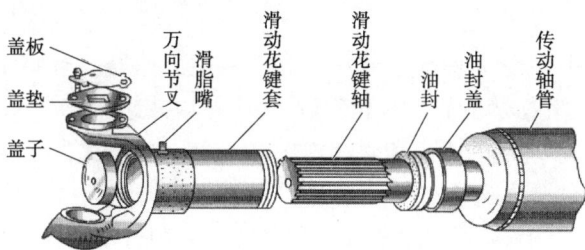

图 3-68　滑套连接方式

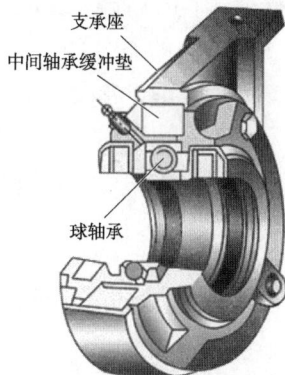

图 3-69　中间支承

六、驱动桥

（一）驱动桥的功用和组成

1．驱动桥功用

驱动桥的功用是将由万向传动装置传来的发动机转矩传给驱动车轮，并经降速增矩、改变动力传动方向,使汽车行驶,而且允许左右驱动车轮以不同的转速旋转。

2.驱动桥的组成

驱动桥是传动系统的最后一个总成,一般由主减速器、差速器、半轴和桥壳等组成,如图3-70所示。驱动桥的主要零部件都在装在驱动桥的桥壳中。

3.驱动桥的分类

按照悬架结构的不同,驱动桥可以分为整体式驱动桥和断开式驱动桥,整体式驱动桥又称为非断开式驱动桥。

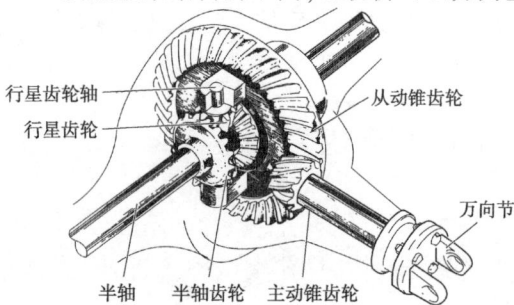

图3-70 驱动桥的组成

整体式驱动桥与非独立悬架配用,其驱动桥壳为一刚性的整体,驱动桥两端通过悬架与车架或车身连接,左右半轴始终在一条直线上,即左右驱动车轮不能相互独立地跳动。当某一侧车轮通过地面的凸出物或凹坑升高或下降时,整个驱动桥及车身都要随之发生倾斜,车身波动大。

断开式驱动桥与独立悬架配用,其主减速器固定在车架或车身上,驱动桥壳制成分段并用铰链连接,半轴也分段并用万向节连接。驱动桥两端分别用悬架与车架或车身连接。这样,两侧驱动车轮及桥壳可以彼此独立地相对于车架或车身上下跳动。

(二)驱动桥主要部件的构造

1.主减速器

1)主减速器的功用

主减速器的功用是:将发动机转矩传给差速器;在动力的传递过程中要将转矩增大并相应降低转速;对于纵置发动机,还要将转矩的旋转方向改变90°。

2)主减速器的类型

按参加传动的齿轮副数目的不同,可分为单级主减速器和双级主减速器。有些重型汽车又将双级主减速器的第二级传动设置在两侧驱动车轮附近,称为轮边减速器。

按主减速器传动比个数的不同,可分为单速式和双速式主减速器。单速式的传动比是固定的,而双速式则有两个传动比供驾驶人选择。

按齿轮副结构形式的不同,可分为圆柱齿轮式(又可分为定轴轮系和行星轮系)主减速器和圆锥齿轮式(又可分为螺旋锥齿轮式和准双曲面锥齿轮式)主减速器。

3)单级主减速器

单级主减速器结构简单,质量小,体积小,传动效率高,主要用于乘用车及中型以下客货车。

对于发动机纵向布置的汽车,由于需要改变动力传递方向,单级主减速器都采用一对圆锥齿轮传动;对于发动机横向布置的汽车,单级主减速器采用一对圆柱齿轮即可。

一般乘用车的主减速器和差速器如图3-71所示,由于发动机纵向前置前轮驱动,整个传动系统都集中布置在汽车前部,因此其主减速器装于变速器壳体内,没有专门的主减速器壳体。由于省去了变速器到主减速器之间的万向传动装置,所以变速器输出轴即为主减速器的主动轴。

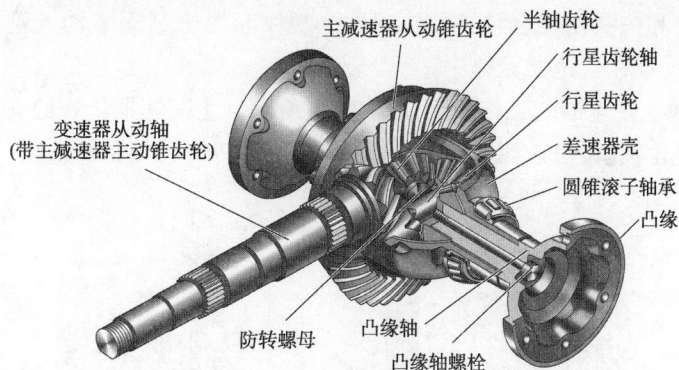

图 3-71　乘用车主减速器和差速器

2. 差速器

1)差速器的功用

差速器的功用是将主减速器传来的动力传给左、右两半轴,并在必要时允许左、右半轴以不同转速旋转,使左、右驱动车轮相对地面纯滚动而不是滑动。

当汽车转弯行驶时,内外两侧车轮中心在同一时间内移过的曲线距离显然不同,即外侧车轮移过的距离大于内侧车轮,如图 3-72 所示。若两侧车轮都固定在同一刚性转轴上,两轮角速度相等,则此时外轮必然是边滚动边滑移,内轮必然是边滚动边滑转。

2)差速器的结构和工作原理

应用最广泛的普通齿轮差速器为锥齿轮差速器,如图 3-73 所示。

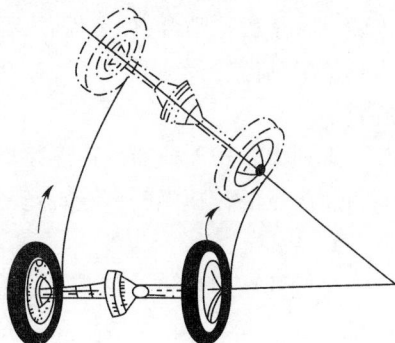

图 3-72　汽车转向时驱动车轮的运动示意图

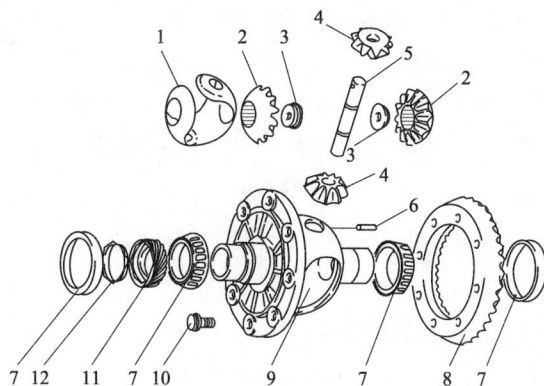

图 3-73　差速器

1-复合式推力垫片;2-半轴齿轮;3-螺纹套;4-行星齿轮;5-行星齿轮轴;6-止动销;7-圆锥滚子轴承;8-主减速器从动锥齿轮;9-差速器壳;10-螺栓;11-车速表齿轮;12-车速表齿轮锁紧套筒

（1）结构。差速器由差速器壳、行星齿轮轴、2 个行星齿轮、2 个半轴齿轮、球面垫片和垫圈等组成。行星齿轮轴装入差速器壳体后用弹簧销定位。行星齿轮和半轴齿轮的背面制成球面,与球面垫片和垫圈相配合,以减摩、耐磨。螺纹套用于紧固半轴齿轮。差速器通过一对圆锥滚子轴承支承在变速器壳体中。

（2）工作原理。差速器的工作原理如图 3-74 所示。主减速器传来的动力带动差速器壳转动,经过行星齿轮轴、行星齿轮、半轴齿轮、半轴,最后传给两侧驱动车轮。

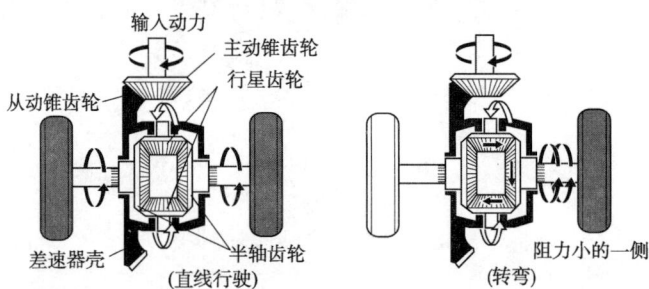

图 3-74　差速器运动原理

半轴在差速器内分成左右两段,并装上半轴齿轮。差速器壳固定在从动锥齿轮上,半轴齿轮和行星齿轮啮合,行星齿轮支承在差速器壳上。当从动锥齿轮旋转时,行星齿轮公转。当单侧半轴齿轮受到阻力时,行星齿轮一边公转一边自转,允许两侧车轮以不同的速度旋转。

普通齿轮式差速器的速度特性:左、右两半轴的转速之和等于差速器壳转速的 2 倍,而与行星齿轮的转速无关;差速器转矩特性:左、右两侧半轴的转矩始终相同,即平分特性。

3. 半轴

半轴的功用是将差速器传来的动力传给驱动车轮。因其传递的转矩较大,常制成实心轴。

半轴的结构因驱动桥结构形式的不同而异。整体式驱动桥中的半轴为一刚性整轴。而转向驱动桥和断开式驱动桥中的半轴则分为两段并用万向节连接。

现代汽车常采用全浮式和半浮式两种半轴支承形式。

1）全浮式半轴支承

全浮式半轴支承广泛应用于各型货车上。图 3-75 所示为全浮式半轴支承的示意图。半轴外端锻造有半轴凸缘,用螺栓紧固在轮毂上,轮毂用一对圆锥滚子轴承支承在半轴套管上,半轴套管与空心梁压配成一体,组成驱动桥壳。这种半轴支承形式,半轴与桥壳没有直接联系,半轴只在两端承受转矩,不承受其他任何反力和弯矩,所以称为全浮式半轴支承。

2）半浮式半轴支承

图 3-76 所示为半浮式半轴支承的示意图。半轴用一个圆锥滚子轴承直接支承在桥壳凸缘的座孔内。车轮与桥壳之间无直接联系,而支承于悬伸出的半轴外端。因此,地面作用于车轮的各种反力都须经半轴外端的悬伸部分传给桥壳,使半轴外端不仅要承受转矩,而且还要承受各种反力及其形成的弯矩。半轴内端通过花键与半轴齿轮连接,不承受弯矩,故称这种支承形式称为半浮式半轴支承。

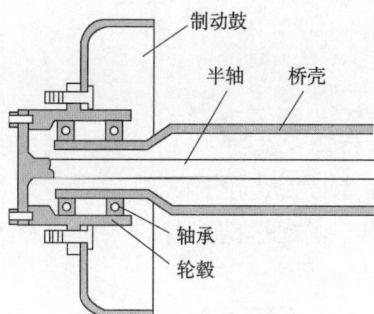

图 3-75 全浮式半轴支承示意图　　图 3-76 半浮式半轴支承示意图

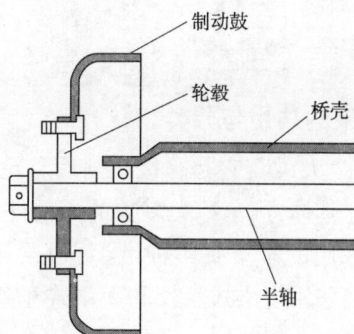

4. 桥壳

驱动桥壳既是传动系统的组成部分,同时也是行驶系统的组成部分。作为传动系统的组成部分,其功用是安装并保护主减速器、差速器和半轴。作为行驶系统的组成部分,其功用是安装悬架或轮毂,和从动桥一起支承汽车悬架以上各部分质量,承受驱动车轮传来的反力和力矩,并在驱动车轮与悬架之间传力。

驱动桥壳可分为整体式桥壳和分段式桥壳两种类型。整体式桥壳一般是铸造,具有较大的强度和刚度,且便于主减速器的拆装和调整,适用于中型以上货车。分段式桥壳一般分为两段,由螺栓将两段连成一体,现已很少应用。

第二节 行驶系统

一、行驶系统概述

汽车行驶系统的主要作用:将传动系统传来的转矩转化为汽车行驶的驱动力;支承汽车的总质量;承受并传递路面作用于车轮上的力和力矩;减少振动,缓和冲击,保证汽车的平稳行驶。

汽车行驶系统一般由车架(或车身)、车桥、车轮总成和悬架等组成,如图 3-77 所示。

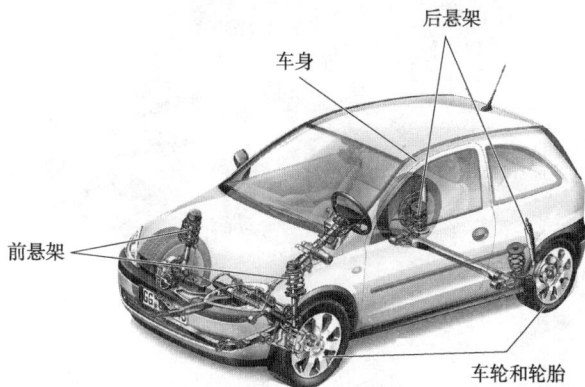

图 3-77 汽车行驶系统的组成

二、车架

(一)车架的功用与分类

车架俗称"大梁",它是跨接在前后车轮上的桥梁式结构,是构成整个汽车的骨架,是整个汽车的装配基体,汽车绝大多数的零部件、总成都要安装在车架上。

汽车上采用的车架有 4 种类型:边梁式车架、中梁式车架、综合式车架和无梁式车架。目前汽车上多采用边梁式车架和无梁式车架。

(二)车架的结构

1.边梁式车架

边梁式车架由两根位于汽车两侧的纵梁和若干横梁组成,用铆接法或焊接法将纵梁与横梁连接成坚固的刚性构架(图3-78)。边梁式车架结构简单、便于整车的布置,在各种类型的汽车上都广泛应用。

2.无梁式车架

部分乘用车和客车为减轻自身质量,以车身代替车架,这种车身又称为无梁式车架或承载式车身,图 3-79 所示为客车的承载式车身,图 3-80 所示为乘用车的车身组成件。采用承载式车身的特点是没有车架(大梁),车身就作为发动机和底盘各总成的安装基础,各种载荷全部由车身承受。

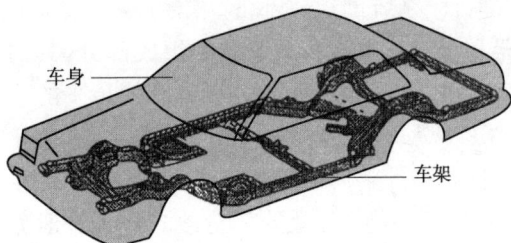

图 3-78 边梁式车架

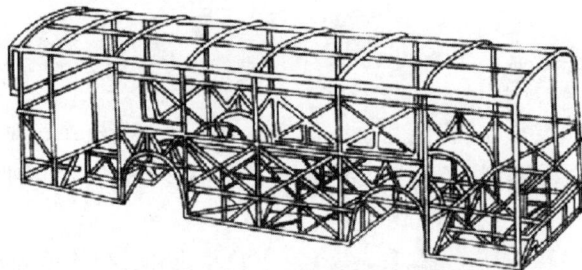

图 3-79 客车承载式车身

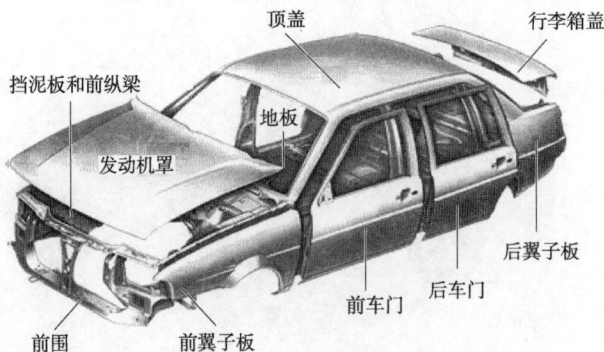

图 3-80 乘用车车身组成件

乘用车车身总成结构主要包括车身壳体、车门、车窗、车前后钣金件、车身内外装饰件、车身附件、座椅以及通风装置等。车身壳体是一切车身部件和零件的安装基础,由纵、横梁支柱等主要承力元件,以及与它们相连接的钣金件经焊接而共同组成的刚性空间结构。车前后钣金件,包括散热器框架前后围板、发动机罩、前后翼子板、挡泥板等。这些钣金件形成了容纳发动机、车轮等部件的空间。

三、车桥及车轮定位

(一)车桥

车桥位于悬架与车轮总成之间,其两端安装车轮总成,通过悬架与车架(或车身)相连,其功用是传递车架(或车身)与车轮总成之间各种载荷。

按悬架结构形式的不同,车桥分为整体式车桥和断开式车轿两种。整体式车桥与非独立悬架配用;断开式车桥与独立悬架配用。

按车桥上车轮总成作用的不同,车桥分为转向桥、驱动桥、转向驱动桥和支持桥 4 种类型,其中转向桥和支持桥都属于从动桥。

在后轮驱动的汽车中,前桥不仅用于承载,而且兼起转向作用,称为转向桥;后桥不仅用于承载,而且兼起驱动作用,称为驱动桥。

越野汽车和前轮驱动汽车的前桥,除了承载和转向的作用外,还兼起驱动作用,所以称为转向驱动桥。

只起支承作用的车桥称为支持桥。挂车的车桥就是支持桥。支持桥除不能转向外,其他功能和结构与转向桥相同。

1. 转向桥

转向桥通常位于汽车前部,故也称为前桥。转向桥的作用是支撑汽车部分重量,安装前轮及前轮制动器,连接车架,承受车架与车轮总成之间的作用力及其产生的弯矩和转矩,同时还要使前轮偏转以实现转向。转向桥主要由前轴(前梁)、转向节、主销、轮毂等部分组成,如图 3-81 所示。前轴是转向桥的主体,根据断面形状的不同,可分为"工"字梁式和管式两种类型。

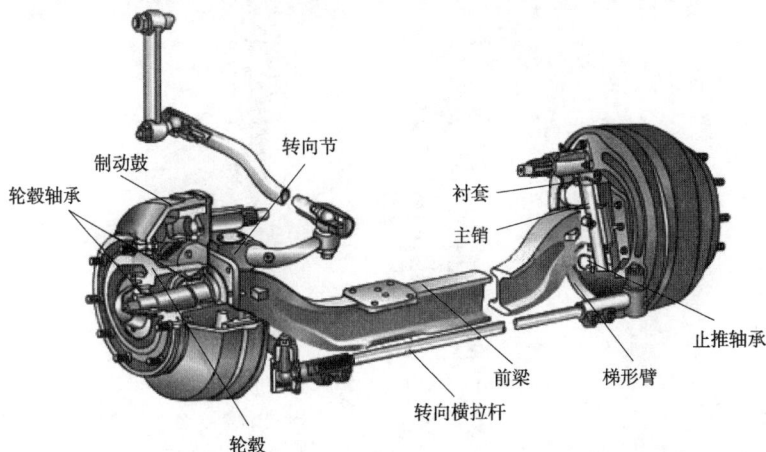

图 3-81 汽车整体式转向桥的结构

2. 转向驱动桥

转向驱动桥如图3-82所示,它同一般驱动桥一样,由主减速器、差速器、半轴和桥壳组成。但由于转向时转向轮需要绕主销偏转一个角度,故与转向轮相连的半轴必须分成内外两段(内半轴和外半轴),其间用万向节(一般多用等速万向节)连接,同时主销也因此而分制成两段(或用球头销代替)。转向节轴颈部分做成中空的,以便外半轴穿过其中。

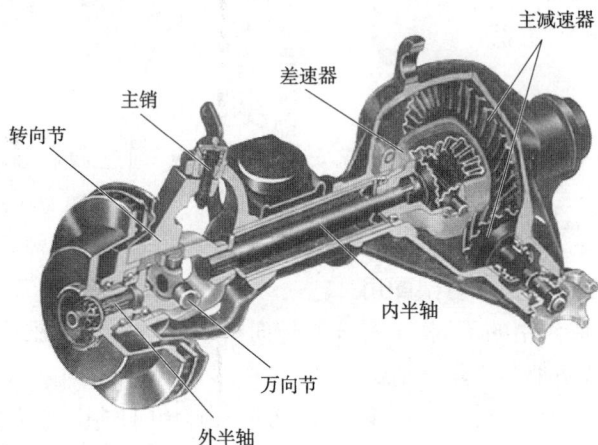

图3-82 转向驱动桥的结构

图3-83所示为一般乘用车的前桥总成,采用的是断开式、独立悬架转向驱动桥。车桥上端通过左、右悬架与承载式车身相连接,下端通过左、右下摆臂与固定在车身上的副车架相连接。悬架车轮轴承壳与下摆臂之间通过可移动球形接头连接,从而使前轮固定,并通过下摆臂上的长孔可调整车轮外倾角,为了减小车辆转向时的车身倾斜,在副车架与下摆臂之间还装有横向稳定器。

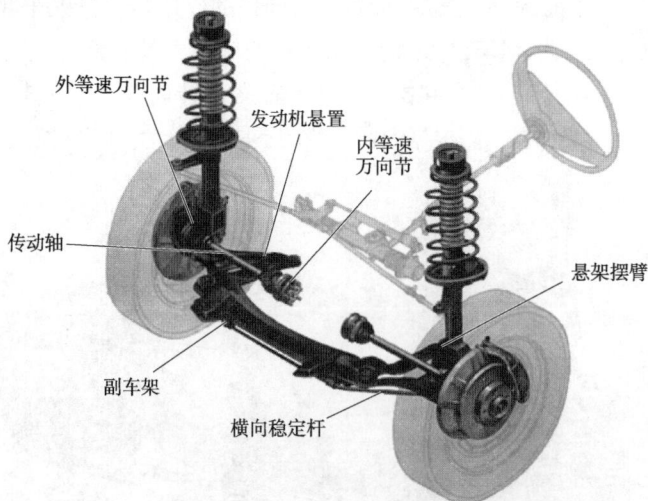

图3-83 乘用车的转向驱动桥

3. 支持桥

一般乘用车后桥为支持桥,图3-84所示为纵向摆臂式支持桥。

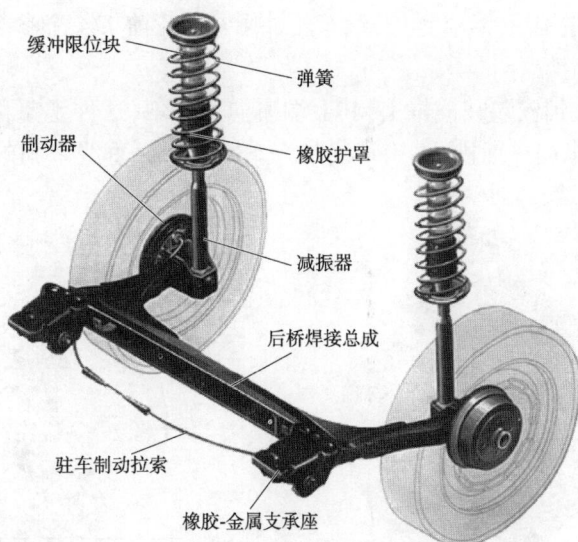

缓冲限位块
弹簧
制动器
橡胶护罩
减振器
后桥焊接总成
驻车制动拉索
橡胶-金属支承座

图 3-84 乘用车后桥的结构

支持桥的轮毂、制动鼓以及车轮与车桥的连接方式与转向桥一样,通过轴承支承,轴向定位。车桥只向其传递横、纵向推力或拉力,不传递转矩。

(二) 车轮定位

1. 转向轮定位

为了保证汽车直线行驶的稳定性和操纵的轻便性,减少轮胎和其他机件的磨损,转向轮、转向节和前轴三者与车架的安装应保持一定的相对位置关系,这种安装位置关系称为转向轮定位,也称前轮定位。

对于两端装有主销的转向桥,汽车转向时,转向轮会围绕主销轴线偏转,如图 3-85a) 所示。但在大多数断开式转向桥中没有主销,采用上、下球头销代替主销,上、下球头销球头中心的连心线相当于主销轴线,如图 3-85b) 所示。

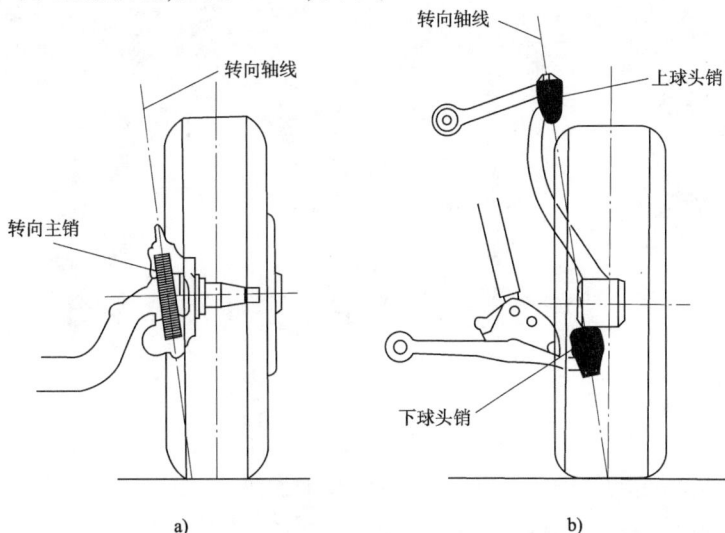

转向轴线
转向主销
a)

转向轴线
上球头销
下球头销
b)

图 3-85 主销的不同形式

转向轮定位包括主销后倾、主销内倾、车轮外倾及前轮前束 4 个参数。现以有主销的转向桥为例说明转向轮定位。

（1）主销后倾。主销安装在前轴上，其上端略向后倾斜，这种现象称为主销后倾。在垂直于汽车支承平面的纵向平面内，主销轴线与汽车支承平面垂线之间的夹角 γ 称为主销后倾角，如图 3-86 所示。

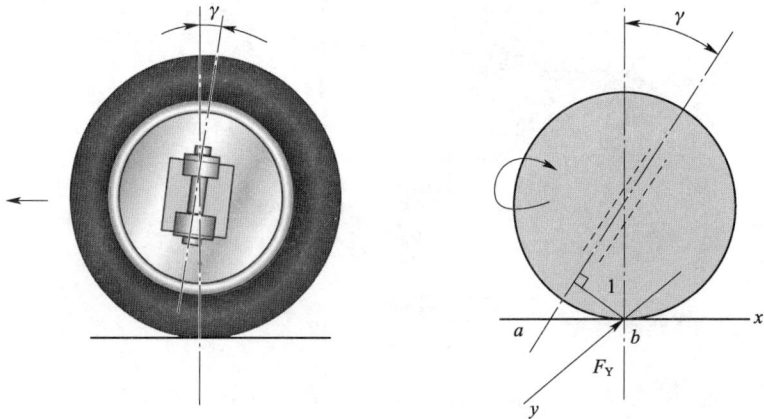

图 3-86　主销后倾

主销后倾的功用是形成回正力矩，保证汽车直线行驶的稳定性，并使汽车转向后回正操纵轻便。主销后倾角越大、车速越高，回正力矩越大，转向轮偏转后自动回正的能力也愈强。

有些汽车由于采用超低压轮胎，弹性增加，转向时因轮胎弹性变形而使轮胎与路面的接触点后移，使回正力矩增加，故主销后倾角可以减小，甚至为负值（即主销前倾）。

主销后倾角一般是将前轴连同悬架安装在车架上时，使前轴向后倾斜而形成的。

（2）主销内倾。主销安装在前轴上，其上端略向内侧倾斜，这种现象称为主销内倾。在垂直于汽车支承平面的横向平面内，主销轴线与汽车支承平面垂线之间的夹角 β 称为主销内倾角，如图 3-87 所示。

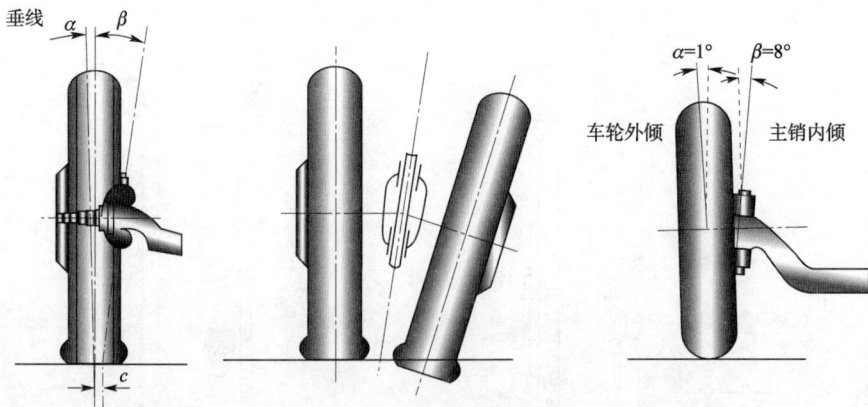

图 3-87　主销内倾及车轮外倾

主销内倾的功用是使转向轮自动回正，并使转向操纵轻便。

由于主销内倾，转向时，路面作用在转向轮上的阻力对主销轴线产生的力矩减小，从而可减少转向时驾驶人施加在转向盘上的力,使转向操纵轻便。同时还可以减小因路面不平而从转向轮传到转向盘上的冲击力。

当转向轮在外力作用下绕主销旋转而偏离中间位置时,由于主销内倾,车轮连同整个汽车前部被向上抬起。一旦外力消失,转向轮就会在汽车前部重力作用下力图自动回正到旋转前的中间位置。主销内倾角越大、转向轮偏转角越大,汽车前部就抬起得越高,转向轮自动回正的作用就越大。

主销后倾和主销内倾都具有使车轮自动回正及保证汽车直线行驶稳定性的作用,但其区别在于:主销后倾角的回正作用随着车速的增高而增大,而主销内倾的回正作用几乎与车速无关。

(3)车轮外倾。转向轮安装在转向节上时,其旋转平面上端向外倾斜,这种现象称为转向轮外倾。车轮旋转平面与垂直于车辆支承面的纵向平面之间的夹角 α 称为车轮外倾角,如图 3-88 所示。

车轮外倾角的功用是提高车轮工作的安全性和转向操纵的轻便性。

由于主销与衬套之间、轮毂与轴承等处都存在着装配间隙,若空车时车轮的安装正好垂直于路面,则满载时上述间隙将发生变化,车桥也因承载而变形,从而引起车轮向内倾斜,引起轮胎内侧磨损加剧;车轮内倾还将使路面对车轮的垂直反作用力的轴向分力压向轮毂外端的小轴承,使该轴承及其锁紧螺母等部件承受的载荷增大,降低了它们的使用寿命,严重时会损坏锁紧螺母而使车轮脱落。为此,安装车轮时预先留有一定的外倾角,以防止上述不良影响的产生。此外,车轮有一定的外倾角也可以与拱形路面相适应。

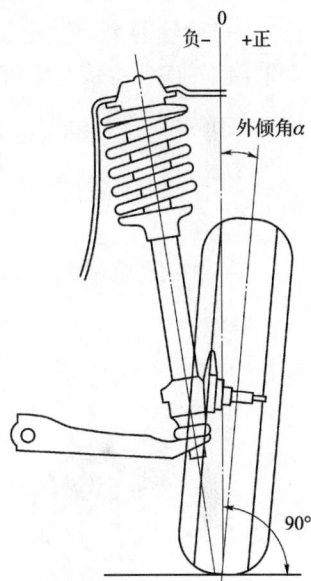

图 3-88 车轮外倾

(4)前轮前束。车轮安装在车桥上,两前车轮的中心平面不平行,其前端略向内侧收束,这种现象称为前轮前束。两前轮后端距离 A 大于前端距离 B,其差值 $A-B$ 称为前轮前束值。如图 3-89 所示。

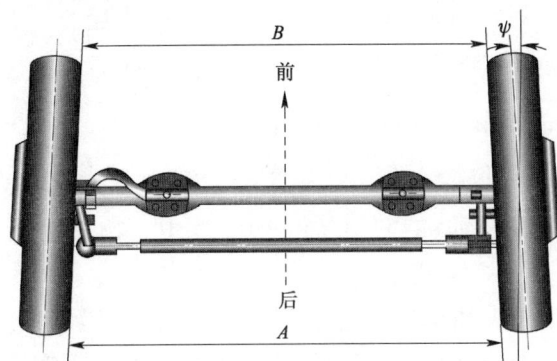

图 3-89 前轮前束

前轮前束的功用是消除因车轮外倾所造成的不良后果,保证车轮不向外滚动,防止车轮侧滑和减轻轮胎的磨损。

2.非转向轮定位

后轮与后轴之间的相对安装位置关系,称为后轮定位。随着车速的不断提高,为了提高汽车高速行驶的稳定性,在结构设计上应确保汽车具有不足转向特性。为此,转向轮定位的内容已扩展到非转向轮(后轮)。汽车后轮具有一定程度的外倾角和前束。

后轮定位主要包括后轮外倾角和后轮前束。

(1)后轮外倾角。为了对载荷进行补偿,采用独立后悬架的大多数车辆常带有一个较小的正后轮外倾角。

(2)后轮前束。后轮前束与前轮前束的作用基本相同。一般前轮驱动的汽车,前驱动轮宜采用正前束,后从动轮宜采用负前束;对于后轮驱动的汽车,前从动轮宜采用负前束,后驱动轮宜采用正前束。

四、车轮总成

(一)车轮总成的组成和功用

汽车车轮总成是由车轮和轮胎两大部分组成,如图3-90所示,是汽车行驶系统中及其重要的部件之一,它位于车桥和地面之间,具有如下基本功用:

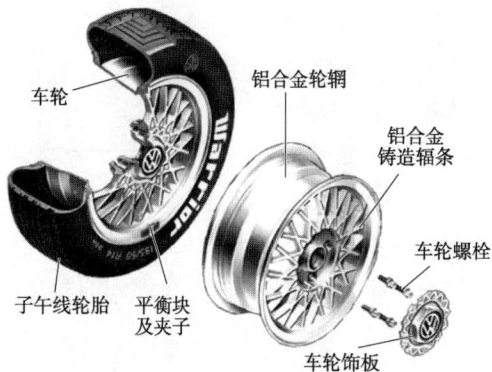

图3-90　车轮总成

(1)支承整车质量,包括在汽车质量上、下运动时产生的惯性动载荷。

(2)缓和由路面传递来的冲击载荷。

(3)通过轮胎和路面之间的附着作用,产生驱动和阻止汽车运动的外力,即为汽车提供驱动力和制动力。

(4)产生平衡汽车转向离心力的侧向力,以便顺利转向,并通过轮胎产生的自动回正力矩,使车轮具有保持直线行驶的能力。

(5)承担跨越障碍的作用,保证汽车的通过性。

(二)车轮

车轮是介于轮胎和车桥之间承受负荷的旋转组件,其功用是安装轮胎,承受轮胎与车桥之间的各种载荷。

车轮一般是由轮毂、轮辋和轮辐组成,如图3-91所示。轮毂通过圆锥滚子轴承安装在车桥或转向节轴颈上,用于连接车轮与车桥。轮辋用于安装和固定轮胎。轮辐用于将轮毂和轮辋连接起来,并通过螺栓与轮毂连接起来。

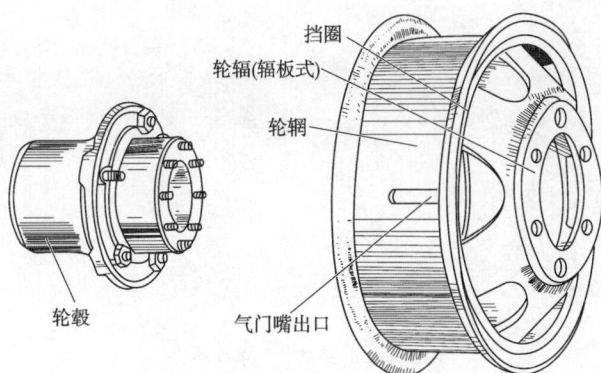

图 3-91　车轮的组成

1. 轮辐

按轮辐结构形式的不同,车轮可以分为辐板式和辐条式两种。

普通乘用车和轻、中型货车普遍采用辐板式车轮(图 3-91),由挡圈、轮辋、辐板和气门嘴伸出口组成。车轮中用以连接轮毂和轮辋的钢质圆盘称为辐板,大多是冲压制成的,少数是和轮毂铸成一体,后者主要用于重型汽车。

乘用车的辐板所用板料较薄,常冲压成起伏多变的形状,以提高其刚度,目前乘用车广泛采用铝合金车轮,如图 3-92 所示,且多为整体式的,即轮辋和轮辐铸成一体。它质量轻,尺寸精度高,生产工艺好,美观大方,可以明显改善车轮的空气动力学特性,降低汽车油耗。

图 3-92　乘用车铝合金车轮

辐条式车轮按辐条结构形式的不同,可分为钢丝辐条式车轮和铸造辐条式车轮,如图 3-93 所示。

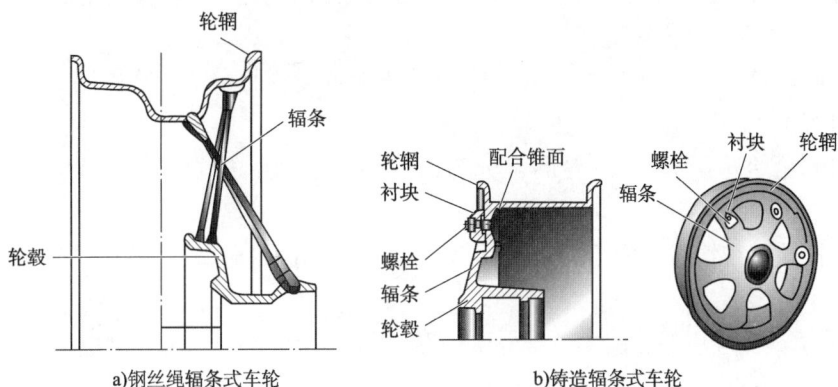

a)钢丝绳辐条式车轮　　　　　　　b)铸造辐条式车轮

图 3-93　辐条式车轮

2. 轮辋

轮辋用于安装和固定轮胎。轮辋的常见结构形式有:深槽轮辋、平底轮辋和对开式轮辋,如图 3-94 所示。此外,还有半深槽轮辋、深槽宽轮辋、平底宽轮辋、全斜底轮辋等。

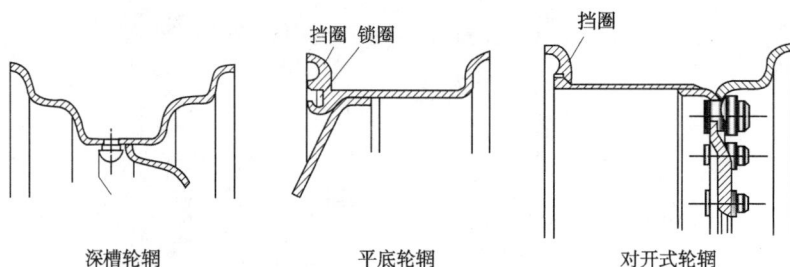

挡圈 锁圈　　挡圈

深槽轮辋　　　　平底轮辋　　　　对开式轮辋

图 3-94　轮辋的常见结构形式

(三) 轮胎

1. 轮胎的功用和类型

1) 轮胎的功用

现代汽车都采用充气式轮胎,轮胎安装在轮辋上,直接与路面接触,它的功用如下:

(1) 支承汽车的质量,承受路面传来的各种载荷。

(2) 和汽车悬架共同来缓和汽车行驶中所受到的冲击,并衰减由此而产生的振动,以保证汽车有良好的乘坐舒适性和行驶平顺性。

(3) 保证车轮和路面有良好的附着性,以提高汽车的动力性、制动性和通过性。

2) 轮胎的类型

(1) 按轮胎内空气压力大小的不同,轮胎可分为高压胎(0.5～0.7MPa)、低压胎(0.2～0.5MPa)和超低压胎(0.2MPa 以下)三种。低压胎弹性好、减振性能强、壁薄散热性好、与地面接触面积大附着性好,因而广泛用于乘用车。超低压胎在松软路面上具有良好的通过能力,多用于越野汽车及部分高级乘用车。

(2) 按轮胎有无内胎,轮胎可分为有内胎轮胎和无内胎轮胎(俗称真空胎)两种。目前乘用车上普遍采用无内胎轮胎。

(3) 按胎体帘布层结构形式的不同,轮胎可分为斜交轮胎和子午线轮胎。目前,子午线胎在汽车上广泛应用。

(4) 根据轮胎花纹的不同,轮胎可分为:普通花纹轮胎、组合花纹轮胎和越野花纹轮胎等。

(5) 根据轮胎帘线材料的不同,轮胎可分为人造丝(R)轮胎、棉帘线(M)轮胎、尼龙(N)轮胎和钢丝(G)轮胎等。

目前乘用车上应用的轮胎主要是低压(超低压)、无内胎的子午线轮胎。

2. 轮胎的结构

充气轮胎按结构形式的不同,可分为有内胎轮胎和无内胎轮胎两种,如图 3-95 所示。

有内胎轮胎由外胎、内胎和垫带等组成,使用时安装在汽车车轮的轮辋上。无内胎轮胎俗称真空胎,在外观上与普通轮胎相似,但是没有内胎及垫带,它的气门嘴用橡胶垫圈和螺母直接固定在轮辋上,空气直接充入外胎中,其密封性由外胎和轮辋来保证。

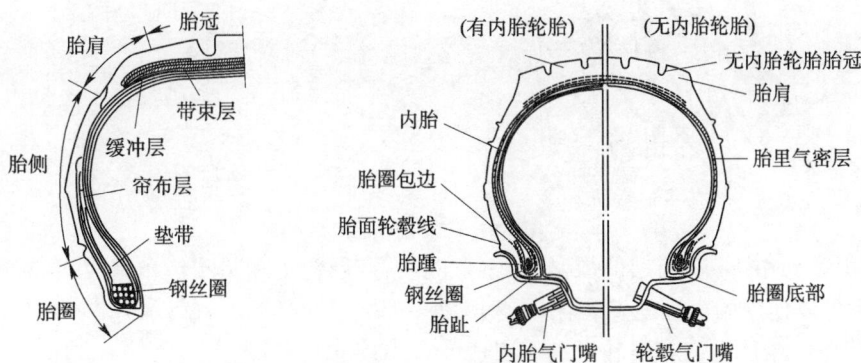

图 3-95 轮胎的结构

1）外胎

外胎是轮胎的主要组成部分，它是用耐磨橡胶以及帘线制成的强度较高而又有弹性的外壳，直接与地面接触来保护内胎，使其不受损伤，主要由胎面、胎圈和胎体等组成。

（1）胎面。胎面是轮胎的外表面，可分为胎冠、胎肩和胎侧三部分。

①胎冠。胎冠也称行驶面，它与路面直接接触，直接承受冲击与摩擦，并保护胎体免受机械损伤。为使轮胎与地面有良好的附着性能，防止纵、横向滑移，在胎面上制有各种形状的花纹。如图 3-96 所示，主要有普通花纹、组合花纹、越野花纹等。

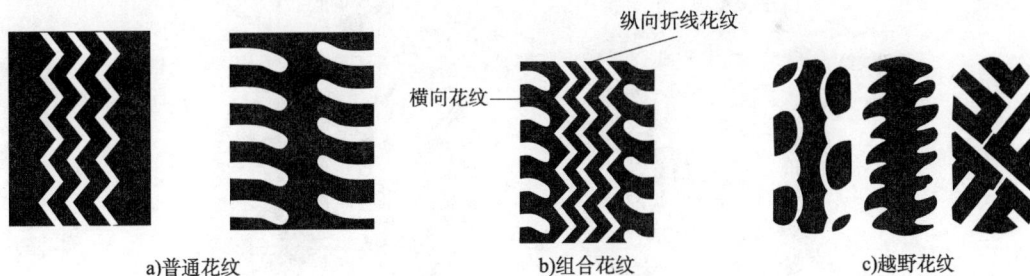

a)普通花纹　　　　　　　　b)组合花纹　　　　　　　　c)越野花纹

图 3-96　胎面花纹

②胎肩。胎肩是较厚的胎冠和较薄的胎侧间的过渡部分，一般也制有各种花纹，以提高该部位的散热性能。

③胎侧。胎侧又称胎壁，它由数层橡胶构成，覆盖轮胎两侧，保护内胎免受外部损坏。胎侧可承受较大的挠曲变形，在行驶过程中，不断地在载荷作用下挠曲变形。胎侧上标有厂家名称、轮胎尺寸及其他资料。

胎冠部分磨损到磨损标记以下后将非常危险。如图 3-97 所示，胎面磨损标志位于胎面花纹沟底部，当胎面磨损到此处时，花纹沟断开，表明轮胎必须停止使用并报废。为便于用户找到磨损标志，通常在磨损标志对应的胎肩处标出"△"符号。这种磨损标志按国家标准的规定，每只轮胎应沿圆周等距离设置，不少于 4 个。

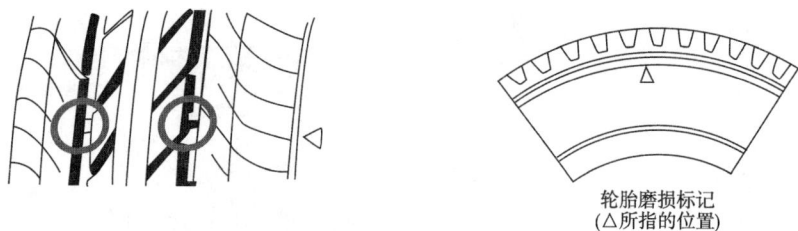

轮胎磨损标记
(△所指的位置)

图3-97 轮胎磨损标记

（2）胎圈。胎圈是帘布层的根基，由钢丝圈、帘布层包边和胎圈包布组成，具有很大的刚度和强度，可以使外胎牢固地安装在轮辋上。

（3）胎体。胎体由帘布层和缓冲层组成。

①帘布层。帘布层是外胎的骨架，主要用于承受载荷，保持外胎的形状和尺寸，并使其具有足够的强度。为使载荷均匀分布，帘布层通常由成偶数的多层帘布用橡胶贴合而成，相邻层的帘线交叉排列。帘布层数越多，轮胎的强度越大，但弹性下降。在外胎表面上标有帘布层数。

按照帘布层帘线排列方式的不同，外胎可以分为斜交轮胎和子午线轮胎，如图3-98所示。

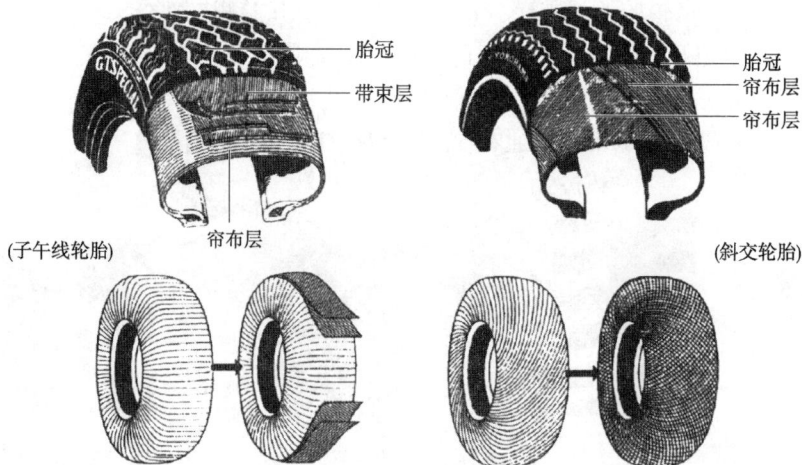

图3-98 轮胎的结构形式

斜交轮胎帘布层的帘线按一定角度交叉排列，帘线与轮胎横断面的交角通常为50°。子午线轮胎帘布层帘线排列的方向与轮胎横断面一致，即垂直于轮胎胎面中心线，类似于地球仪上的子午线。子午线轮胎比斜交轮胎胎侧软，在径向上容易变形，可以增加轮胎的接地面积，即使在充足气后，两侧壁上也有一个特殊的凸起部。

子午线胎与斜交轮胎相比较具有行驶里程长、滚动阻力小、节约燃料、承载能力大、减振性能好、附着性能好、不易爆胎等优势，目前在汽车上应用广泛。

②缓冲层。缓冲层夹在胎面和帘布层之间，质软而弹性大，一般由两层或数层较稀疏的帘布和橡胶制成，其相邻两层的帘线也是交叉排列的，其作用是加强胎面与帘布层之间的结合，防止汽车紧急制动时胎面与帘布层脱离，并缓和汽车行驶时所受到的路面冲击。

2）内胎

内胎是一个环形的橡胶管，上面装有气门嘴，以便充入或排出空气，为使内胎在充气状态下不产生褶皱,其尺寸应稍小于外胎的内壁尺寸。内胎强度很低,单独几乎不能承载。

3)垫带

垫带是一个环形的橡胶带,它垫在内胎与轮辋之间,保护内胎不被轮辋和胎圈磨坏,还可防止尘土及水汽侵入胎内。

3.轮胎规格的表示方法

轮胎的尺寸标注如图3-99所示。

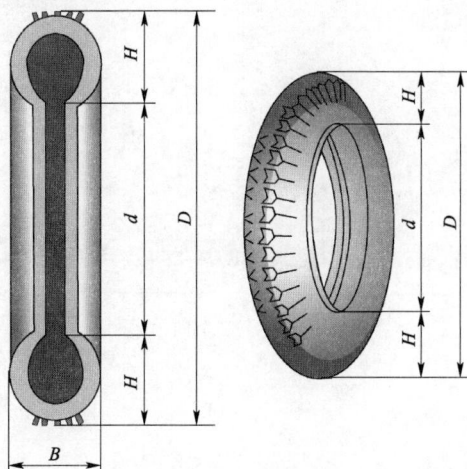

图3-99 轮胎的尺寸标注

D-轮胎外径;d-轮胎内径;H-轮胎断面高度;B-轮胎断面宽度

1)斜交轮胎的规格

普通斜交轮胎的规格用$B-d$表示,载货汽车斜交轮胎和乘用车斜交轮胎的尺寸B和d均使用英寸(inch)为单位。示例如下:

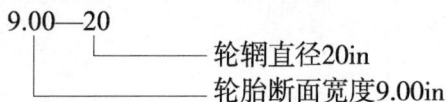

9.00—20

—— 轮辋直径20in

—— 轮胎断面宽度9.00in

2)子午线轮胎的规格

子午线轮胎的规格如图3-100所示。

(1)185——轮胎名义断面宽度代号,表示轮胎宽度185mm。

(2)60——轮胎名义扁平比代号,表示扁平比为60%。扁平比为轮胎高度H与宽度B之比,有60、65、70、75、80五个级别。

(子午线轮胎)

图3-100 子午线轮胎的规格

(3)R——子午线轮胎结构代号,即"Radial"的第一个字母。

(4)14——轮胎名义直径代号,表示轮胎内径14英寸(inch)。

3)轮胎侧面标记

轮胎侧面标记如图3-101所示。在轮胎规格前加"P"表示乘用车轮胎;在胎侧标有"REINFORCED"表示经强化处理,"RADIAL"表示子午线胎,"TUBELESS"(或TL)表示无内胎(真空胎),"M+S"(Mud and Snow)表示适于泥地和雪地,"→"表示轮胎旋向,不可装反。

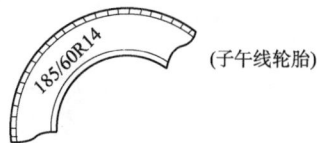

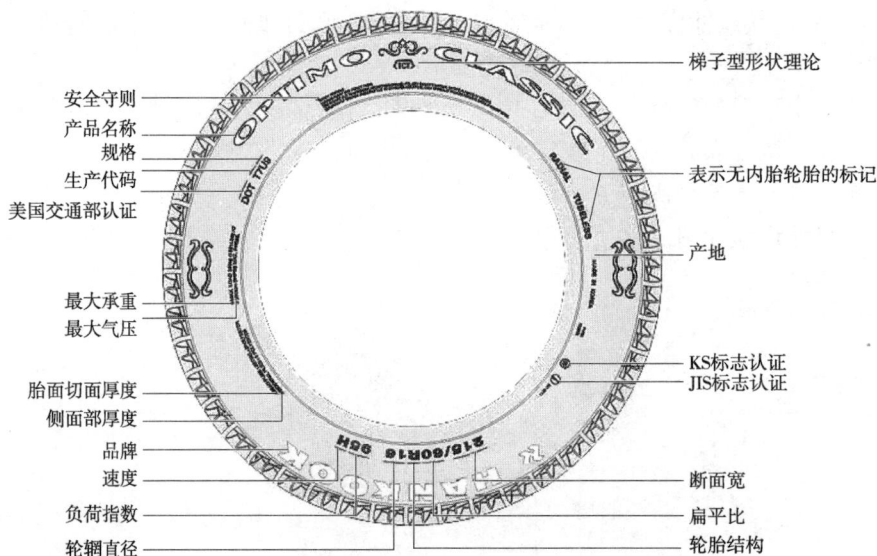

图3-101　轮胎侧面标记

五、悬架

(一)悬架的功用和分类

1.悬架的功用

悬架是车架(或车身)与车桥(或车轮总成)之间一切传力连接装置的总称。悬架具有如下的功用:

(1)连接车架和车桥,把路面作用到车轮的各种力传给车架(或车身)。

(2)缓和冲击、衰减振动,使乘坐舒适,具有良好的平顺性。

(3)保证汽车具有良好的操纵稳定性。

2.悬架的分类

汽车悬架可分为两大类:非独立悬架和独立悬架(图3-102)。

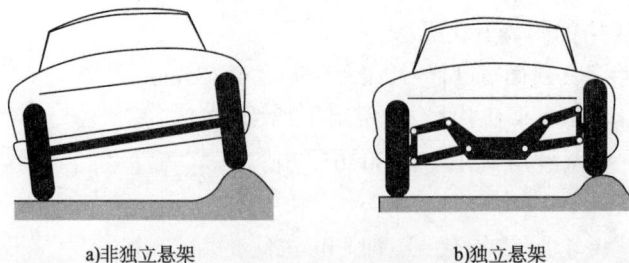

a)非独立悬架　　　　　　　　b)独立悬架

图3-102　非独立悬架与独立悬架的示意图

非独立悬架的特点是左右车轮安装在一根整体式车桥两端,车桥则通过悬架与车架相连。当一侧车轮发生位置变化后会导致另一侧车轮的位置也发生变化。

独立悬架的结构特点是车桥做成断开的,每一侧车轮单独通过悬架与车架(或车身)连接。与非独立悬架相比较,汽车采用独立悬架有以下优点:

(1)两侧车轮可以单独运动而互不影响,这样在不平道路上可减少车架或车身的振动,而且有助于消除转向轮不断偏摆的不良现象。

（2）减小了汽车的非簧载质量（即不由弹簧支承的质量）。在道路条件和车速相同时，非簧载质量越小，悬架受到的冲击载荷也就越小，因而采用独立悬架可以提高汽车的平均行驶速度。

（3）由于采用断开式车桥，发动机总成的位置可以降低和前移，使汽车重心下降，因而可提高汽车的行驶稳定性；同时由于给予了车轮较大的上下运动的空间，故可以将悬架刚度设计得较小，以降低车身振动频率，改善行驶平顺性。

（4）越野汽车全部车轮采用独立悬架还可保证汽车在不平道路上行驶时，所有车轮和路面有良好的接触，从而可增大牵引力；此外，可增大汽车的离地间隙，使汽车的通过性能大大提高。

由于具有以上优点，独立悬架被现代汽车广泛采用。但是，独立悬架结构复杂，制造成本高，保养维修不便，在一般情况下，车轮跳动时，由于车轮外倾角与轮距变化较大，轮胎磨损较严重。

（二）悬架的结构

现代汽车的悬架虽有不同的结构形式，但一般都由弹性元件、减振器、导向机构等组成，乘用车一般还有横向稳定器。悬架的组成如图 3-103 所示。

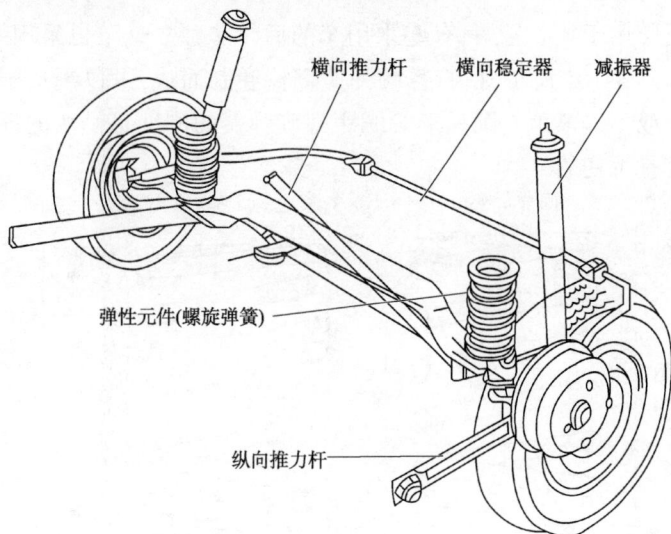

图 3-103　悬架的组成

弹性元件使车架（或车身）与车桥（或车轮总成）之间做弹性连接，可以缓和由于不平路面带来的冲击，并承受和传递垂直载荷。减振器可以衰减由于路面冲击产生的振动，使振动的振幅迅速减小。导向机构包括纵向推力杆和横向推力杆，用于传递纵向载荷和横向载荷，并保证车轮相对于车架（或车身）的运动关系。横向稳定器可以防止车身在转向等情况下发生过大的横向倾斜。

1. 弹性元件

汽车上常用的弹性元件包括钢板弹簧、螺旋弹簧、扭杆弹簧和气体弹簧等。

1）钢板弹簧

钢板弹簧也称叶片弹簧，其结构如图 3-104 所示，在车桥靠近车架（或车身）时靠钢板弹簧的弹性变形来起缓冲作用,并在车桥靠近和离开车架(或车身)的整个过程中,通过各片相互之间的滑动摩擦,部分衰减路面的冲击作用。

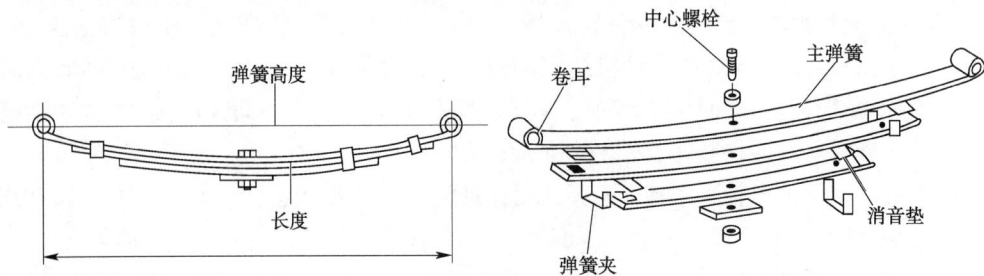

图3-104　钢板弹簧的结构

　　一副钢板弹簧通常由很多曲率半径不同、长度不等、宽度一样、厚度相等的弹簧钢板片叠成,在整体上近似等强度的弹性梁。第一片最长的钢板弹簧,称为主片,其两端或一端弯成卷耳状。在钢板弹簧全长内装有2~4个钢板夹。钢板弹簧的中部通过"U"形螺栓和压板与车桥刚性固定,两端用销子铰接在车架的支架和吊耳上。

　　2)螺旋弹簧

　　螺旋弹簧广泛应用于独立悬架,有些乘用车的后轮非独立悬架也采用螺旋弹簧做弹性元件。螺旋弹簧如图3-105所示,由特殊的弹簧钢棒卷制而成,可以制成圆柱形或圆锥形,也可以制成等螺距或不等螺距。圆柱形等螺距螺旋弹簧的刚度是不变的,圆锥形或不等螺距螺旋弹簧的刚度是可变的。

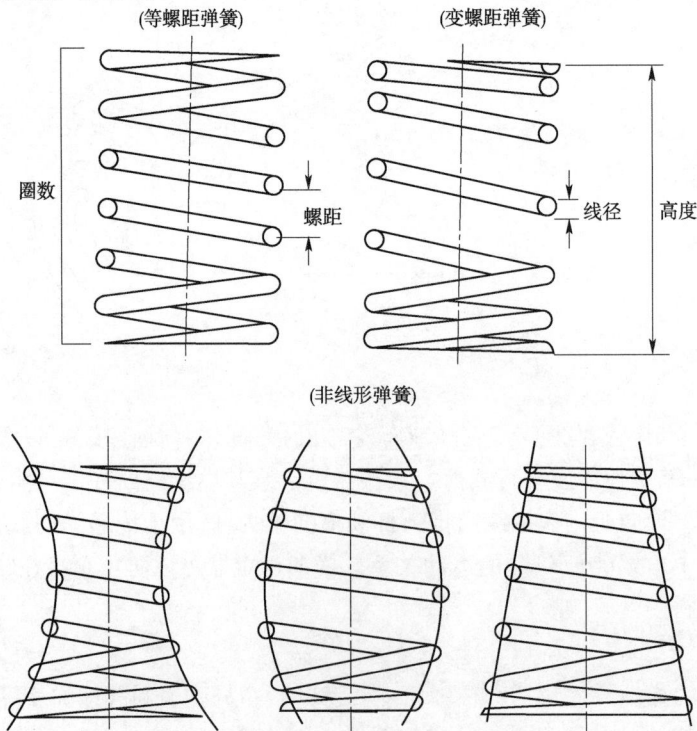

图3-105　螺旋弹簧

螺旋弹簧与钢板弹簧相比,无须润滑,防污能力强,质量小,单位质量的能量吸收率较高。但是,螺旋弹簧本身减振作用很差,因此在螺旋弹簧悬架中,必须另装减振器;螺旋弹簧只能承受垂直载荷,故必须加装导向装置,以传递垂直力以外的各种力和力矩。

3)扭杆弹簧

扭杆弹簧是一根由铬钒弹簧钢制成的扭杆,如图 3-106 所示。扭杆一端固定在车架上,另一端固定在悬架的摆臂上,摆臂则与车轮相连。当车轮跳动时,摆臂便绕着扭杆轴线而摆动,使扭杆产生扭转导致弹性变形,以保证车轮与车架的弹性联系。

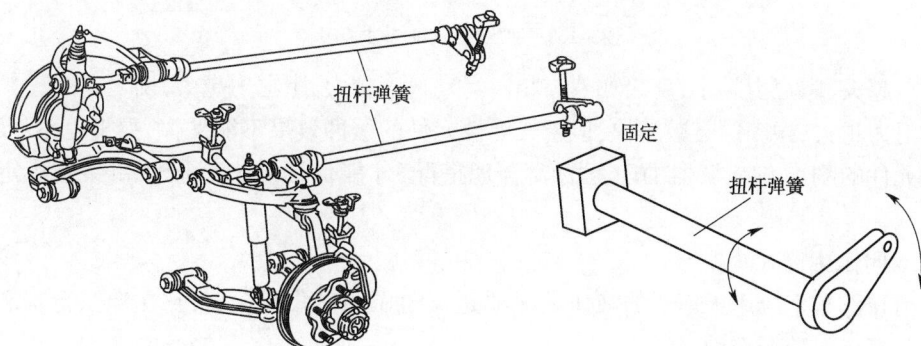

图 3-106　扭杆弹簧示意图

扭杆弹簧在制造时,经热处理后预先施加一定的扭转力矩,使之产生一个永久的扭转变形,从而使其具有一定的预应力。左、右扭杆的预加扭转的方向都与扭杆安装在车上后承受工作载荷时扭转的方向相同,目的是减少工作时的实际应力,以延长使用寿命。如果左、右扭杆换位安装,则将导致扭杆弹簧的实际工作应力加大,使用寿命缩短。因此,左右扭杆弹簧刻有不同的标记,不可互换。

2.减振器

1)减振器的功用及原理

减振器的功用是迅速衰减由车轮通过悬架弹簧传给车身的冲击和振动,提高汽车行驶的平顺性能。减振器在汽车悬架中是与弹性元件并联安装的(图 3-107)。

目前,汽车悬架系统中广泛采用液压减振器,其基本原理如图 3-108 所示。当车架与车桥作往复的相对运动而使活塞在缸筒内往复移动时,减振器壳体内的油液便反复地从一个内腔通过一些窄小的孔隙流入另一个内腔,此时孔壁与油液间的摩擦及液体分子内的摩擦便形成对振动的阻尼力,使车身和车架的振动能量转化为热能被油液和减振器壳体所吸收,然后扩散到大气中。减振器阻尼力的大小随车架与车桥(或车轮)间相对速度的变化而增减,并且与油液的黏度有关。

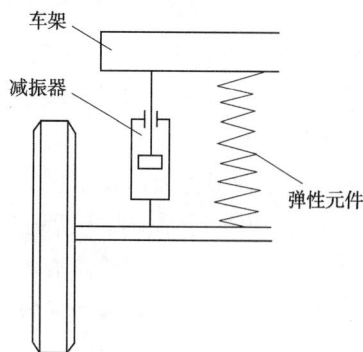

图 3-107　减振器和弹性元件的安装示意图

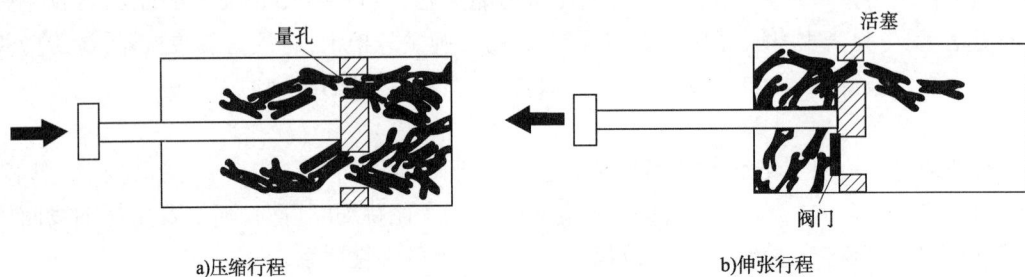

a)压缩行程   b)伸张行程

图 3-108　液压减振器的基本原理

阀门越大,阻尼力越小,反之亦然。相对运动速度越大,阻尼力越大,反之亦然。

阻尼力越大,振动的衰减越快,但悬架弹性元件的缓冲效果不能发挥,乘坐也不舒适,因此弹性元件的刚度与减振器的阻尼力要合理搭配,才能保证乘坐舒适性和操纵稳定性的要求。

2)双向作用筒式减振器

目前在汽车上应用最广泛的液压减振器是双向作用筒式减振器,它在伸张行程和压缩行程都具有阻尼减振作用。

双向作用筒式减振器的基本组成如图 3-109 所示,它有 3 个同心缸筒,外面的缸筒是防尘罩,其上部的吊耳与车架相连。中间是储油缸筒,内装有一定量的油液,其下端的吊耳与车桥相连,里面是工作缸筒,其内装满油液。它还有 4 个阀,即压缩阀、伸张阀、流通阀和补偿阀。流通阀和补偿阀是一般的单向阀,其弹簧很弱,当阀上的油压作用力与弹簧弹力同向时,阀处于关闭状态,完全不通油液;而当油压作用力与弹簧弹力反向时,只要很小的油压,阀便能开启。压缩阀和伸张阀是卸载阀,其弹簧刚度较大,预紧力较大,只有当油压增高到一定程度时,阀才能开启;而当油压减低到一定程度时,阀即自行关闭。

双向作用筒式减振器的工作原理可用压缩和伸张两个行程加以说明。

(1)压缩行程。当车桥移近车架(或车身)时,减振器受压缩,活塞下移,使其下腔室容积减小,油压升高。具有一定压力的油液顶开流通阀进入活塞上腔室。由于活塞杆占去上腔室的部分容积,使上腔室增加的容积小于下腔室减小的容积,因此还有一部分油液不能进入上腔室而只能压开压缩阀,流回储油缸筒。油液流经上述阀孔时,受到一定的节流阻力,为克服这种阻力而消耗了振动能量,使振动衰减。

(2)伸张行程。当车桥相对远离车架(或车身)时,减振器受拉伸,活塞上移,使其上腔室油压升高。上腔室的油液便推开伸张阀流入下腔室。同样由于活塞杆的存在,上腔室减小的容积小于下腔室增加的容积,因而从上腔室流出来油液不足以充满下腔室所增加的容积,使下腔室产生一定的真空,这时储油缸筒中的油液在真空作用下推开补偿阀流进下腔室进行补充。

从上面的原理可以得知,这种减振器在压缩、伸张两个行程都能起减振作用,因此称为双向作用减振器。

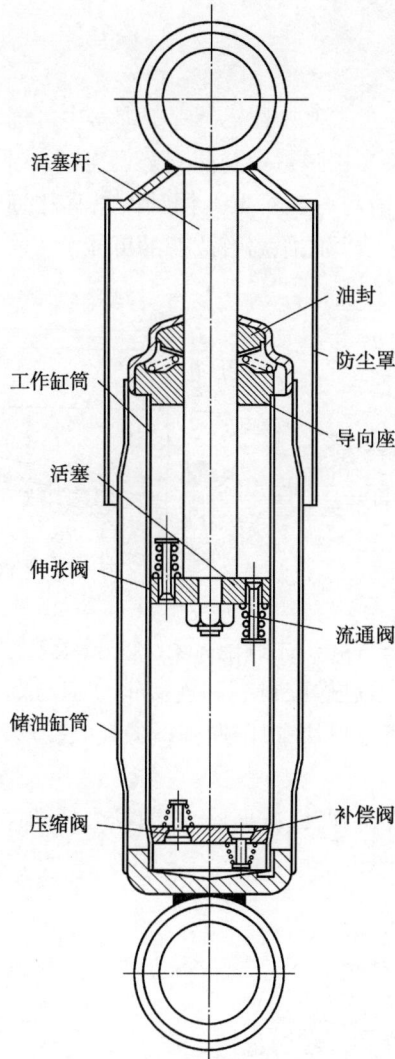

3-109 双向作用筒式减振器的基本组成

3. 横向稳定器

横向稳定器如图 3-110 所示。横向稳定器利用扭杆弹簧原理,将左右车轮通过横向稳定杆连接起来。在车身倾斜时,横向稳定杆两边的纵向部分向不同方向偏转,于是横向稳定杆便被扭转。弹性的横向稳定杆产生的扭转力矩就阻碍了悬架弹簧的变形,从而减少车身的横向倾斜。

(三)非独立悬架

非独立悬架结构简单,工作可靠,一般货车的前后悬架和一些乘用车的后悬架中采用这一结构类型。

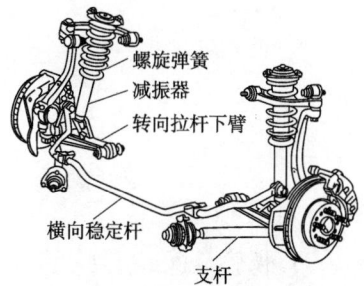

图 3-110 横向稳定器

按照采用弹性元件的不同,非独立悬架可以分为钢板弹簧式非独立悬架和螺旋弹簧式非独立悬架。

1. 钢板弹簧非独立悬架

图3-111所示为钢板弹簧式非独立悬架。钢板弹簧中部通过U形螺栓(骑马螺栓)固定在前桥上。钢板弹簧的前端卷耳用弹簧销与前支架相连,形成固定式铰链支点,起传力和导向作用;而后端卷耳则用吊耳销与可在车架上摆动的吊耳相连,形成摆动式铰链支点,从而保证了弹簧变形时两卷耳中心线间的距离有改变的可能。

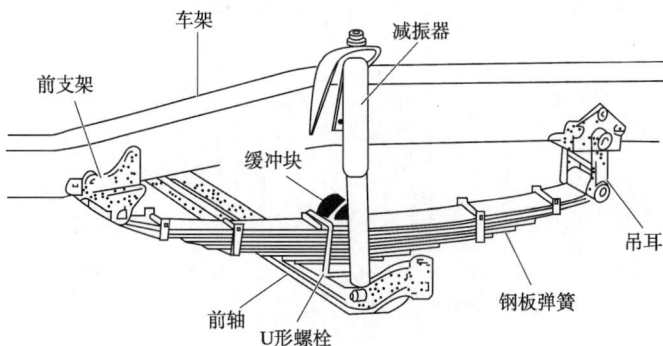

图3-111　钢板弹簧式非独立悬架

减振器的上、下两个吊环通过橡胶衬套和连接销分别与车架上的上支架和车桥上的下支架相连接。盖板上装有橡胶缓冲块,以限制弹簧的最大变形,并防止弹簧直接碰撞车架。

2. 螺旋弹簧非独立悬架

螺旋弹簧非独立悬架由螺旋弹簧、减振器、纵向推力杆和横向推力杆等组成,如图3-112所示,一般只用于乘用车的后悬架。

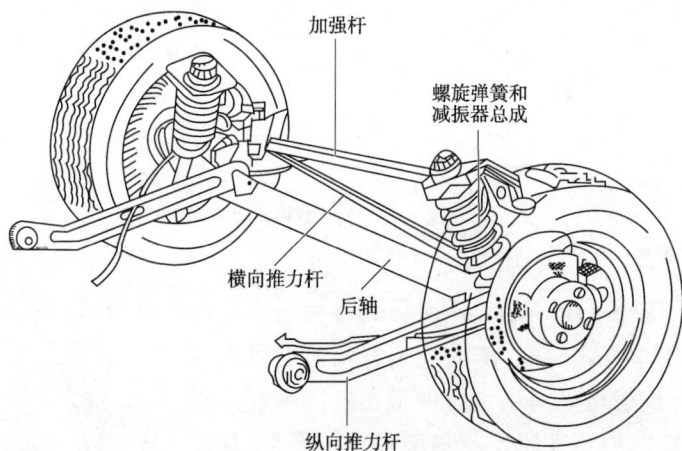

图3-112　螺旋弹簧非独立悬架

(四)独立悬架

1. 横臂式独立悬架

横臂式独立悬架分为单横臂式和双横臂式两种,目前单横臂式独立悬架应用较少。

双横臂式独立悬架的两个横摆臂有等长的和不等长的,如图3-113所示。摆臂等长的独立悬架当车轮上下跳动时,虽然车轮平面不倾斜、主销轴线的方向也不发生变化,但轮距发生较大的变化,这将引起车轮的侧滑和轮胎的磨损。而摆臂不等长的独立悬架当车轮上下跳动时,虽然车轮平面、主销轴线、轮距都发生变化,但如果选择长度比例合适,可使车轮和主销的角度及轮距变化不大,这种独立悬架被广泛用在乘用车前轮上。图3-114所示为奥迪乘用车不等长双横臂式螺旋弹簧独立悬架。

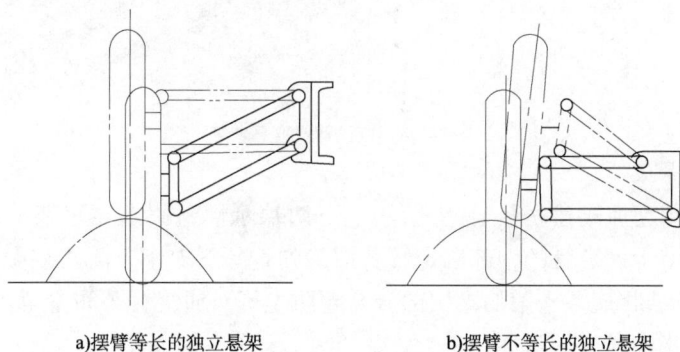

a)摆臂等长的独立悬架   b)摆臂不等长的独立悬架

图3-113 双横臂式独立悬架示意图

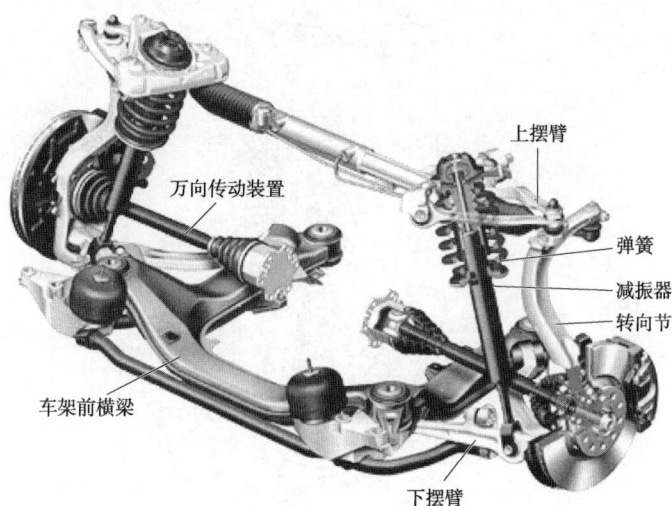

图3-114 不等长双横臂式独立悬架

2. 纵臂式独立悬架

纵臂式独立悬架也分为单纵臂式和双纵臂式两种。

单纵臂式独立悬架如果用于前轮,车轮上下跳动时会使主销后倾角变化很大,所以单纵臂式独立悬架都用于后轮。

双纵臂式独立悬架的两纵摆臂一般长度相等,形成平行四连杆机构,如图3-115所示。这种悬架当车轮上下跳动时,车轮外倾角、轮距和主销后倾角都不发生变化,所以适用于前轮。

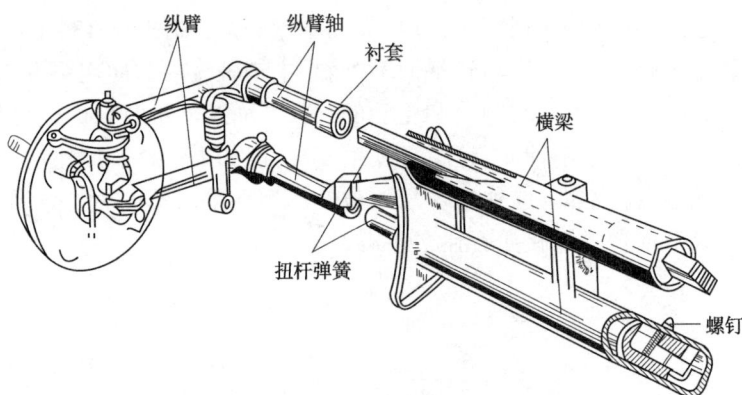

图 3-115 双纵臂式独立悬架

3.烛式独立悬架

图 3-116 所示为烛式独立悬架,主销的上下两端刚性地固定在车架上。套在主销上的套管固定在转向节上。套管的中部固定装着螺旋弹簧的下支座。筒式减振器的下端与转向节相连,上端与车架相连。悬架的摩擦部分套着防尘罩。通气管与防尘罩内腔相通,以免罩中空气被密封而影响悬架的弹性。

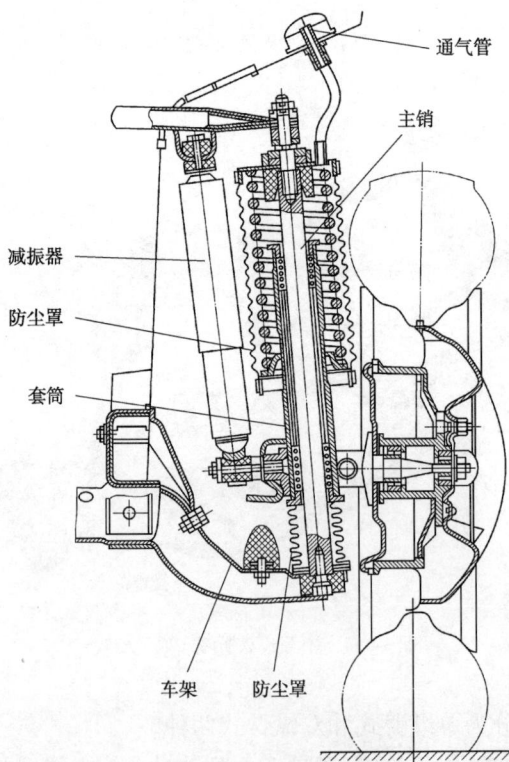

图 3-116 烛式独立悬架

烛式独立悬架的优点是当悬架变形时,主销的定位角不会发生变化,仅轮距、轴距稍有改变;有利于汽车的转向操纵性和行驶稳定性。缺点是侧向力全部由套筒和主销承受,两者间的摩擦阻力大,磨损严重。因此,这种结构形式目前很少采用。

4. 麦弗逊式独立悬架

麦弗逊式悬架是目前乘用车和某些轻型客车应用比较普遍的悬架结构形式。如图3-117所示,筒式减振器为滑动立柱,横摆臂的内端通过铰链与车身相连,外端通过球铰链与转向节相连。减振器的上端与车身相连,减振器的下端与转向节相连,车轮所受的侧向力大部分由横摆臂承受,其余部分由减振器活塞和活塞杆承受。筒式减振器上铰链的中心与横摆臂外端球铰链中心的连线为主销轴线,此结构为无主销结构。当车轮上下跳动时,减振器下支点随前悬架摇臂摆动,故主销轴线角度是变化的,这说明车轮是沿着摆动的主销轴线而运动。

烛式独立悬架和麦弗逊式独立悬架都属于车轮沿主销移动的独立悬架,烛式独立悬架的车轮沿固定不动的主销移动,麦弗逊式独立悬架的车轮沿摆动的主销轴线移动。

5. 多连杆式独立悬架

独立悬架中多采用螺旋弹簧,因而对于侧向力、垂直力以及纵向力需增设导向装置,即采用杆件来承受和传递这些力,因而一些乘用车上为减轻车重和简化结构采用多连杆式悬架,如图3-118所示。上连杆用上连杆支架与车身(或车架)相连,上连杆外端与第三连杆相连。上连杆的两端都装有橡胶隔振套。第三连杆的下端通过重型止推轴承与转向节连接。下连杆与普通的下摆臂相同,其内端通过橡胶隔振套与前横梁相连接,球铰将下连杆的外端与转向节相连。多杆前悬架系统的主销轴线从下球铰延伸到上面的轴承,它与上连杆和第三连杆无关。

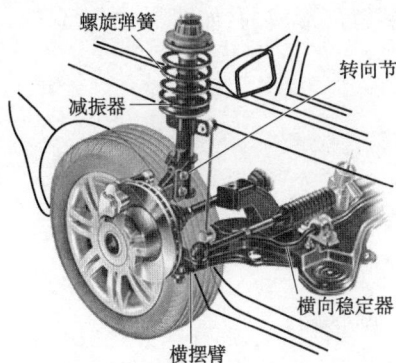

图 3-117　麦弗逊式独立悬架

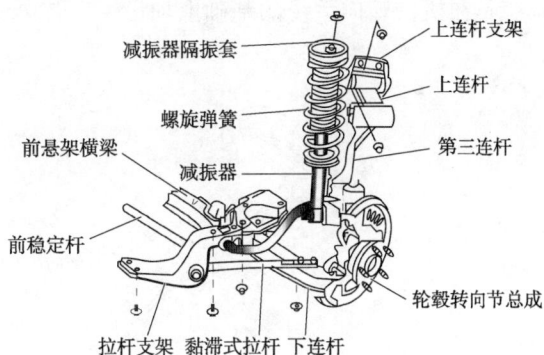

图 3-118　多连杆前悬架系统

第三节 转向系统

一、转向系统概述

1. 转向系统的功用

转向系统是指由驾驶人操纵,能实现转向轮偏转和复位的一套机构。转向系统的功用是按照驾驶人的意愿改变汽车的行驶方向和保持汽车稳定地直线行驶。

2. 转向系统的分类及基本组成

汽车转向系统按转向动力源的不同,可分为机械转向系统和动力转向系统两大类。

机械转向系统以驾驶人的体力作转向动力源,系统的所有传动件都是机械的,如图 3-119所示。

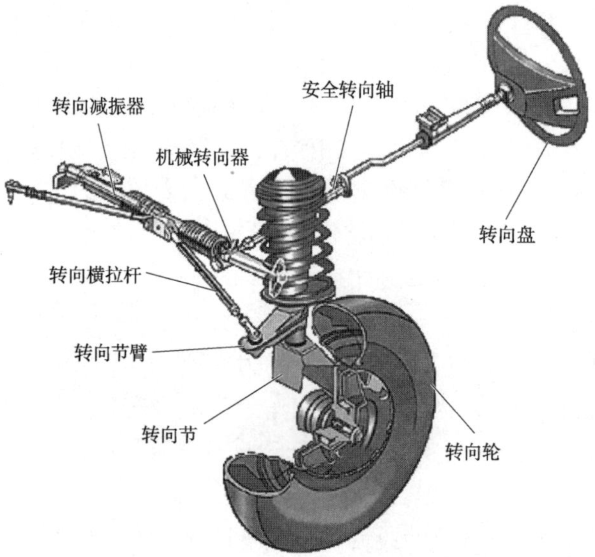

图 3-119　机械转向系统的组成

动力转向系统是兼用驾驶人的体力和发动机的动力作为转向能源的转向系统。动力转向系统是在机械转向系统的基础上加设一套转向助力装置而形成的,如图 3-120 所示。

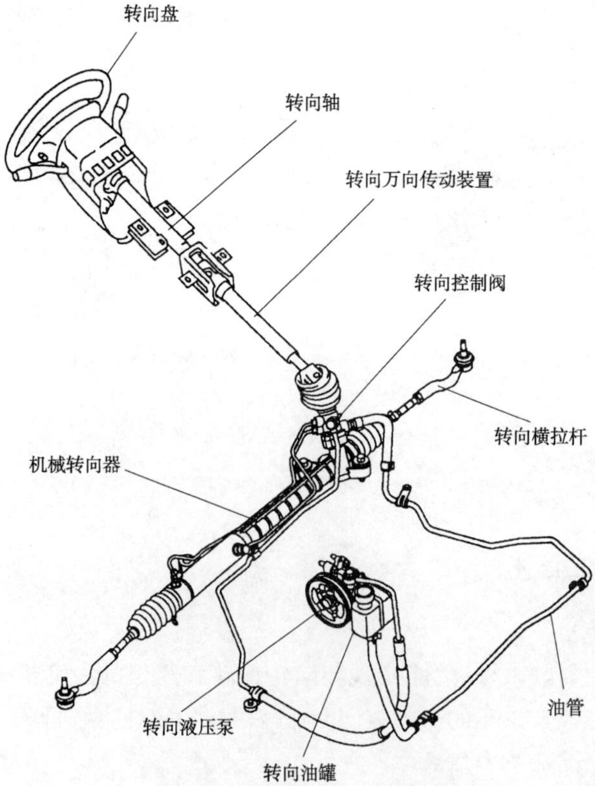

图 3-120　动力转向系统的组成

3. 转向理论

1）转向系统角传动比

转向系统角传动比是指转向盘的转角与转向盘同侧的转向轮偏转角的比值,一般用 i_w 表示。转向系统角传动比是转向器角传动比 i_1 和转向传动机构角传动比 i_2 的乘积。转向器角传动比是转向盘转角和转向摇臂摆角之比。转向传动机构角传动比是转向摇臂摆角与同侧转向轮偏转角之比。

2）转向盘的自由行程

转向盘的自由行程是指转向盘在空转阶段的角行程,这主要是由于转向系统各传动件之间的装配间隙和弹性变形所引起的。由于转向系统各传动件之间都存在着装配间隙,而且这些间隙将随零件的磨损而增大,因此在一定的范围内转动转向盘时,转向节并不马上同步转动,而是在消除这些间隙并克服机件的弹性变形后,才作相应的转动,即转向盘有一空转过程。

转向盘自由行程对于缓和路面冲击及避免驾驶人过于紧张是有利的,但过大的转向盘自由行程会影响转向灵敏性。

3）转向时车轮运动规律

汽车转向时,内侧车轮和外侧车轮滚过的距离是不等的。为保证转向过程中车轮作纯滚动,要求所有车轮的轴线都交于一点方能实现。此交点 O 称为汽车的转向中心,如图 3-121 所示。汽车转向时内侧转向轮偏转角 β 大于外侧转向轮偏转角 α。α 与 β 的关系是:

$$\cot\alpha = \cot\beta + \frac{B}{L}$$

式中:B——两侧主销中心距(可近似认为是转向轮轮距);

　　　L——汽车轴距。

从转向中心 O 到外侧转向轮与地面接触点的距离 R 称为汽车转弯半径。转弯半径 R 愈小,则汽车转向所需要场地就愈小,汽车的机动性也愈好。当外侧转向轮偏转角达到最大值 α_{max} 时,转弯半径 R 最小。

4）转向特性

驾驶人将转向盘转过一定角度后固定,保持汽车以某一稳定车速开始转向,可能出现以下几种转向特性,如图 3-122 所示。

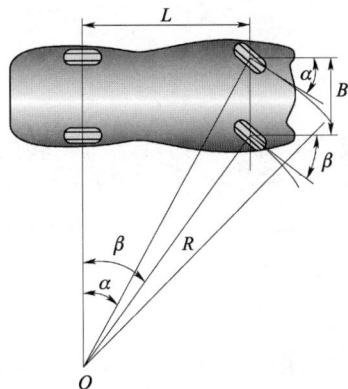

图 3-121　汽车转向示意图　　　　图 3-122　汽车转向特性

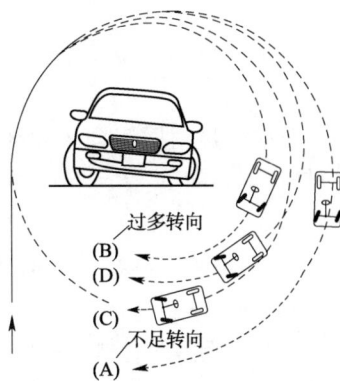

（1）不足转向：偏离圆周轨迹向外动力，且转弯半径越来越大。

（2）过多转向：偏离圆周轨迹向内运动，且转弯半径越来越小。

（3）中性转向：沿着圆周轨迹运动。

（4）交变转向：最初偏离轨迹向外运动，过一段时间后突然开始向内运动。

对于不足转向，汽车转弯半径越来越大，这种运动状态和人的运动感觉一致。对于过多转向，转弯半径越来越小，这和人的运动感觉不一致，转弯时驾驶人重心向内倾斜，使驾驶人难以往回打转向盘。因此除了特殊的赛车，一般都将汽车设计成具有轻微的不足转向特性。交变转向特性只极少地应用于后置发动机的汽车上。

二、机械转向系统

汽车机械转向系统由转向操纵机构、机械转向器和转向传动机构三大部分组成。

1. 机械转向器

转向器是转向系统中的降速增矩的装置，其功用是增大由转向盘传到转向节的力，并改变力的传动方向。

常见的机械转向器为齿轮齿条式机械转向器和循环球式机械转向器。

1）齿轮齿条式转向器

齿轮齿条式转向器分两端输出式和中间（或单端）输出式两种结构形式，如图3-123所示。齿轮齿条式转向器采用一级传动副，主动件是转向齿轮，从动件是转向齿条。

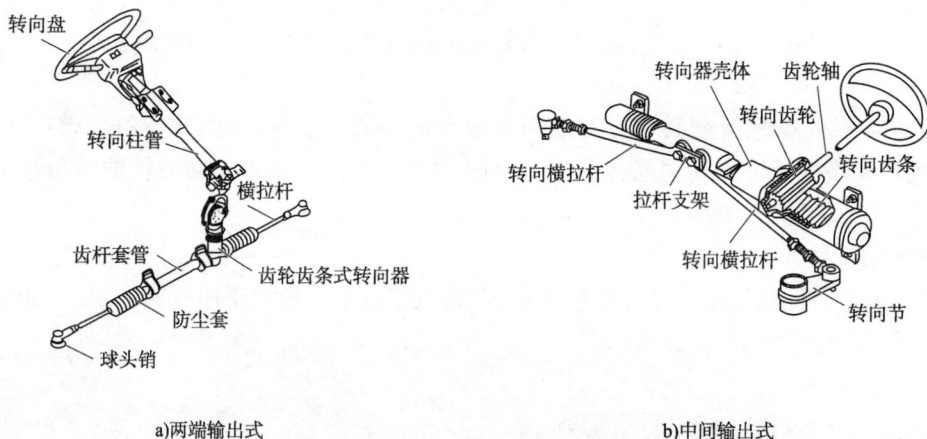

a)两端输出式　　　　　　　　　b)中间输出式

图3-123　齿轮齿条式转向器的结构

齿轮齿条式转向器是利用转向齿轮顺时针或逆时针方向的转动带动转向齿条左右移动，再通过横拉杆推动转向节，达到转向的目的，如图3-124所示。

齿轮齿条式转向器结构简单，可靠性好，便于独立悬架的布置；同时，由于转向齿轮和转向齿条直接啮合，转向灵敏、轻便，在各类型汽车上的应用越来越多。

2）循环球式转向器

循环球式转向器由侧盖、底盖、壳体、钢球、带齿扇的摇臂轴、圆锥轴承、制有齿形的螺母、转向螺杆等组成，如图3-125所示。

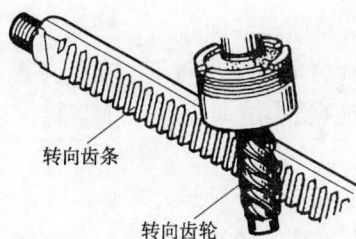

图 3-124　齿轮齿条传动原理

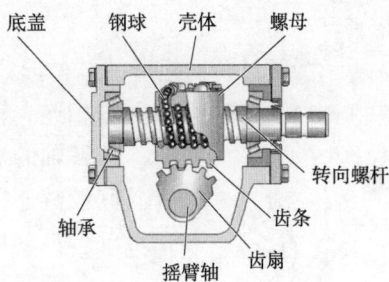

图 3-125　循环球式转向器

循环球式转向器采有两级传动副,第一级是转向螺杆与螺母,第二级是齿条与齿扇。

循环球式转向器工作时,转向螺杆转动,在摩擦力的作用下,所有钢球在螺母与转向螺杆之间形成"球流",并推动齿形螺母沿转向螺杆轴线前后移动,然后通过齿条带动齿扇摆动,并使摇臂轴旋转,带动摇臂摆动,最后由传动机构传至转向轮,使转向轮偏转以实现转向。

循环球式转向器的最大优点是传动效率高、操纵轻便、且工作可靠、使用寿命长。其主要缺点是结构复杂、制造精度要求高。

2. 转向操纵机构

汽车转向操纵机构主要由转向盘、转向轴、转向柱管等组成,如图 3-126 所示。它的功用是产生转动转向器所必需的操纵力,并具有一定的调节和安全性能。转向轴是连接转向盘和转向器的传动件,并传递它们之间的转矩。转向柱管安装在车身上,转向轴从转向柱管中穿过,支承在柱管内的轴承和衬套上。转向盘利用键和螺母将其固定在转向轴的轴端。

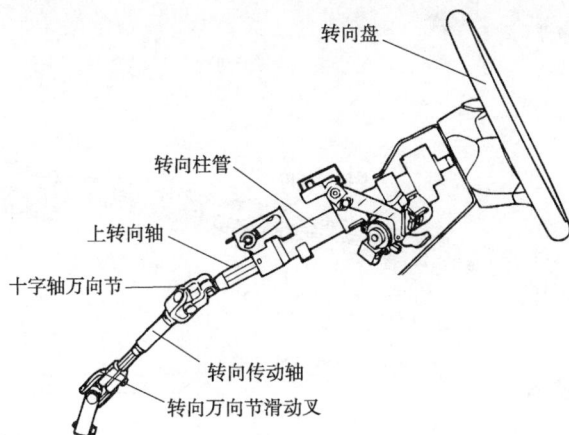

图 3-126　转向操纵机构

乘用车的转向操纵机构要求转向柱管必须装备能够缓和冲击的吸能装置。转向轴和转向柱管吸能装置的基本工作原理是:当转向轴受到巨大冲击而产生轴向位移时,通过转向柱管或支架产生塑性变形、转向轴产生错位等方式,吸收冲击能量。

3. 转向传动机构

转向传动机构的功用是将转向器输出的力和运动传给转向轮,使两侧转向轮偏转以实现汽车转向,并保证左右转向轮的偏转角按一定关系变化。

1)转向摇臂

图 3-127 所示为常见转向摇臂的结构形式。循环球式转向器通过转向摇臂与转向直拉杆相连。转向摇臂的大端用锥形三角细花键与转向器中摇臂轴的外端连接,小端通过球头销与转向直拉杆作空间铰链连接。

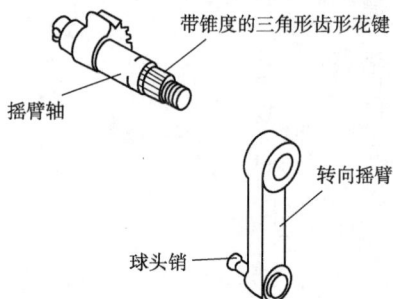

图 3-127　转向摇臂

2)转向直拉杆

转向直拉杆(图 3-128)是连接转向摇臂和转向节臂的杆件,具有传力和缓冲作用。在转向轮偏转且因悬架弹性变形而相对于车架跳动时,转向直拉杆与转向摇臂及转向节臂的相对运动都是空间运动,为了不发生运动干涉,三者之间的连接件都是球形铰链。

3)转向横拉杆

转向横拉杆由横拉杆体和两个旋装在两端的拉杆接头组成,如图 3-129 所示。其特点是长度可调,通过调整横拉杆的长度,可以调整前轮前束。

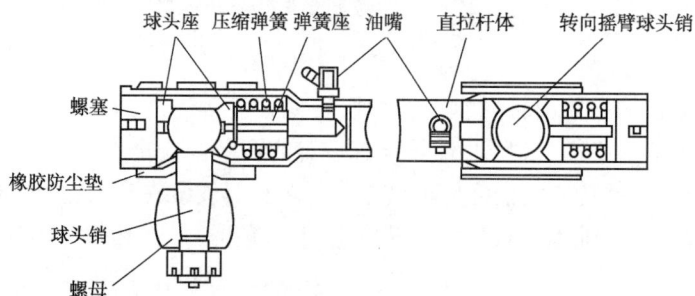

图 3-128　转向直拉杆

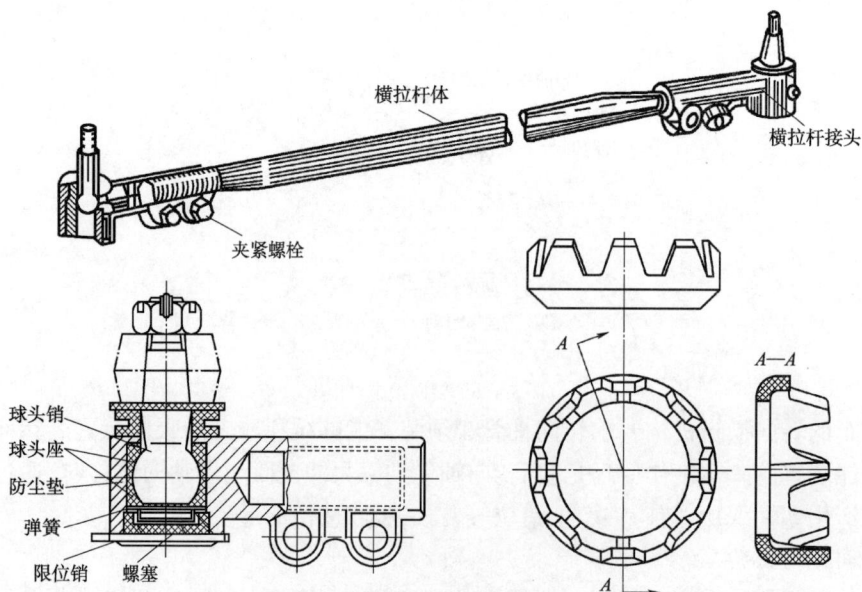

图 3-129　转向横拉杆

图 3-130 所示为断开式转向桥的横拉杆。转向器齿条的两端制有内螺纹。转向横拉杆的内端装有带螺纹的球头,并将其旋入齿条中。横拉杆的外端也通过螺纹与横拉杆接头连接,并用螺母锁紧。横拉杆接头外端通过球头销与转向节连接。松开锁紧螺母,转动转向横拉杆(左右两侧横拉杆的转动量应相同)可以调整前轮前束。

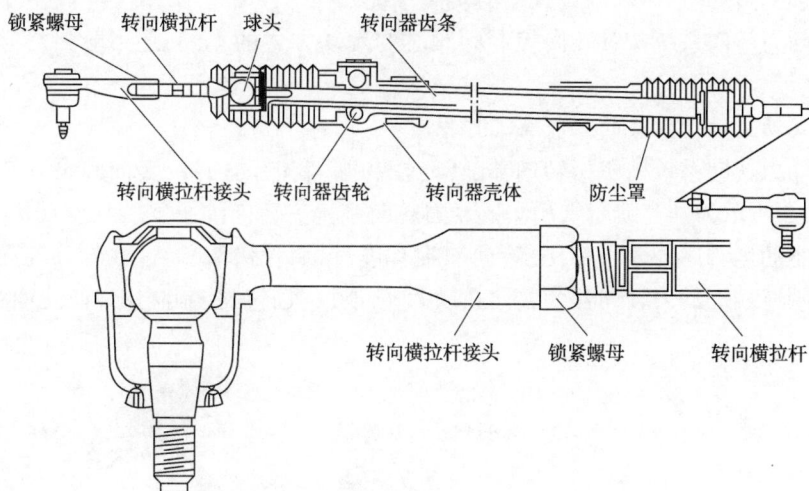

图 3-130 断开式转向桥的横拉杆

4)转向减振器

为了衰减由于道路不平而传递给转向盘的冲击、振动,防止转向盘"打手",稳定汽车行驶方向,许多乘用车装有转向减振器。转向减振器一端与车身(或前桥)铰接,另一端与转向直拉杆(或转向器)铰接。转向减振器的结构如图 3-131 所示,其工作原理与悬架中的减振器相类似。

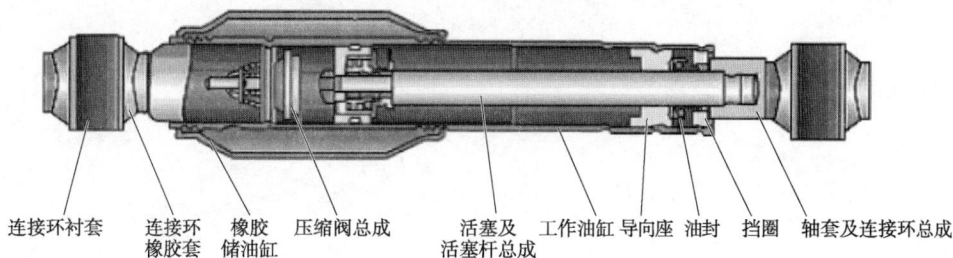

图 3-131 转向减振器的结构

三、液压动力转向系统

为了减轻驾驶人的疲劳强度,改善转向系统的技术性能,目前很多汽车都采用了动力转向系统。采用动力转向的汽车转向时,所需的能量在正常情况下,只有小部分是驾驶人提供的体能,而大部分是发动机驱动转向油泵旋转,将发动机输出的部分机械能转化为压力能。并在驾驶人控制下,对转向传动装置或转向器中某一传动件施加不同方向的随动渐进压力,从而实现转向。

1. 动力转向系统的分类

动力转向系统按传能介质的不同,可以分为气压式和液压式两种。

液压式动力转向系统按液流形式的不同,可分为常压式和常流式两种。

根据转向加力系统的零部件布置和连接组合方式的不同,可以分为整体式动力转向系统、半整体式动力转向系统和组合式动力转向系统三种。

液压式动力转向系统按其转向控制阀阀芯的运动方式的不同,还可分为滑阀式和转阀式两种形式。

2. 液压式动力转向系统的组成及工作原理

液压式动力转向系统由机械转向器、转向控制阀、转向动力缸、转向油泵和转向油罐等组成,图3-132所示为别克凯越乘用车的动力转向系统。转向油泵安装在发动机上,由曲轴通过传动带驱动运转向外输出油压,转向油罐有进、出油管接头,通过油管分别和转向油泵和转向控制阀连接。动力转向器为整体式动力转向器,其转向控制阀用以改变油路。

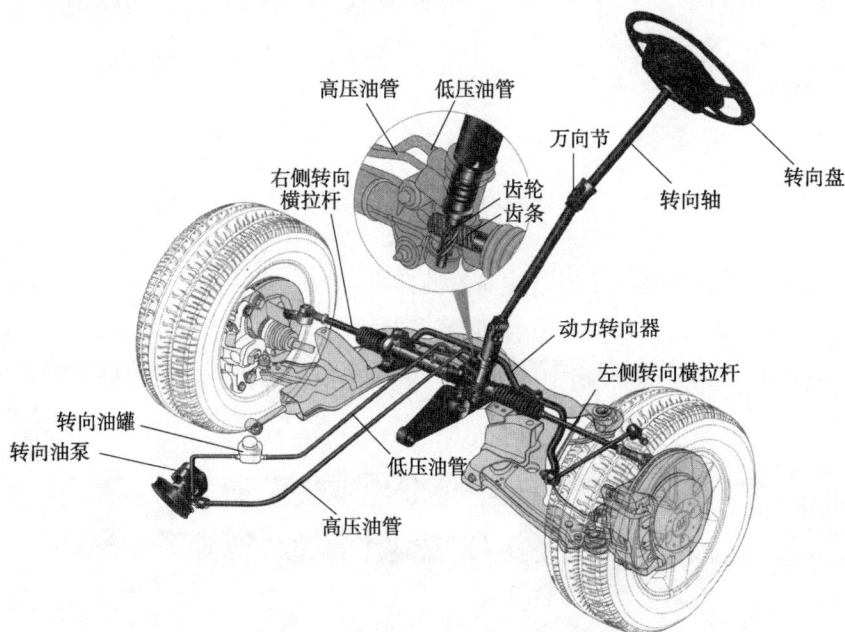

图3-132　别克凯越乘用车液压动力转向系统

1) 转向控制阀

液压常流转阀式转向控制阀的结构如图3-133所示。转向控制阀的转子安装在转向齿轮轴上,在其中间插入控制阀扭杆并固定。在转向齿轮上部有控制阀体,它和控制阀扭杆相连。控制阀体和转向油泵相通,且在其两端有与动力缸相通的阀门孔,由其所处位置决定是否向动力缸供油。转向盘转动时,根据控制阀扭杆的扭转量提供相应的油压辅助力。转向油泵的供油压力由转向控制阀控制。高压油经过控制阀内的空隙进入动力活塞两端,使活塞左右运动,带动转向齿条运动。

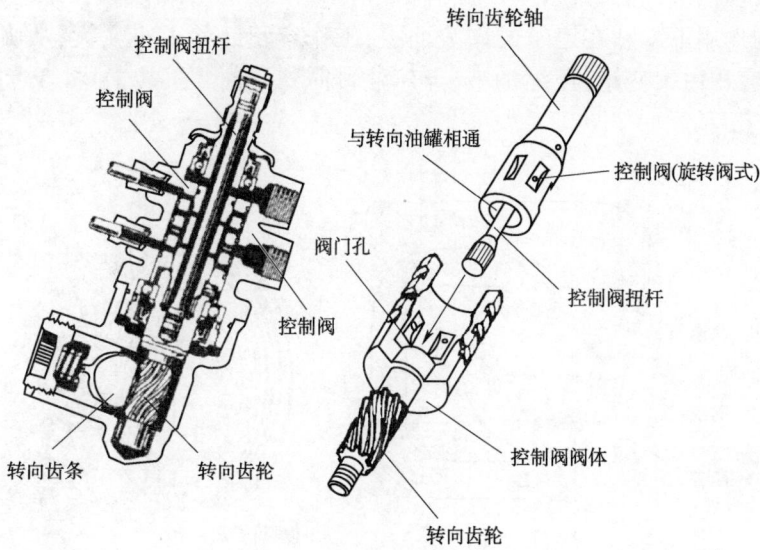

图 3-133　转向控制阀的结构

如图 3-134 所示,转向盘旋转时,带动控制阀扭杆旋转,使控制阀缸体旋转,阀门孔打开,开始供油。当转向盘转角很大时,控制阀扭杆转角大,进入动力缸的油液多,推动动力缸活塞运动,从而减轻转向操纵力。高速时,转向角转角小,进入动力缸的油液很少,转向操纵力大。当进入动力缸的油液流量很大时,过剩油液通过电磁阀流回转向油罐。当转向盘旋转停止时,阀门孔被关闭,动力缸活塞两端的油压相同。

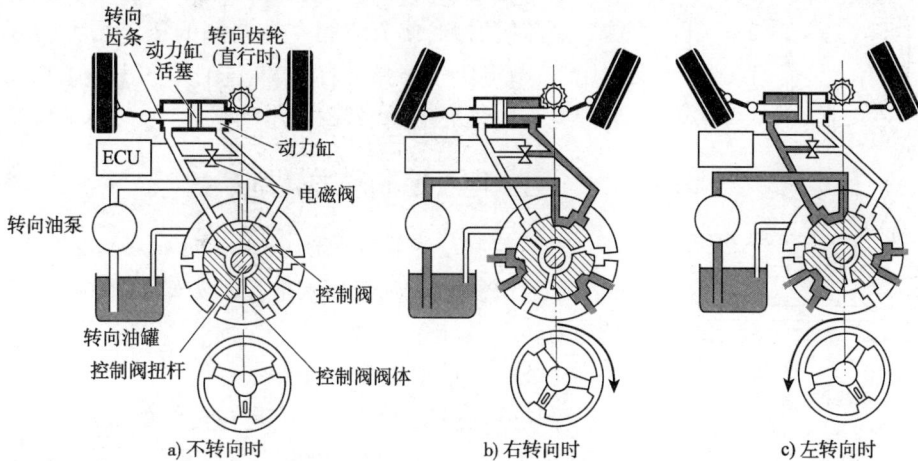

图 3-134　动力转向系统的工作原理

2) 转向油泵

转向油泵是动力转向系统的动力源,其功用是将发动机的机械能变为驱动转向动力缸工作的液压能,再由转向动力缸输出的转向力,驱动转向轮转向。

转向油泵的结构类型有多种,常见的有齿轮式、转子式和叶片式。目前最常用的是双作用叶片式转向油泵,其工作原理如图 3-135 所示。当发动机带动油泵顺时针旋转时,叶片在离心力的作用下紧贴在定子的内表面上,工作容积开始由小变大,从吸油口吸进油液,而后工作容积由大变小,压缩油液,经压油口向外供油。再转 180°,又完成一次吸压油过程。

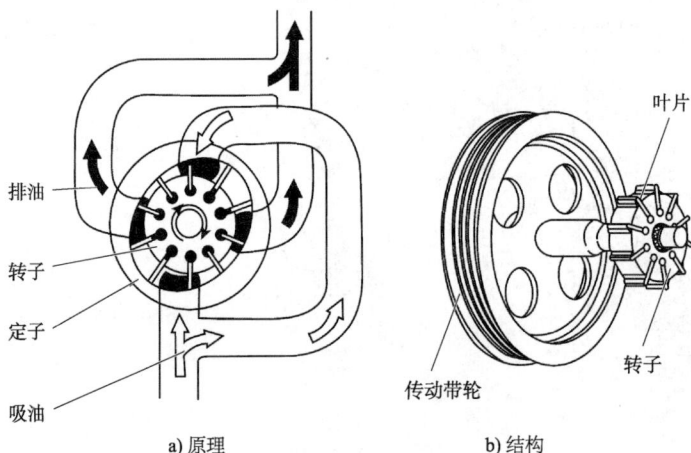

图 3-135　双作用叶片泵的结构及工作原理

转向油泵的转子是通过发动机驱动或电动机驱动的,工作时油压及流量的变化是通过安全阀和溢流阀来实现的,如图 3-136 所示。当输出压力过高时,这个压力传到溢流阀右侧,使安全阀左移开启,高压油流回进油腔,降低了输出油压。当输出油量过大时,节流孔处油液的流速很高,但该处的压力很小,此压力经横向油道传到溢流阀右侧,使节流阀左右两侧的压差增大,在压差的作用下,节流阀压缩弹簧右移,使进油道和出油道相同,部分油液在泵内循环流动,减少了出油量。

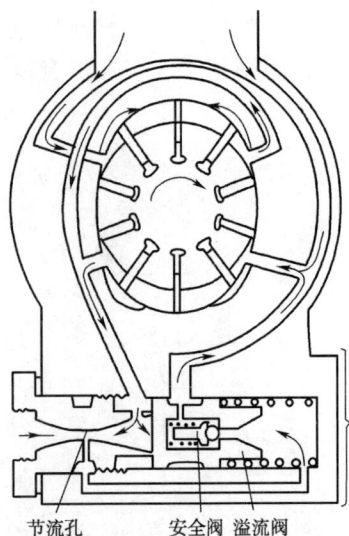

图 3-136　安全阀和溢流阀的作用原理

四、电子控制动力转向系统

电子控制动力转向系统(Electronic Control Power Steering,简称 EPS)可分为液压式电控动力转向系统和电动式电控动力转向系统等多种形式。

1. 液压式电控动力转向系统

液压式电控动力转向系统是在传统的液压动力转向系统的基础上增设了电子控制装置而构成的,根据控制方式的不同,可分为流量控制式、反力控制式和阀灵敏控制式三种形式。本部分仅介绍流量控制式电子控制动力转向系统。

1)基本组成

图 3-137 所示为流量控制式 EPS,它是在一般液压动力转向系统上再增加了旁通流量控制阀、车速传感器、转向角速度传感器、EPS 电子控制单元和 EPS 开关等部件。在转向油泵与转向器之间设有旁通管路,在旁通管路中又设有旁通流量控制阀。

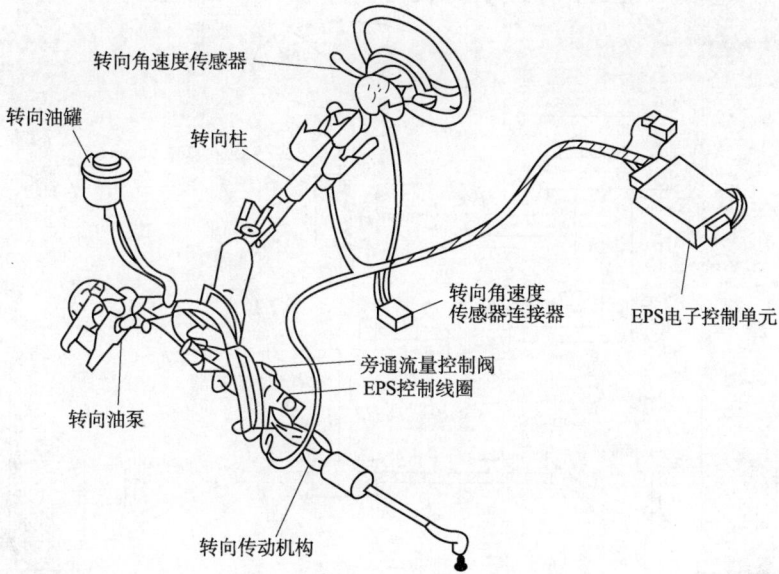

图 3-137　流量控制式 EPS

2)工作原理

图 3-138 所示为流量控制式 EPS 工作原理示意图。根据车速传感器、转向角速度传感器和 EPS 开关的信号,EPS 电子控制单元向旁通流量控制阀发出控制信号,控制旁通流量,从而调整向转向器供油的流量。当向转向器供油流量减少时,动力转向控制阀灵敏度下降,转向助力作用降低,转向力增加;反之,使转向力减小。

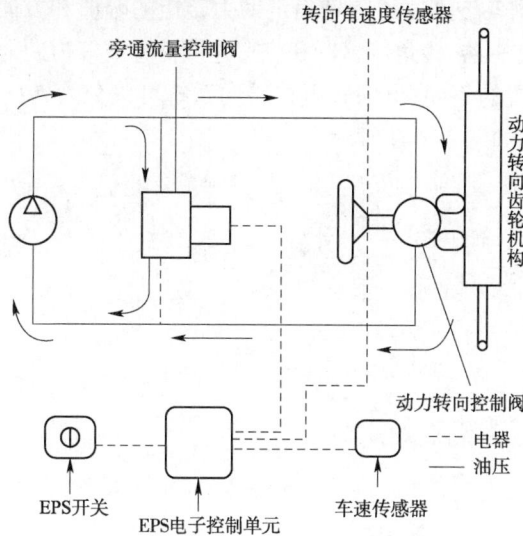

图 3-138　流量控制式 EPS 工作原理示意图

2.电动式电控动力转向系统

1)基本组成和工作原理

电动式电控动力转向系统的基本组成如图 3-139 所示,主要由转矩传感器、转角传感器、车速传感器、电动机、电磁离合器、减速机构、电子控制单元等组成。

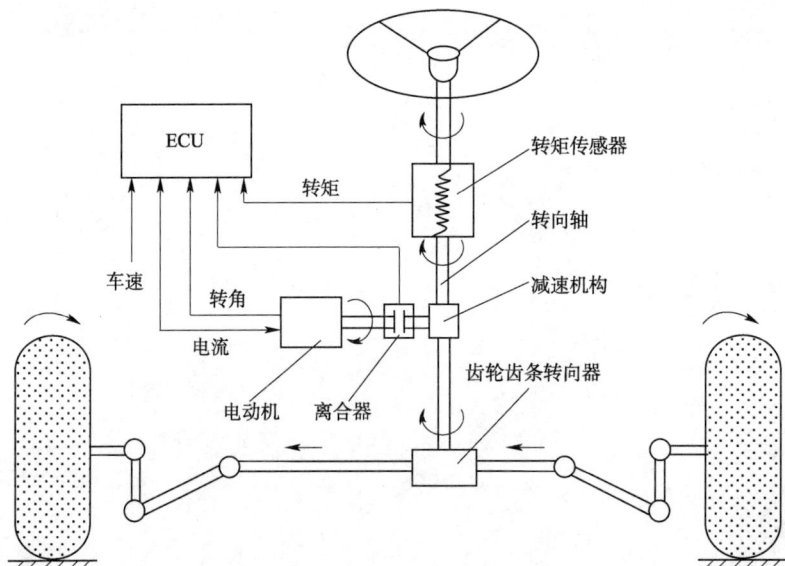

图 3-139 电动式电控动力转向系统的组成

电动式电控动力转向系统的基本原理是根据汽车行驶速度(车速传感器输出信号)、转矩及转向角信号,由 ECU 控制电动机及减速机构产生助力转矩,使汽车在低、中和高速下都能获得最佳的转向效果。

电动机连同电磁离合器和减速齿轮一起,通过一个橡胶底座安装在左车架上。电动机的输出转矩由减速齿轮增大,并通过万向节、转向器中的助力小齿轮把输出转矩送至齿条,向转向轮提供转矩。ECU 根据各传感器的信号确定助力转矩的幅值和方向,并且直接控制驱动电路去驱动电动机。转矩传感器、转角传感器和汽车速度传感器等为助力转矩的信号源。

根据电动机布置位置的不同,电动式电控转向系统可以分为转向轴助力式、齿轮助力式和齿条助力式 3 种类型,如图 3-140 所示。

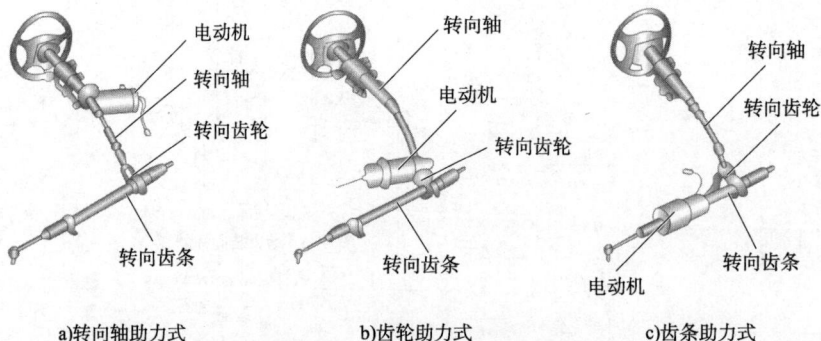

a)转向轴助力式   b)齿轮助力式   c)齿条助力式

图 3-140 电动动力转向系统的类型

2)大众车系电动式电控动力转向系统

装备于大众车系乘用车中的电动式电控动力转向系统又被称为电动机械转向助力系统,它具有许多优点:它可以协助驾驶人行车,并减轻身体和心理负担;同时,它仅在需要时进行工作,也就是说,只有当驾驶人需要转向助力时,它便会自动提供帮助。此系统的转向助力与车速、转向力矩和转向角等有关。

　　带双小齿轮的电动机械转向助力系统的结构如图 3-141 所示,它的部件主要包括:转向盘、带转向角度传感器的组合开关、转向柱、转向器、警告灯等。转向器由一个转向力矩传感器、一根扭转棒、一个转向小齿轮和一个驱动小齿轮、一个蜗轮传动装置,以及一个带转向辅助控制单元的电动机械转向助力器电动机组成。电动机械式转向助力系统的核心部件是一根齿条,它通过两个花键啮合在转向器中。

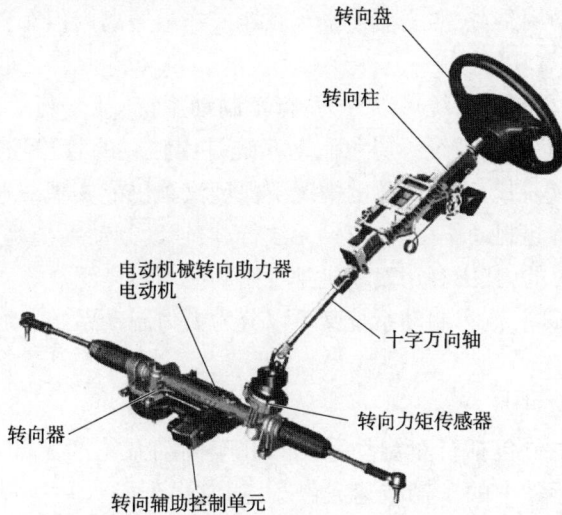

图 3-141　电动机械转向助力系统组成

　　如图 3-142 所示,在带双小齿轮的电动机械转向助力器上,需要的转向力是通过转向小齿轮和驱动小齿轮传送到齿条上。转向小齿轮负责传送驾驶人施加的转向力矩,驱动小齿轮则通过一只蜗轮传动装置,传送由电动机械转向助力器电动机提供的助力力矩。该电动机具有用于转向助力的控制单元和传感装置,并安装在第二只小齿轮上。这种结构可以使转向盘和齿条之间形成机械连接。所以,当电动机失灵时,可以确保车辆仍能够进行机械转向,但此时不具备转向助力的功能,转向时会感到很沉重。

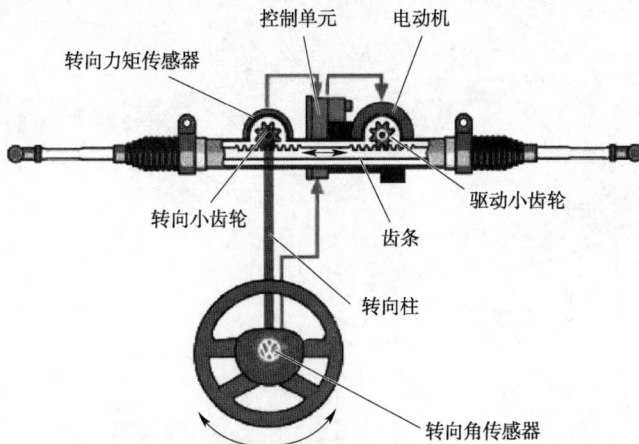

图 3-142　电动机械转向助力系统各零件的布置

第四节 制动系统

一、制动系统概述

1. 制动系统的功用及分类

汽车制动系统的功用是：按照需要使汽车减速或在最短离内停车；下坡行驶时保持车速稳定；使停驶的汽车可靠驻停。

按功能的不同，汽车制动系统可以分为：行车制动系统、驻车制动系统以及应急制动系统、安全制动系统和辅助制动系统。应急制动系统是用独立的管路控制车轮制动器作为备用系统，其作用是当行车制动系统失效的情况下保证汽车仍能实现减速或停车；安全制动系统是当制动气压不足时起制动作用，使车辆无法行驶；辅助制动系统是为了下长坡时减轻行车制动器的磨损而设置的，其中利用发动机排气制动应用最广泛。

按照制动能源的不同，汽车制动系统又可以分为人力制动系统、动力制动系统和伺服制动系统。

2. 制动系统的基本组成

汽车制动系统都主要包括行车制动系统和驻车制动系统两大部分，如图3-143所示。行车制动系统用于使行驶中的车辆减速或停车，通常由驾驶人用脚操纵，一般包含制动踏板、制动主缸、制动轮缸、制动管路、车轮制动器等；驻车制动系统用于使停驶的汽车驻留原地，通常由驾驶人用手操纵，一般包含驻车制动杆、拉索（或拉杆）、制动器。另外，较为完善的制动系统还包括制动力调节装置以及报警装置、压力保护装置等。

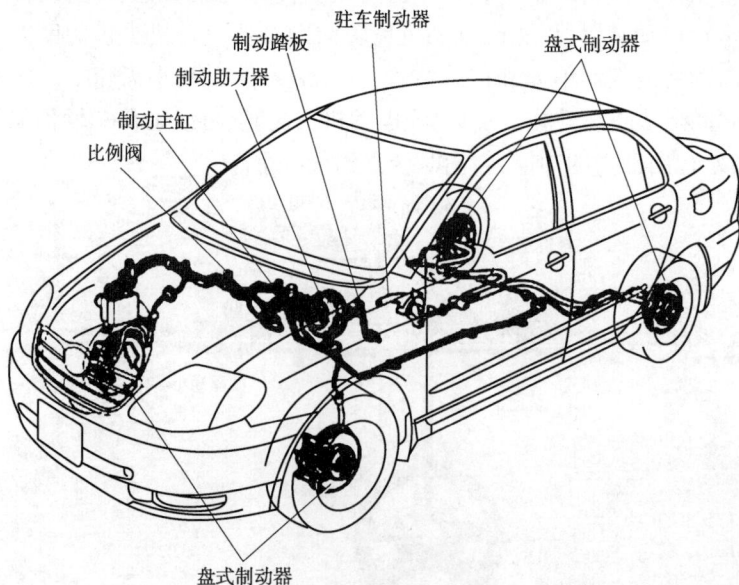

图3-143 制动系统的基本组成

汽车上设置有彼此独立的制动系统，它们起作用的时刻不同，但它们的组成却是相似

的,一般由以下 4 个组成部分:

(1)供能装置。包括供给、调节制动所需能量以及改善传能介质状态的各种部件。如气压制动系统中的空气压缩机、液压制动系统中人的肌体。

(2)控制装置。包括产生制动动作和控制制动效果的各种部件,如制动踏板等。

(3)传动装置。将驾驶人或其他动力源的作用力传到制动器,同时控制制动器的工作,从而获得所需的制动力矩。包括将制动能量传输到制动器的各个部件,如制动主缸、制动轮缸等。

(4)制动器。产生阻碍车辆的运动或运动趋势的力的部件。

3. 制动系统的工作原理

行车制动系统的基本结构如图 3-144 所示,其作用原理是将汽车的动能通过摩擦转换成热能,并散发到大气中。制动时,踩下制动踏板,制动主缸向各制动轮缸供油,活塞在油压的作用下把摩擦材料压向制动盘实现制动。

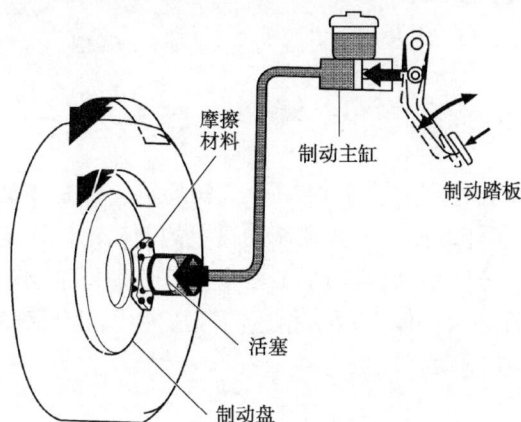

图 3-144 制动系统的基本结构及作用原理

二、车轮制动器

车轮制动器由旋转元件和固定元件两大部分组成。旋转元件与车轮相连接,固定元件与车桥相连接。利用旋转元件和固定元件之间的摩擦,产生制动器制动力。

图 3-145 所示为常用的盘式制动器和鼓式制动器制动原理示意图。当制动摩擦块或制动蹄摩擦片压紧旋转的制动盘或制动鼓时,两者接触面之间产生摩擦,通过摩擦将汽车的动能转变为热能,并将热量散发到空气中,最终使车辆减速以至停车。

1. 盘式制动器

盘式制动器根据其固定元件结构形式的不同,可分为钳盘式制动器和全盘式制动器。钳盘式制动器广泛应用在乘用车或轻型货车上,近年来前、后轮都采用钳盘式制动器的结构日渐增多。

钳盘式制动器按制动钳固定在支架上结构形

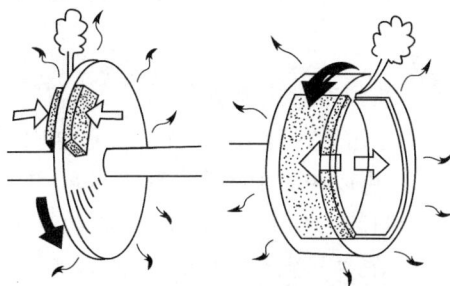

图 3-145 制动器制动原理示意图

式的不同,可分为定钳盘式和浮钳盘式,如图 3-146 所示。

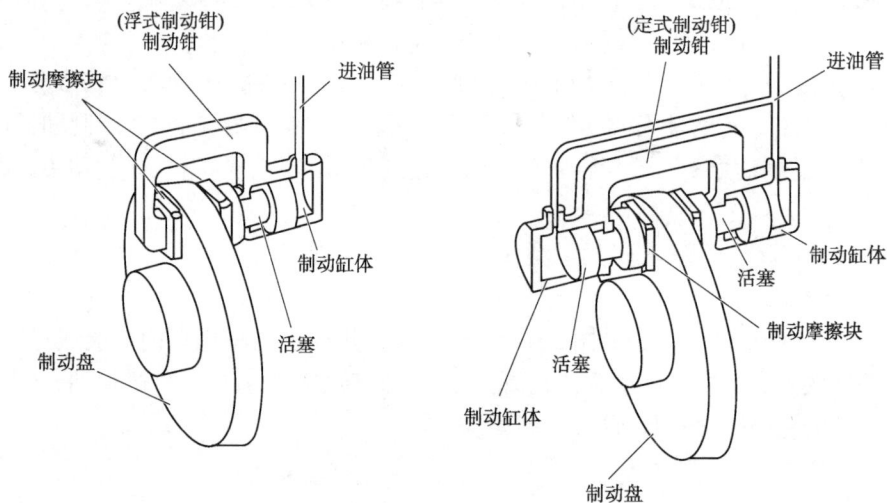

图 3-146　盘式制动器的类型

1)定钳盘式制动器

定钳盘式制动器的工作原理如图 3-147 所示,其旋转元件是制动盘,它和车轮固装在一起旋转,以其端面为摩擦工作表面。跨置在制动盘上的制动钳体固定安装在车桥上,它不能旋转也不能沿制动盘轴线方向移动,其内部的两个活塞分别位于制动盘的两侧。制动时,制动液由制动主缸经进油管进入钳体中两个相通的液压腔中,将两侧的摩擦块压向与车轮固定连接的制动盘,从而产生制动。

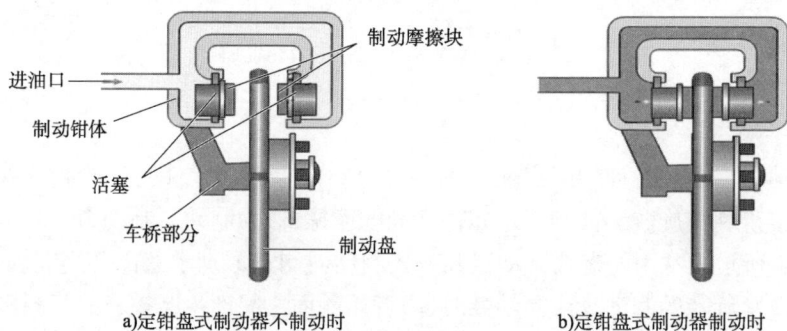

a)定钳盘式制动器不制动时　　　　　b)定钳盘式制动器制动时

图 3-147　定钳盘式制动器的工作原理

2)浮钳盘式制动器

浮钳盘式制动器的工作原理如图 3-148 所示。制动钳通过导向销(图中未画出)与车桥相连,可以相对于制动盘轴向移动。制动钳体只在制动盘的内侧设置液压腔,而外侧的制动块则附装在钳体上。制动时,制动液通过进油管进入制动轮缸,推动活塞及其上的摩擦块向右移动,并压到制动盘上,并使得液压腔连同制动钳整体沿导向销向左移动,直到制动盘右侧的摩擦块也压到制动盘上,夹住制动盘并使其制动。

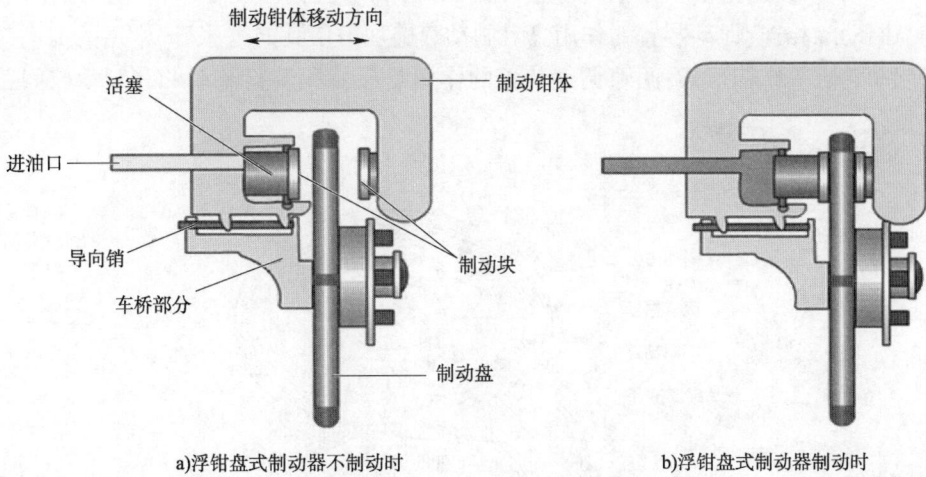

a)浮钳盘式制动器不制动时　　　　　　　　b)浮钳盘式制动器制动时

图 3-148　浮钳盘式制动器的工作原理

如图 3-149 所示,制动缸体内壁槽内安装有活塞密封圈,其作用是防止制动液从活塞与制动缸体间的间隙中流出,对活塞起密封作用。液压使活塞运动,靠近活塞端的密封圈也随活塞一起变形,但槽内的密封圈不变形。当液压消失后,密封圈在橡胶恢复力的作用下往回运动,同时带动活塞往回运动。当制动摩擦块磨损时,活塞会自动从密封圈上滑移相应的距离,因此制动摩擦块和制动盘之间的间隙一般为定值。

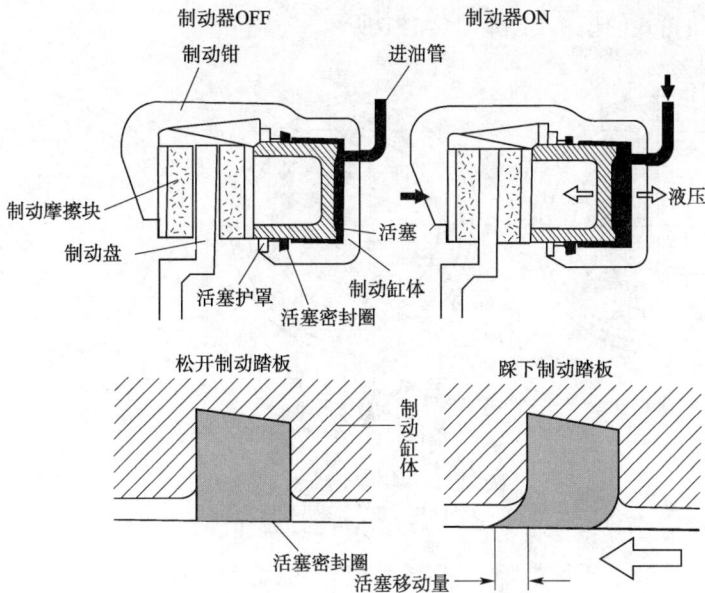

图 3-149　活塞密封圈的工作原理

2.鼓式制动器

1)鼓式制动器的结构

鼓式制动器由旋转部分、固定部分、促动装置和间隙调整装置组成,如图 3-150 所示。

旋转部分为制动鼓;固定部分是制动底板和制动蹄,制动底板固装在车桥的凸缘盘上,通过支承销与制动蹄相连;促动装置的作用是对制动蹄施加力使其向外张开,常用的促动装置有凸轮或制动轮缸等结构形式;间隙调整装置的作用是保持和调整制动蹄和制动鼓间正确的相对位置。

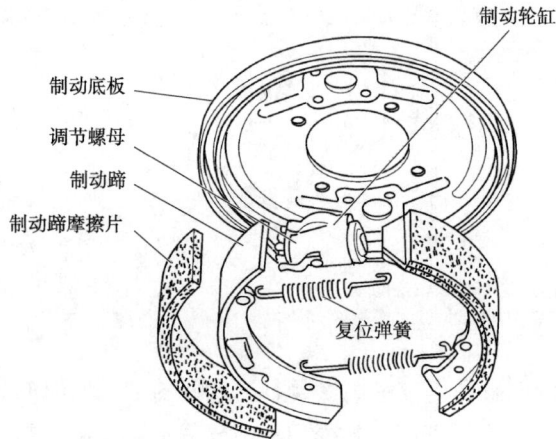

图 3-150　鼓式制动器的结构

2)鼓式制动器的分类

(1)按促动装置不同分类。鼓式车轮制动器多为内张双蹄式。按促动装置形式的不同,可分为轮缸式、凸轮式的楔块式,如图 3-151 所示。

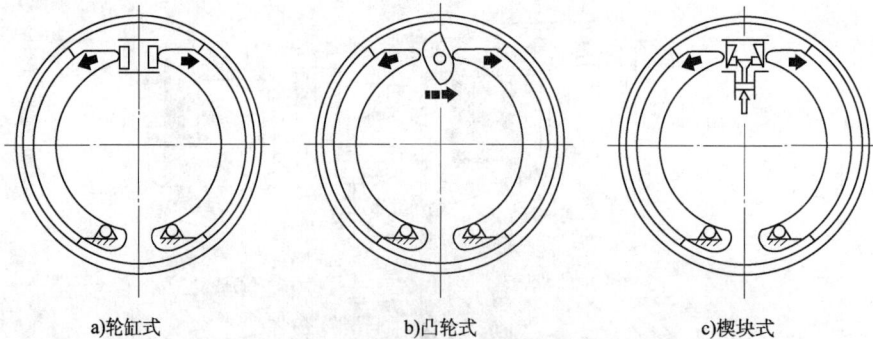

a)轮缸式　　　　　　　b)凸轮式　　　　　　　c)楔块式

图 3-151　制动器促动装置的类型

(2)按产生制动力矩的不同分类。在制动过程中,如果制动蹄绕支承销转动与制动鼓旋转方向相同,在制动鼓上压得更紧,起到增势的作用,称为"增势蹄"或称"领蹄";如果制动蹄绕支承销转动与制动鼓旋转方向相反,有使制动蹄离开制动鼓的趋势,起着减势作用,称为"减势蹄"或称"从蹄"。根据制动过程中两制动蹄产生制动力矩的不同,鼓式制动器可分为领从蹄式、双领蹄式、双向双领蹄式、双从蹄式、单向自增力式和双向自增力式等形式,如图 3-152 所示。

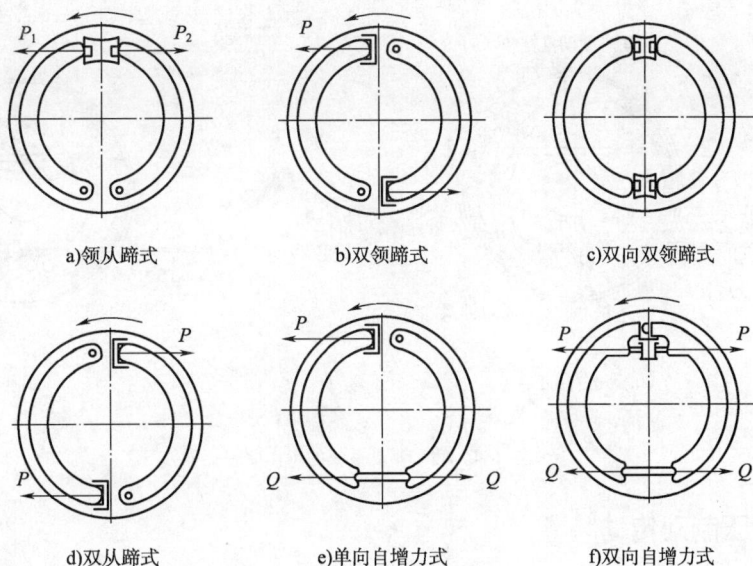

a)领从蹄式　　　　　b)双领蹄式　　　　　c)双向双领蹄式

d)双从蹄式　　　　　e)单向自增力式　　　　f)双向自增力式

图 3-152　鼓式制动器的分类

根据制动时两制动蹄对制动鼓作用的径向力是否平衡,鼓式制动器又可分为简单非平衡式、平衡式和自动增力式 3 种。

3. 驻车制动器

驻车制动器的功用是:车辆停驶后防止滑溜;使车辆在坡道上能顺利起步;行车制动系统失效后临时使用或配合行车制动器进行紧急制动。

按驻车制动器在汽车上安装位置的不同,驻车制动装置分中央制动式和车轮制动式两种。前者的制动器通常安装在变速器后面,其制动力矩作用在传动轴上;后者和行车制动系统共用制动器(通常为后轮制动器),又称复合制动器,只是传动装置互相独立。驻车制动传动装置一般采用人力机械式,通过钢索或杠杆来驱动。

驻车制动系统主要由驻车制动杆、制动拉索及后轮制动器中的驻车制动器等组成,如图 3-153 所示。

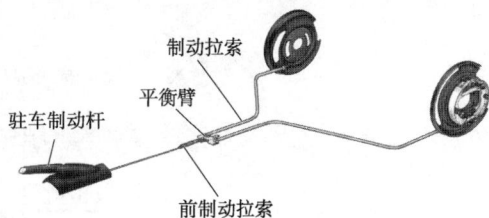

图 3-153　驻车制动系统

图 3-154 所示为驻车制动系统的工作原理。驻车制动时,拉起驻车制动杆,驻车制动杆的力通过操纵机构使驻车制动拉索收紧,拉索则拉动驻车制动杠杆的下端,使之绕上端支点顺时针转动,驻车制动杠杆转动过程中,其中间支点推动驻车制动推杆左移,使前制动蹄压向制动鼓。前制动蹄压向制动鼓后,驻车制动推杆停止运动,则驻车制动杠杆的中间支点变成其继续移动的新支点,于是驻车制动杠杆的上端右移,使后制动蹄压靠在制动鼓上,产生制动作用。此时,驻车制动杆上的棘爪嵌入齿扇上的棘齿内,起锁止作用。

解除驻车制动时,按下驻车制动杆上的按钮,使棘爪脱离棘齿,将驻车制动杆回到释放制动位置,松开驻车制动拉索,则制动蹄在复位弹簧的作用下复位。

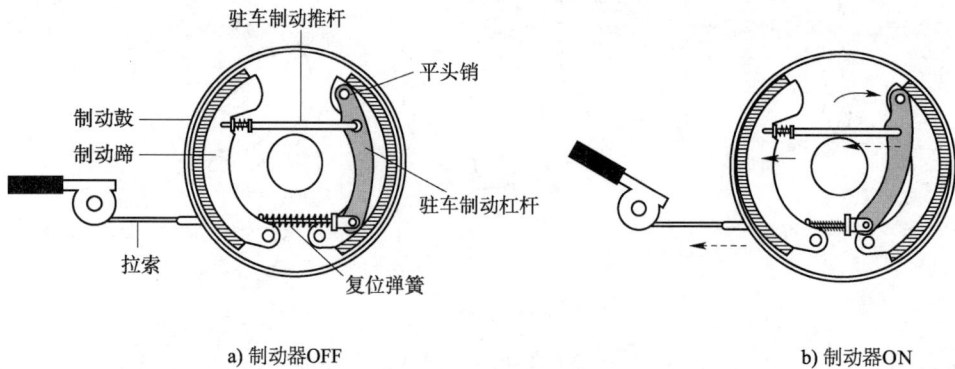

驻车制动推杆

平头销

制动鼓

制动蹄

驻车制动杠杆

拉索

复位弹簧

a) 制动器OFF

b) 制动器ON

图 3-154　驻车制动系统的工作原理

三、液压制动传动装置

制动传动装置按传力介质的不同可分为液压式、气压式和气—液综合式;按制动管路的套数可分为单管路和双管路制动传动装置。按照交通法规的要求,现代汽车的行车制动系统须采用双管路制动传动装置,若其中一套管路损坏时,另一套仍然起制动作用,从而提高了制动的可靠性和安全性。

1.液压制动传动装置的基本组成及工作原理

液压制动传动装置由制动踏板、制动主缸、储液罐、制动轮缸、油管等组成,如图 3-155 所示。现代汽车上采用了各种制动力调节装置,用以调节前后车轮制动管路的工作压力,常用的调节装置有限压阀、比例阀、感载比例阀和惯性阀等。

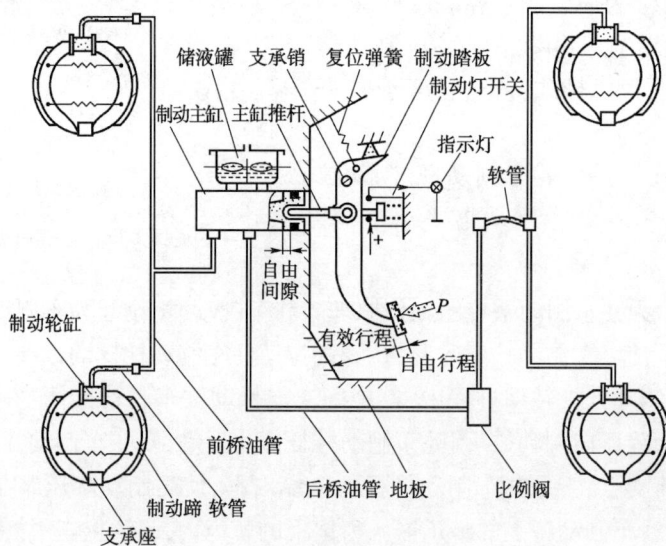

储液罐　支承销　复位弹簧　制动踏板
制动灯开关
制动主缸　主缸推杆
指示灯
软管
自由间隙
P
制动轮缸
有效行程
自由行程
前桥油管
后桥油管　地板　比例阀
制动蹄　软管
支承座

图 3-155　液压制动传动装置的组成

双管路液压制动传动装置是利用彼此独立的双腔制动主缸,通过两套独立管路,分别控制两桥或三桥的车轮制动器。常见的双管路的布置方案有前后独立式和交叉式两种形式,如图 3-156 所示。

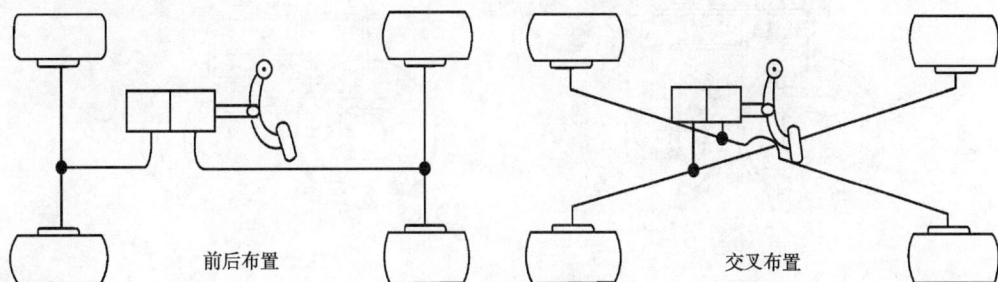

前后布置　　　　　　　　　　　　　交叉布置

图 3-156　制动管路的布置

前后独立式双管路液压制动传动装置由双腔制动主缸通过两套独立的管路分别控制前桥和后桥的车轮制动器。这种布置方式结构简单,如果其中一套管路损坏漏油,另一套仍能起作用,但会破坏前后桥制动力分配的比例,主要用于发动机前置后轮驱动的汽车。

交叉式双管路液压制动传动装置由双腔制动主缸通过两套独立的管路分别控制前后桥对角线方向的两个车轮制动器。这种布置方式在任一管路失效时,仍能保持一半的制动力,且前后桥制动力分配比例保持不变,有利于提高制动方向稳定性,主要用于发动机前置前轮驱动的乘用车上。

2.液压制动传动装置主要部件的构造

1)制动主缸

制动主缸又称为制动总泵,它位于制动踏板与管路之间,其功用是将制动踏板输入的机械力转换成液压力。

制动主缸的结构及工作原理如图 3-157 所示。在制动主缸上端装有储液罐,制动主缸内的活塞通过真空助力器内的推杆和制动踏板相连。踩下制动踏板推动活塞运动,进油孔关闭,各制动轮缸产生制动油压。松开制动踏板,活塞恢复到初始位置,制动油压消失,制动解除。

制动液经制动主缸及液压管路到达制动轮缸。当踩下制动踏板,两活塞在主缸推杆的作用下使两活塞运动,并将进油孔关闭,在①②工作腔内产生油压,图 3-157b)所示,车轮制动器产生制动力。解除制动时,活塞在弹簧作用下复位,制动液自制动轮缸和管路中流回到制动主缸。当后轮制动管路发生泄漏时,如图 3-157c)所示,在②工作腔内不能产生油压,但在①工作腔内仍会产生油压。当前轮制动管路发生泄漏时,如图 3-157d)所示,在①工作腔内不能产生油压,活塞 B 推着活塞 A 使其顶到制动主缸缸体上,此时在②工作腔内产生油压。

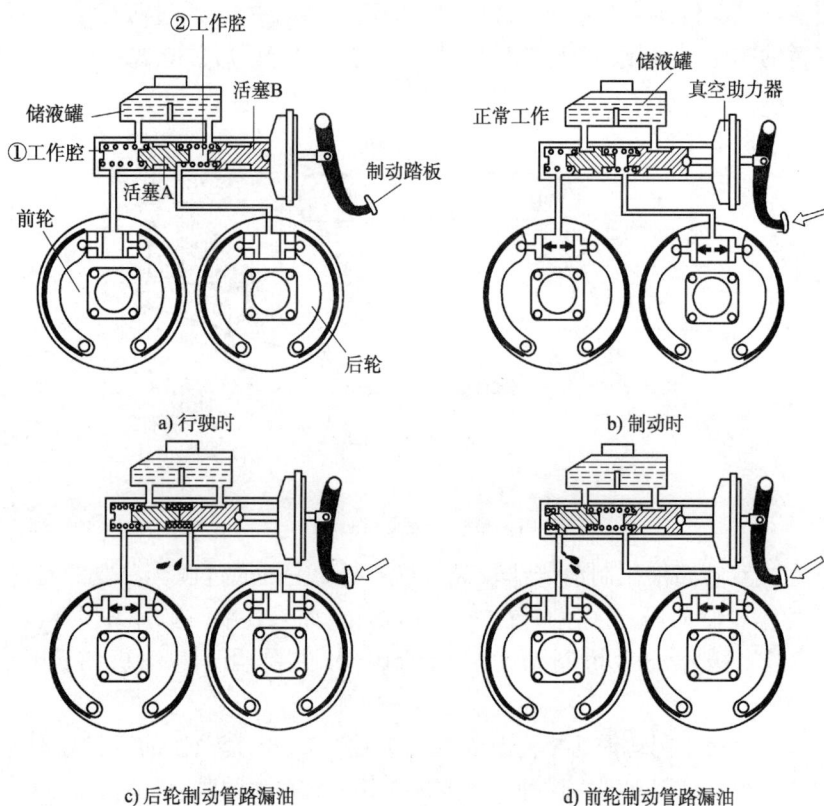

②工作腔

储液罐 活塞B

①工作腔

活塞A

前轮

制动踏板

后轮

储液罐 真空助力器

正常工作

a) 行驶时

b) 制动时

c) 后轮制动管路漏油

d) 前轮制动管路漏油

图 3-157　制动主缸的结构及工作原理

2）制动轮缸

制动轮缸固定在制动底板上,其功用是将制动主缸传来的液压力转变为使制动蹄张开的机械推力。制动轮缸主要由缸体、活塞、皮碗、弹簧和放气螺钉等组成,图 3-158 所示。放气螺钉的作用是排出混入制动液中的空气。

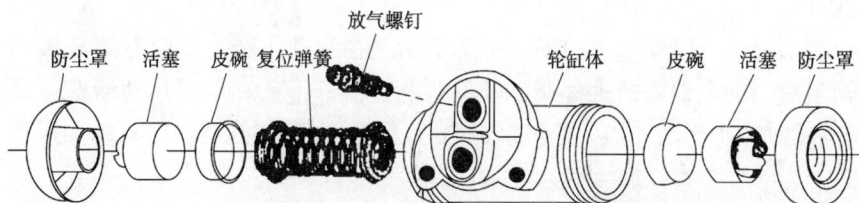

防尘罩　活塞　皮碗　复位弹簧　放气螺钉　轮缸体　皮碗　活塞　防尘罩

图 3-158　双活塞制动轮缸的分解图

3）真空助力器

真空助力器的作用是减轻驾驶人的制动操纵力。如图 3-159 所示,其内部有薄而宽的活塞,通过固定在活塞上的膜片将空气室和负压室隔离。负压室和发动机进气管相通。复位弹簧安装在负压室的推杆上和推杆一起运动。橡胶阀门与在膜片座上加工出来的阀座组成真空阀,与控制阀柱塞的空气阀座组成空气阀。真空阀将负压室与空气室相连,空气阀将空气室和外界空气相连。发动机不工作时真空助力器不工作。

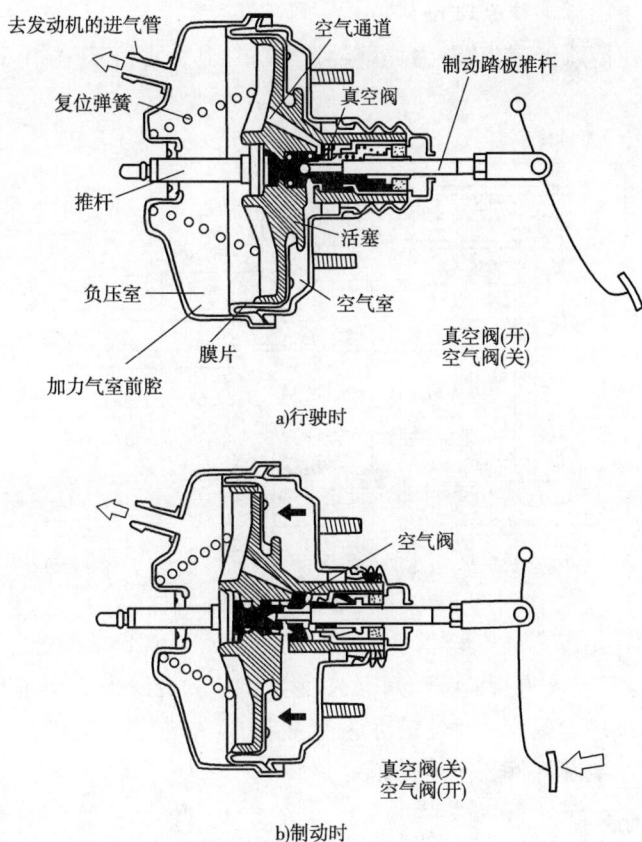

去发动机的进气管　　空气通道　　制动踏板推杆

复位弹簧　　真空阀

推杆

活塞

负压室　　空气室

膜片　　真空阀(开)　空气阀(关)

加力气室前腔

a)行驶时

空气阀

真空阀(关)
空气阀(开)

b)制动时

图 3-159　真空助力器的结构及工作原理

如图 3-159a)所示,负压室内的空气被吸进发动机进气管,产生负压。如图 3-159b)所示,踩下制动踏板,真空阀关闭,空气阀打开。空气进入空气室,使空气室压力大于负压室压力,活塞向前运动。于是带动制动主缸内的活塞运动,产生制动油压。

松开制动踏板,助力器活塞在复位弹簧的作用下恢复到原来的位置,制动踏板推杆也往回运动,空气阀关闭,真空阀打开,使负压室和空气室相通。其他制动机构也恢复到原来的位置,制动油压下降,制动解除。

当真空助力器或真空源失效时,作用于制动主缸推杆上的力取决于驾驶人对制动踏板施加的踏板力,但制动踏板力要比未失效时大得多。

四、汽车防抱死制动系统(ABS)

汽车防抱死制动系统(ABS,Anti-locked Braking System)是一种安全控制制动系统,目前已经成为乘用车及客车的标准配置。ABS 既有普通制动系统的制动功能,又能防止车轮制动时抱死。

紧急制动时,制动力过大使轮胎抱死后滑动,制动距离变长且汽车不受控制。防抱死制动系统可使汽车在制动过程中车轮滑移率保持在 20% 左右范围内,此时轮胎处于边滚边滑状态,制动力最大,保证了汽车的方向稳定性,防止产生侧滑和跑偏。

1. ABS 的基本组成与工作原理

ABS 通常由轮速传感器、制动压力调节器、电子控制单元(ECU)和 ABS 警示装置等组成,如图 3-160 所示。

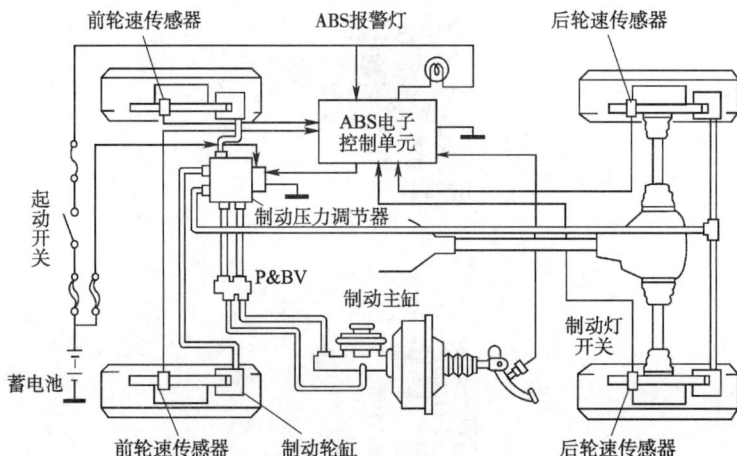

图 3-160　ABS 的基本组成

汽车制动时,轮速传感器将各车轮的转速信号输入 ECU;ECU 根据每个车轮轮速传感器输入的信号对车轮的运动状态进行监测和判定,并形成响应的控制指令,再适时发出控制指令给制动压力调节器;制动压力调节器对各制动轮缸的制动压力进行调节,防止制动车轮抱死。

图 3-161 所示为 ABS 部件在车上的布置。

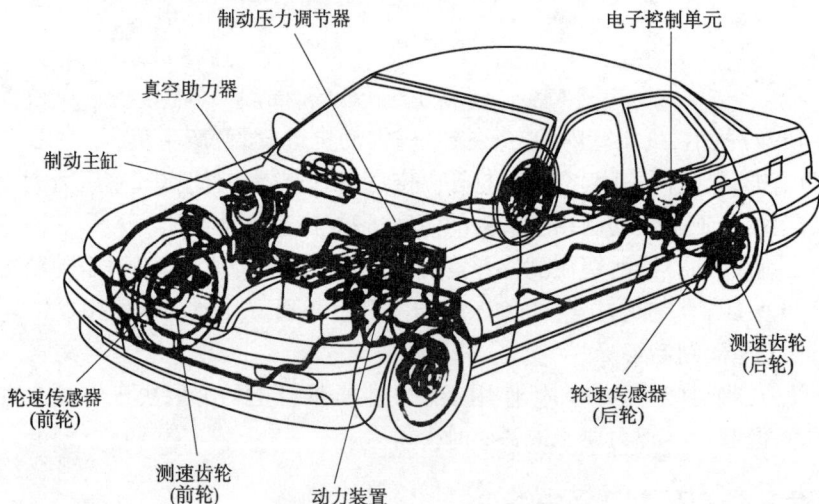

图 3-161　ABS 部件在车上的布置

2. 轮速传感器

轮速传感器的功用是检测车轮的旋转速度,并将速度信号输入电子控制单元。目前,常用的轮速传感器主要有电磁式和霍尔式两种。

1)电磁式轮速传感器

电磁式轮速传感器主要由传感器头和齿圈两部分组成,它可以安装在车轮上,也可以安装在主减速器或变速器中,如图 3-162 所示。

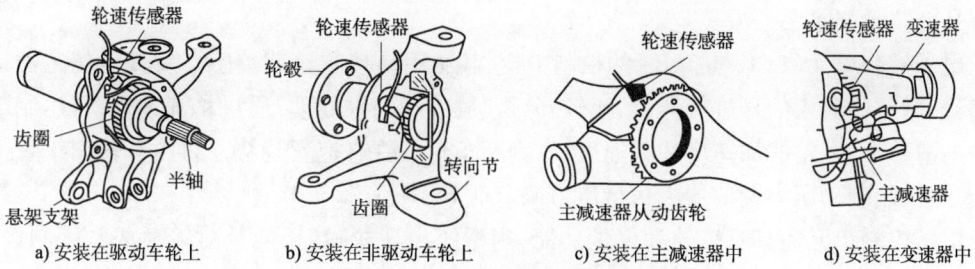

a) 安装在驱动车轮上　　b) 安装在非驱动车轮上　　c) 安装在主减速器中　　d) 安装在变速器中

图 3-162　轮速传感器的安装位置

如图 3-163 所示,齿圈随车轮或传动轴一起转动,齿圈在磁场中旋转时,齿圈齿顶和电极之间的间隙以一定的速度变化,使磁路中的磁阻发生变化,磁通量周期地增减,在线圈的两端产生正比于磁通量增减速度的感应电压,该交流电压信号输送给 ECU。

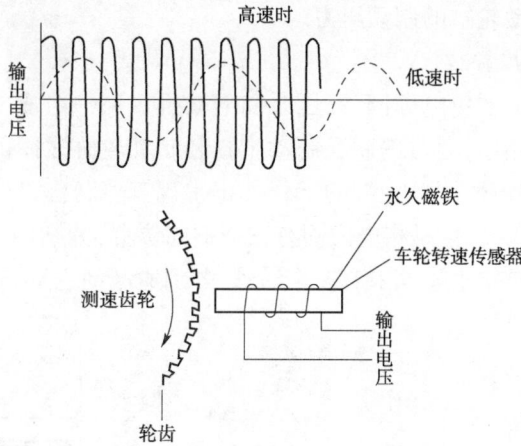

图 3-163　轮速传感器的工作原理

2)霍尔式轮速传感器

霍尔式轮速传感器也是由传感头、齿圈组成,其齿圈的结构及安装方式与电磁式轮速传感器的齿圈相同,传感头由永磁体、霍尔元件和电子电路等组成。

传感器的工作原理如图 3-164 所示,永磁体的磁力线穿过霍尔元件通向齿圈,齿圈相当于一个集磁器。当齿圈位于图 3-164a)所示位置时,穿过霍尔元件的磁力线分散,磁场相对较弱;而当齿圈位于图 3-164b)所示位置时,穿过霍尔元件的磁力线集中,磁场相对较强。齿圈转动时,使得穿过霍尔元件的磁力线密度发生变化,因而引起霍尔元件电压的变化,霍尔元件将输出一毫伏级的准正弦波电压。此信号由电子电路转化成标准的脉冲电压。

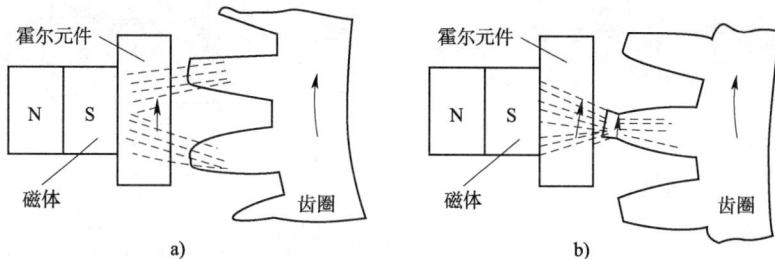

图 3-164　霍尔式轮速传感器

3. 电子控制单元

电子控制单元(ECU)是 ABS 的控制中枢,其功用是接收轮速传感器及其他传感器输入的信号,对这些输入信号进行测量、比较、分析、放大和判别处理,通过精确计算,得出制动时车轮的滑移率、车轮的加速度和减速度,以判断车轮是否有抱死趋势。再由其输出级发出控制指令,控制制动压力调节器去执行压力调节任务。

电子控制单元还具有监控和保护功能,当系统出现故障时,能及时转换成常规制动,并以故障灯点亮的形式警告驾驶人。

4. 制动压力调节器

根据制动压力调节器调压方式的不同,可分为循环式和可变容积式两种。循环式制动压力调节器是通过电磁阀直接控制制动轮缸的制动压力;而可变容积式制动压力调节器是通过电磁阀间接改变制动轮缸的制动压力。

1)循环式制动压力调节器

循环式制动压力调节器由电磁阀、液压泵和电动机等部件组成。制动压力调节器直接装在汽车原有的制动管路中,通过串联在制动主缸和制动轮缸之间的三位三通电磁阀直接控制制动轮缸的压力,可以使制动轮缸的工作处于常规工作状态、增压状态、减压状态或保压状态,如图3-165所示。三位是指电磁阀有三个不同位置,分别控制制动轮缸制动压力的增加、减少或保持,三通是指电磁阀上有3个通道,分别通制动主缸、制动轮缸和储液器。

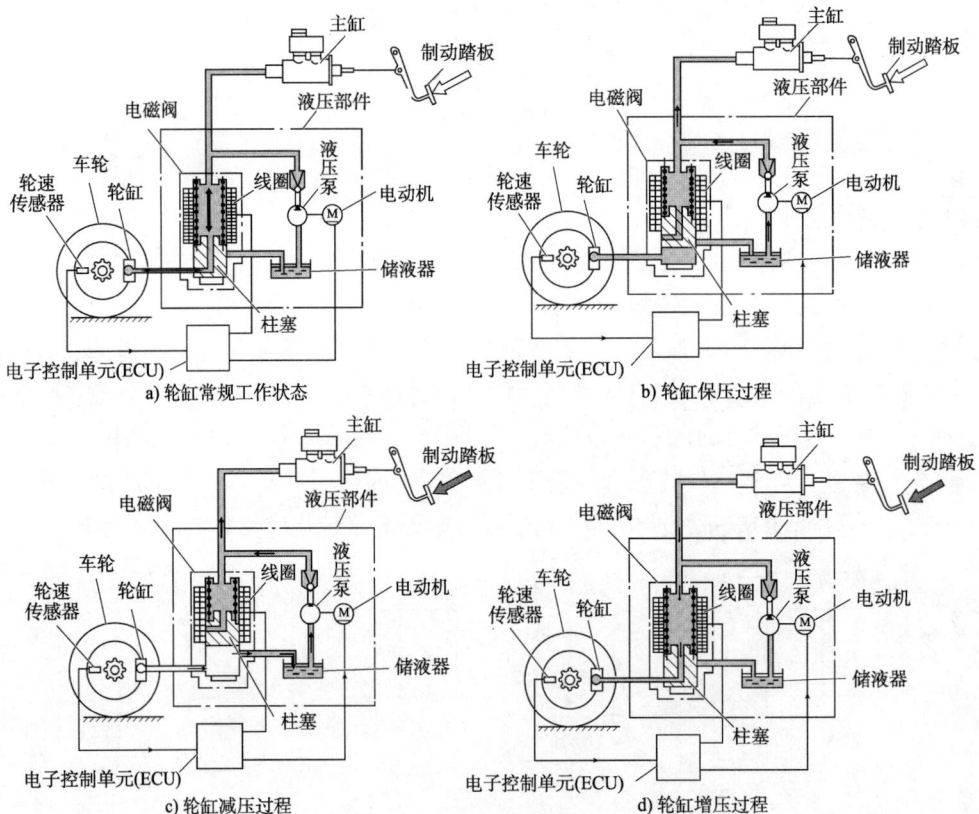

图3-165 循环式制动压力调节器的工作过程

2)可变容积式制动压力调节器

可变容积式制动压力调节器主要由电磁阀、控制活塞、液压泵和储能器等组成,是在原液压制动系统中增设一套液压控制装置,控制制动管路中容积的增减,以控制制动压力的变化。可变容积式制动压力调节器有 4 个不同工作状态:常规制动状态、轮缸减压状态、轮缸保压状态和轮缸增压状态,如图 3-166 所示。

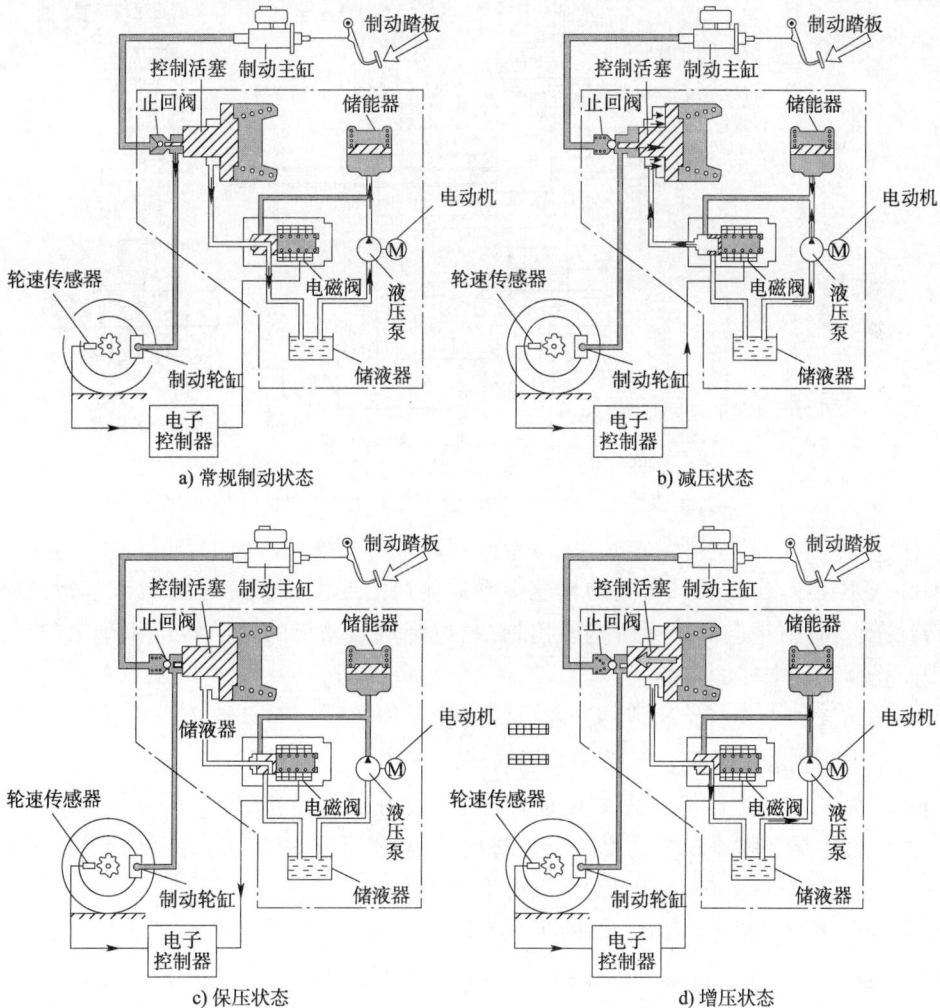

图 3-166 可变容积式制动压力调节器的工作过程

五、汽车驱动防滑控制系统及电子稳定程序控制系统

1.汽车驱动防滑控制系统(ASR)

驱动防滑系统英文简称 ASR,是 Acceleration Slip Regulation 的缩写,有的车辆称为牵引力控制系统,英文简称 TCS,是 Traction Control System 的缩写。

驱动防滑系统的功用是防止汽车在加速过程中打滑,特别是防止汽车在非对称路面或在转向时驱动轮滑转,以保持汽车行驶方向的稳定性、操纵性和维持汽车的最佳驱动力以及提高汽车的平顺性。

典型 ABS/ASR 系统组成如图 3-167 所示,主要由轮速传感器、ABS/ASR ECU、制动压力调节器、主副节气门位置传感器、副节气门驱动步进电动机等组成。

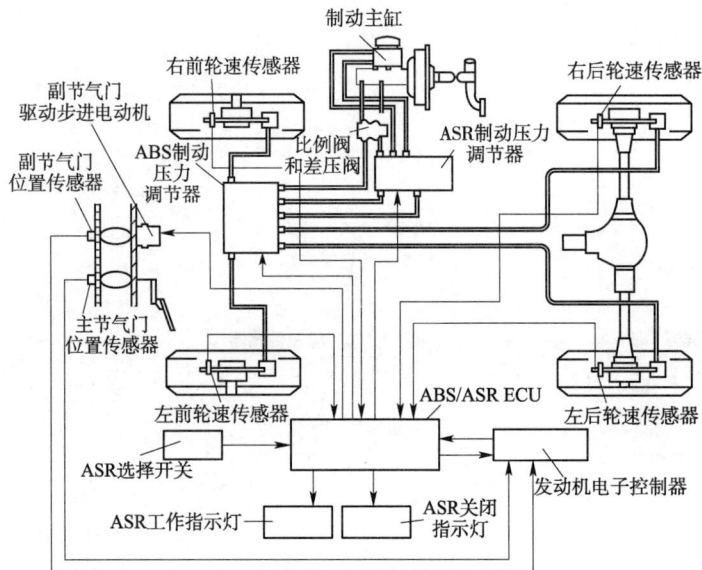

图 3-167   典型 ABS/ASR 组成示意图

ABS/ASR ECU 根据驱动车轮的轮速传感器输送的速度信号计算判断出车轮与路面间的滑转状态,并适时地向其执行机构发出指令,以降低发动机的输出转矩和车轮的转速,从而实现防止驱动轮滑转的目的。

ASR 的传感器主要有轮速传感器和节气门位置传感器。轮速传感器与 ABS 共用,而节气门位置传感器则与发动机控制系统共用。

ASR 专用的信号输入装置是 ASR 选择开关,关闭 ASR 选择开关,可停止 ASR 的作用。如在汽车维修中需要将汽车驱动车轮悬空转动时,ASR 可能对驱动车轮施以制动,影响故障的检查。这时关闭 ASR 开关,停止 ASR 作用,可避免这种影响。

ASR 的电子控制单元(ECU)发出的控制指令有如下几种:控制滑转车轮的制动力;控制发动机输出功率;同时控制发动机输出功率和驱动车轮的制动力。在实际应用的 ASR 中,绝大多数都是采用调节发动机输出转矩的方式来控制汽车驱动力矩。而调节发动机的输出转矩,通常是利用发动机电子控制装置,通过控制节气门开度和点火提前角的方式来实现。

2.汽车电子稳定程序控制系统(ESP)

汽车电子稳定程序控制系统(ESP,Electronic Stability Program)是改善汽车行驶性能的一种控制系统,是 ABS 和 ASR 在功能上的延伸。利用与 ABS 一起的综合控制可防止汽车在制动时车轮抱死;利用 ASR 可阻止汽车在起步时驱动轮滑转(空转)。ESP 可以通过有选择性地控制各车轮上的制动力,防止车辆滑移,因此,ESP 是一个主动安全系统。

ESP 在不同的车型中有不同的名称,如奔驰、奥迪称为 ESP,宝马称其为 DSC (Dynamic Stability Control,即动态稳定性控制) ,丰田、雷克萨斯称其为 VSC(Vehicle Stability Control,即汽车稳定性控制系统),三菱称为 ASC/AYC(Active Stability Control/Active Yaw Control,即主动稳定控制/主动横摆控制系统),本田称为 VSA(Vehicle Stability Assist,即车身稳定性辅助系统),而 VOLVO 汽车称其为 DSTC(Dynamic Stability and Traction Control,即动态循迹防滑控制系统)。

如图 3-168 所示,ESP 由制动助力系统、传感器、制动压力调节器、控制单元和辅助系统组成,在电脑实时监控汽车运行状态的前提下,对发动机及控制系统进行干预和调控。

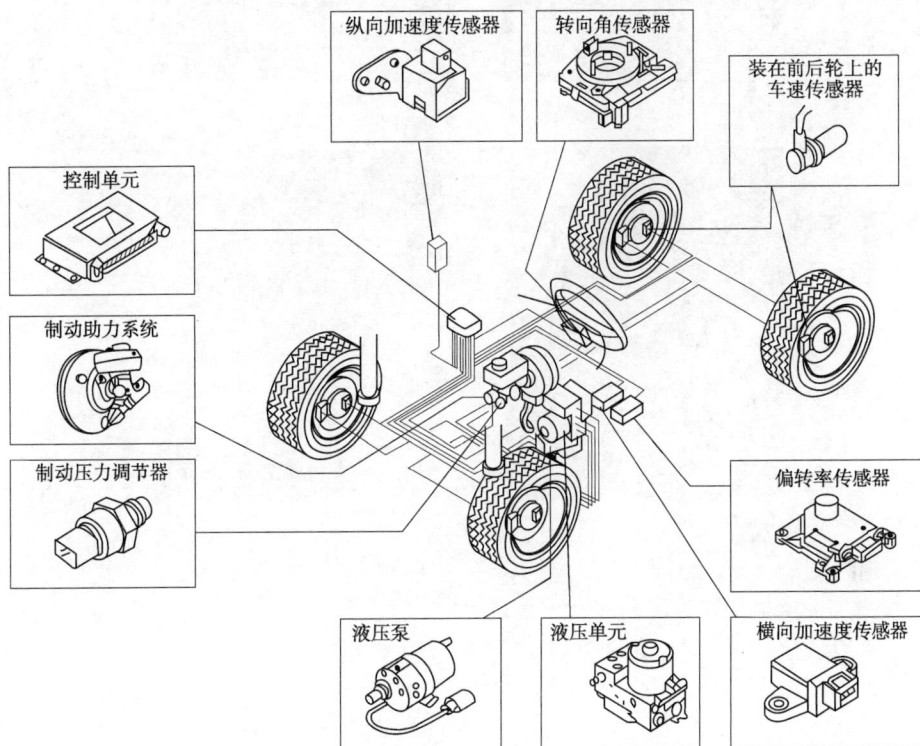

图 3-168　ESP 的组成

在汽车行驶过程中,转向角传感器监测驾驶人转弯的方向和角度,车速传感器监测车速,节气门位置传感器监测节气门开度,制动主缸压力传感器监测制动力,而纵向加速度传感器和横向加速度传感器则监测汽车的侧倾和横摆速度。ECU 根据这些信息,通过计算后判断汽车要正常安全行驶和驾驶人操纵汽车意图的差距,然后由 ECU 发出指令,调整发动机的转速和车轮上的制动力,修正汽车的过度转向或不足转向,以避免汽车打滑、转向过度、转向不足和抱死,从而保证汽车的行驶安全。

如图 3-169 所示,当 ESP 判定为出现不足转向时,将制动内侧后轮,使车辆进一步沿驾驶人转弯方向偏转,从而稳定车辆;如图 3-170 所示,当 ESP 判定为出现过度转向时,ESP 将制动外侧前轮,防止出现甩尾,并减弱过度转向趋势,稳定车辆。上述过程中如果单独制动某个车轮不足以稳定车辆,ESP 将通过降低发动机转矩输出的方式或制动其他车轮来满足需求。

图 3-169　不足转向

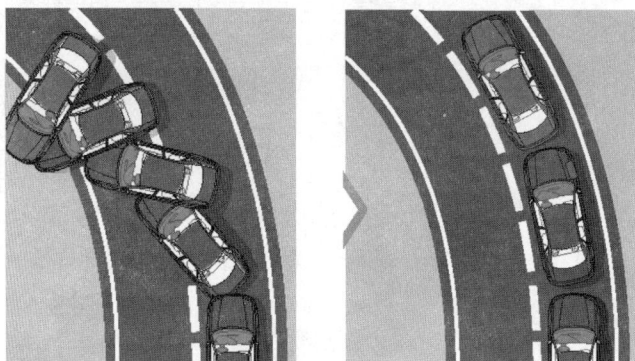

图 3-170　过度转向

第四章 电气设备

一、灯光系统

现代汽车上都装备有灯光系统(图4-1)。灯光系统除了用于提供车辆夜间出行照明外,还起到向其他车辆(或行人)示意超车、转弯、会车及停车等的作用。

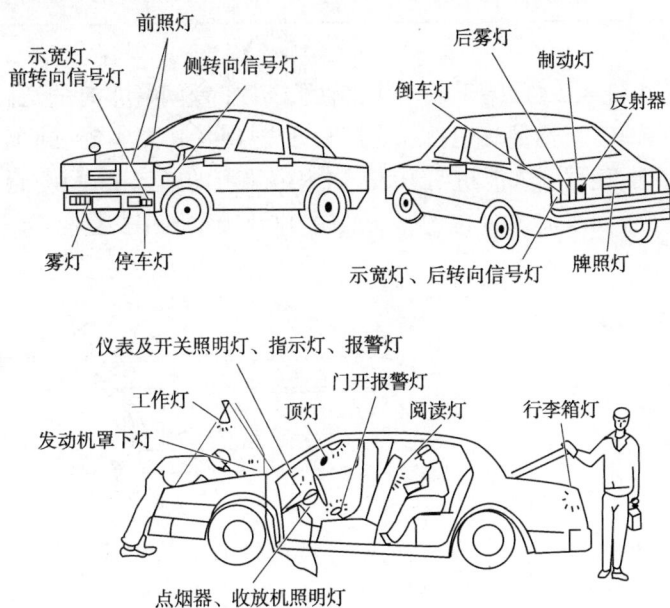

图4-1 灯光系统

卡罗拉(1.6L)乘用车灯光系统规格见表4-1。

卡罗拉(1.6L)乘用车灯光系统规格   表4-1

项	目		功率(W)	类 型
车外灯	前照灯	近光(卤素灯泡)	51	HB4 卤素灯泡
		近光(氙气灯泡)	35	D4R 氙气灯泡
		远光	60	HB3 卤素灯泡

项　目		功率(W)	类　型
车外灯	前雾灯	55	H11 卤素灯泡
	前示宽灯	5	楔形座灯泡(无色)
	前转向信号灯	21	楔形座灯泡(琥珀色)
	侧转向信号灯	5	楔形座灯泡(琥珀色)
	制动灯/尾灯	21/5	楔形座灯泡(无色)
	后转向信号灯	21	单头灯泡(无色)
	倒车灯	16	楔形座灯泡(无色)
	后雾灯	21	楔形座灯泡(无色)
	牌照灯	5	楔形座灯泡(无色)
车内灯	梳妆灯	8	楔形座灯泡(无色)
	车内灯	8	双头灯泡
	车顶阅读灯	8	楔形座灯泡(无色)
	行李箱灯	3.8	楔形座灯泡(无色)
	前门门控灯	5	楔形座灯泡(无色)

1. 前照灯

前照灯也称前大灯或头灯,装于汽车头部两侧,用于夜间行车时的道路照明,灯光为白色,功率一般为 30~60W。前照灯包括远光灯和近光灯两种(图 4-2),远光灯用于保证车前有明亮而均匀的照明,使驾驶人能辨明100m以内道路上的任何障碍物;近光灯在会车和市区内使用,用于保证夜间车前50m内的路面照明,以及避免两车交会时造成驾驶人炫目而发生事故。

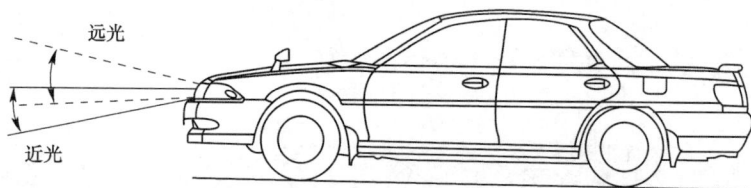

图 4-2　远光和近光

前照灯的结构和安装位置如图4-3所示,主要由灯泡、反射镜和配光镜3部分组成。

前照灯灯泡有充气灯泡、卤素灯、氙气灯泡和新型高压(20kV)放电氖灯等几种类型。为了防止炫目,前照灯的灯泡一般采用双灯丝结构,一根为远光灯丝,另一根为近光灯丝。远光灯丝功率较大,位于反射镜焦点处;近光灯丝功率较小,位于焦点上方或前方。远光灯丝点亮时,光束照亮较远的路面;近光灯丝点亮时,光束照亮较近的路面。

前照灯反射镜的作用是将灯泡的光线聚合并导向远方。配光镜的作用是将反射镜反射出的平行光束折射,使车前路面和路缘均有很好的照明效果。

前照灯由灯光总开关控制,变光开关控制远近光变换。有的车还有超车灯开关控制远近光变换。

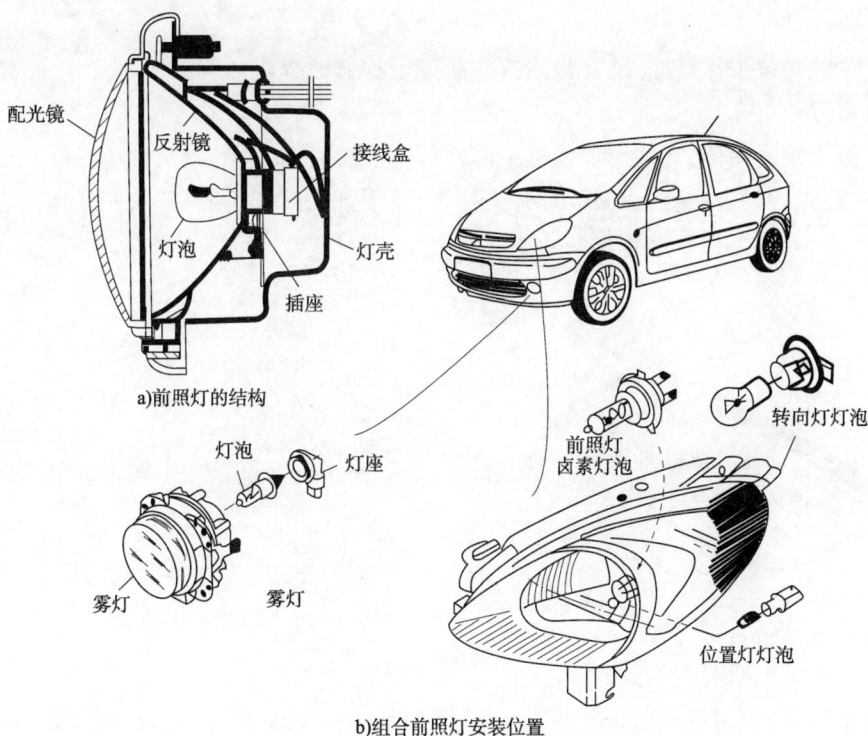

a)前照灯的结构

b)组合前照灯安装位置

图 4-3 前照灯的结构和安装位置

2. 雾灯

雾灯用于雨、雪、雾或尘埃弥漫天气时的行车照明并具有信号作用。雾灯有前雾灯和后雾灯两种。前雾灯装于汽车前部比前照灯稍低的位置(图 4-3)。雾灯的光色规定为黄色、橙色或红色,这是因为其光波较长,透雾性能好。

雾灯由雾灯开关控制,有些汽车的雾灯开关又受灯光总开关控制。

3. 牌照灯

牌照灯装于汽车尾部的牌照上方,用于夜间照亮汽车牌照。牌照灯由灯光总开关控制,灯光总开关接通,牌照灯就亮。

4. 仪表灯

仪表灯装于汽车仪表板上,用于仪表照明。仪表灯由灯光总开关控制,灯光总开关接通,仪表灯就亮。有些车辆还增加了仪表灯亮度调节装置,以便于驾驶人任意调节仪表灯亮度,获取行车信息和进行正确操作。仪表灯的数量根据仪表设计布置而定。

5. 车顶灯

车顶灯又称车内灯或室内灯,装于驾驶室或车厢顶部,主要用于车内照明,通常由灯光总开关和车顶灯开关共同控制。有的车顶灯还具有门灯的作用,它还受车门开关控制。当车门关闭不严时。车顶灯亮,以提醒驾驶人注意。其开关通常有三个位置,在"OFF"位时灯熄,在"ON"位时灯一直亮着,在"DOOR"位时在车门打开时灯才亮,车门关闭后熄灭,如图 4-4 所示。现代汽车利用定时器电路在车门关闭后使车顶灯持续点亮 $10 \sim 15s$ 才熄灭,以方便驾驶人入乘客。

6. 工作灯

车上一般只装工作灯插座,在排除汽车故障或检修时提供照明。

7. 阅读灯

为了便于乘客阅读,有些车辆设置了阅读灯(又称地图灯、个人灯、内小灯等),安装在前座椅上方,灯光一般为白色,由阅读灯开关控制,压下开关灯亮,点火开关在任何位置时均可作用,如图4-5所示。

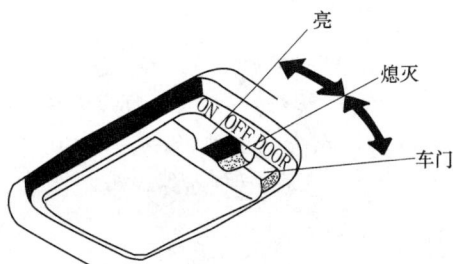

图4-4　车顶灯　　　　　　　　　　　　　　　　图4-5　阅读灯

8. 点火开关照明灯

所有车门关闭后,点火开关照明灯会持续点亮10~15s才熄灭,以方便驾驶人插入钥匙,如图4-6所示。

9. 车门灯

车门灯又称探照灯,装在4个车门下方,当车门打开时灯亮,照亮地面,以方便进出车辆的驾驶人及乘客,如图4-7所示。

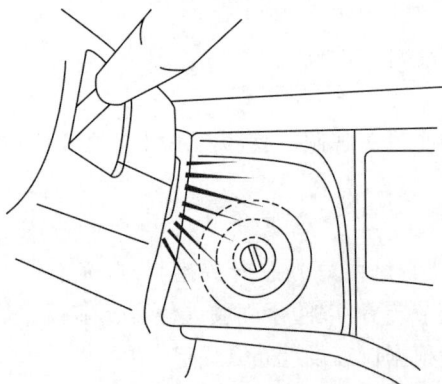
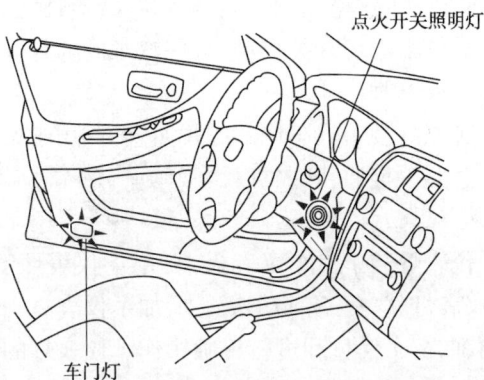

图4-6　点火开关照明灯　　　　　　　　　　　图4-7　车门灯

10. 行李箱灯

行李箱灯装于行李箱顶部,用于夜间行李箱门打开时照亮行李箱,灯光一般为白色,由灯光总开关和行李箱门控开关共同控制。

11. 发动机机罩灯

发动机机罩灯装于发动机机罩内侧,用在夜间发动机舱打开时照亮发动机舱,灯光一般为白色,由灯光总开关和发动机机罩门控开关共同控制。

二、信号装置

1. 转向信号灯

转向信号灯简称转向灯,由转向开关控制。在汽车起步、超车、转弯和停车时,左侧或右侧的转向信号灯会明暗交替闪烁,以示汽车改变行驶方向。汽车的转向信号灯大都采用橙色,闪光频率一般为 60 ~ 95 次/min。转向信号灯装在汽车前后或侧面,每侧至少两个。

2. 危险警报灯

危险警报灯又称为危险报警灯,它与转向信号灯共用同一套灯具。当车辆在路面上遇到紧急情况需要处理时,按下危险警报开关(图 4-8),全部转向灯同时闪烁,提醒后方车辆避让。

3. 示宽灯

示宽灯又称小灯、驻车灯或停车灯,装在车辆前面两侧对称位置,如图 4-9 所示,有些车辆在翼子板上也有安装。示宽灯大都采用白色,用于标识汽车夜间行驶或停车时的宽度轮廓。示宽灯由车灯开关控制,车灯开关接通,示宽灯就点亮。

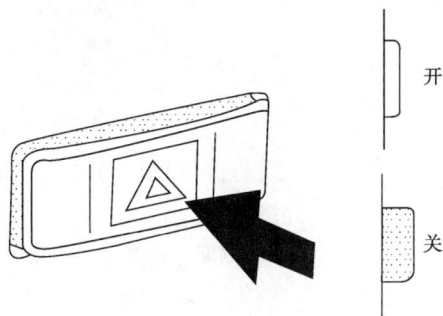

图 4-8　危险警报灯开关　　　　　　　　　图 4-9　示宽灯

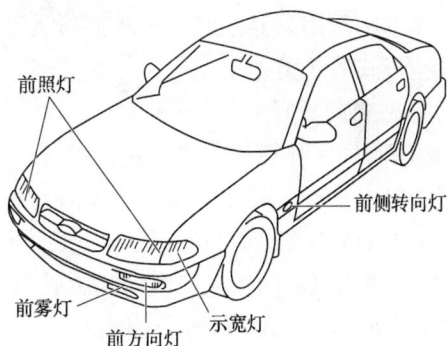

4. 尾灯

尾灯装于汽车尾部,左右各一只。尾灯一般为红色,用于在夜间行驶时向后面的车辆或行人提供位置信息。尾灯一般安装在后组合灯内,如图 4-10 所示。

5. 制动灯

制动灯装于汽车后面,用于当汽车制动或减速停车时,向车后发出灯光信号,以警示后车及行人。

制动信号灯是与汽车制动系统同步工作的,它通常由制动灯开关(图 4-11)控制。踩下制动踏板时,开关内的触点接通,制动灯点亮。

有些车辆装备有高位制动灯,因其位置比后灯座的制动灯高,警示效果更佳,可提高行车安全。

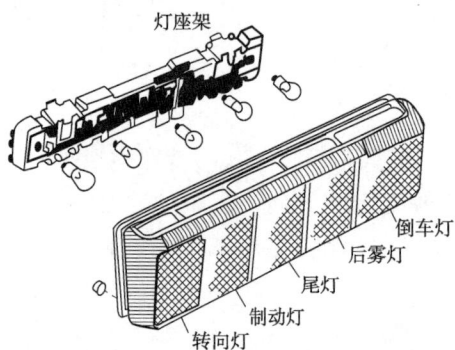

图 4-10　后组合灯(横式造型)

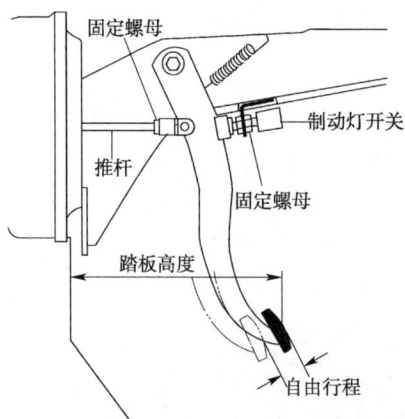

图 4-11　制动灯开关的位置

6.倒车灯

倒车灯装于汽车尾部,左右各一只。倒车灯灯光一般为白色。用于照亮车后路面,并警示车后的车辆和行人,表示该车正在倒车,提高倒车时的安全性。倒车灯由装在变速器上的倒车灯开关控制,当变速器换挡杆拨至倒车挡时,倒车信号开关将倒车信号电路接通,倒车灯点亮。

7.喇叭

汽车喇叭是用来警告路上车辆或行人的警报装置。喇叭的种类主要有电磁式、电子式和压缩空气式等3类。

1)电磁式喇叭

(1)喇叭的工作原理。将一片薄钢板周围固定,中央放置电磁铁,当开关闭合时,电磁铁产生吸力吸引钢板,开关断开时,钢板由本身的弹性弹回,产生振动,即可发出声波。如果使开关连续的 ON-OFF,即可使钢板连续振动空气而发出声音,如图 4-12 所示。

(2)电磁式喇叭的组成。电磁式喇叭(图 4-13)一般包括高音喇叭、低音喇叭、喇叭继电器、喇叭按钮、电源、熔断丝等。因喇叭耗电量大,故使用继电器,避免按钮处产生过大的火花,以延长使用寿命。常见的电磁式喇叭为螺旋形喇叭和盆形喇叭。

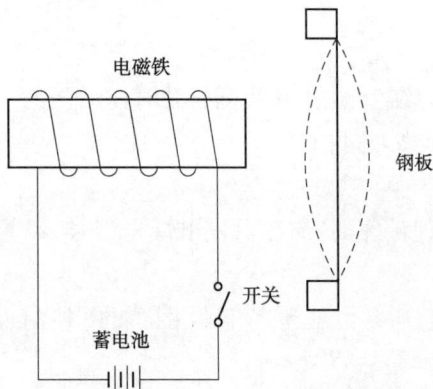

图 4-12　电磁式喇叭的工作原理

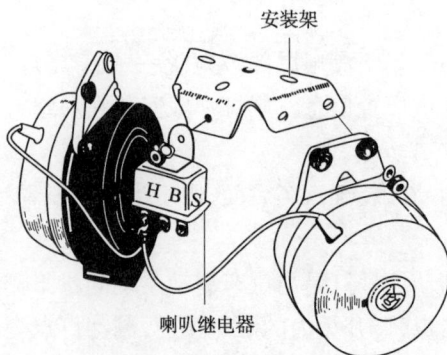

图 4-13　电磁式喇叭的结构

①盆形式喇叭。盆形喇叭和喇叭继电器的结构如图 4-14 所示,盆形喇叭触点闭合后,电磁铁(线圈)将膜片拉近,接近后触点断开,电流被断开,如此反复进行引起振动,发出声音。

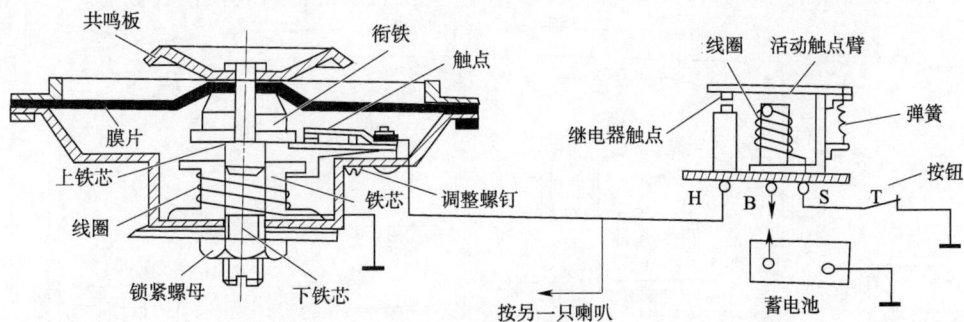

图 4-14　盆形喇叭的结构

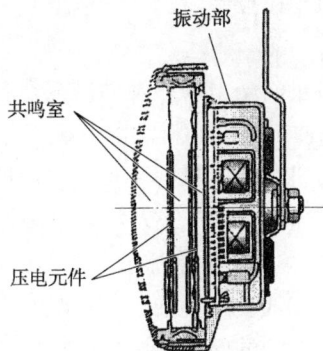

②螺旋形喇叭。螺旋形喇叭是利用螺旋管的共鸣产生较柔软的音色,体积比盆形喇叭大。螺旋形喇叭的基本结构如图 4-15 所示,它以螺旋管的音响管取代盆形喇叭的共振板,其他的驱动回路、触点机构等均与盆形喇叭相同。

2)电子式喇叭

电子式喇叭的结构如图 4-16 所示,其发音体采用压电元件,以产生悦耳的和音,电子式喇叭具有省电、低噪声等优点。

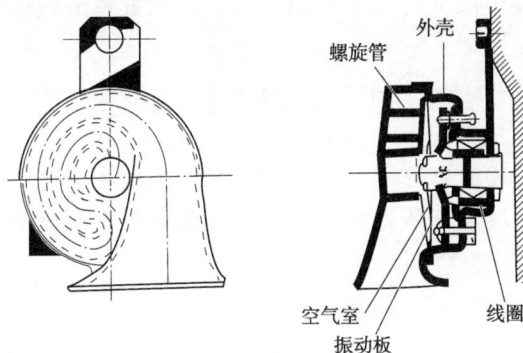

图 4-15　螺旋形喇叭的结构　　　　图 4-16　电子式喇叭的结构

第二节　组合仪表与报警装置

一、组合仪表

为了使驾驶人随时观察与掌握汽车各系统的工作状态,在驾驶室仪表板上装有组合仪表、指示灯和报警装置。

汽车组合仪表分为传统组合仪表和电子组合仪表。传统组合仪表是机械式或电动机械式,它们都是通过指针和刻度来实现模拟显示的。随着电子及计算机技术在汽车上的广泛应用,以及新型传感器和电子显示器的出现,电子组合仪表已被越来越多的汽车所采用。

1.传统组合仪表

传统组合仪表如图 4-17 所示,主要包括机油压力表、冷却液温度表、发动机转速表、燃油表、电流表、机油压力报警灯、充电指示灯等,这些仪表通常都组装在仪表板上。

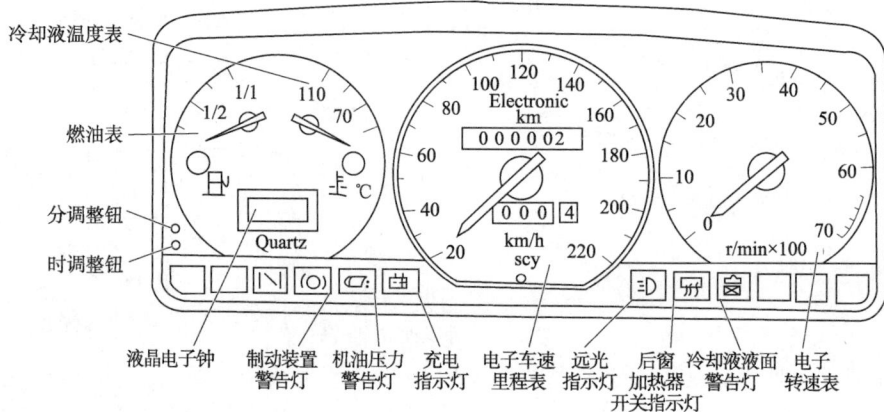

图 4-17　传统组合仪表

传统组合仪表的功用如下:

(1)车速里程表。车速里程表由指示汽车行驶速度的车速表和记录汽车已行驶过距离的里程表组成,它们装在同一个壳体中,由同一根轴驱动。

(2)车速报警装置。车速报警装置是为保证行车安全而在车速表内设置的速度音响报警系统。

(3)机油压力表。发动机工作时,机油压力表指示发动机润滑系统主油道中机油压力的大小,以便了解发动机润滑系统工作是否正常。

(4)机油低压报警装置。机油低压报警装置作用是当发动机润滑系统主油道中的油压低于正常值时,对驾驶人发出报警信号。机油低压报警装置由装在仪表板上的机油低压报警灯和装在发动机主油道上的油压传感器组成。

(5)燃油表。燃油表指示汽车燃油箱内所储存的燃油量。

(6)燃油油面报警装置(即燃油液位报警灯)。燃油油面报警装置可起到当燃油箱内的燃油量少于某一规定值时立即报警的作用,以引起驾驶人注意。

(7)冷却液的工作温度表。冷却液的工作温度表指示发动机汽缸盖水套内冷却液的工作温度。

(8)冷却液报警灯。冷却液报警灯能在冷却液温度升高到接近沸点时发亮,以引起驾驶人的注意。

(9)电流表。电流表指示蓄电池充电或放电的电流值(目前很少采用传统的电流表,而普遍采用充电指示灯。灯亮表示不充电,灯不亮则表示充电),供驾驶人判断电源系统工作是否正常。

(10)充电指示灯。在发电机不对蓄电池充电时发亮。

(11)发动机转速表。发动机转速表用来指示发动机运转速度。

2.电子组合仪表

电子组合仪表是以数字显示、字母数字混合显示、曲线图或柱状图表等形式向驾驶人显示汽车各种工作状态的信号和报警信号,具有高精度和高可靠性,可为驾驶人提供高精度的数据信息,具有一"表"多用的功能。

电子组合仪表如图4-18所示,主要有电子式燃油表、发动机电子转速表、车速表、里程表和冷却液温度表等。

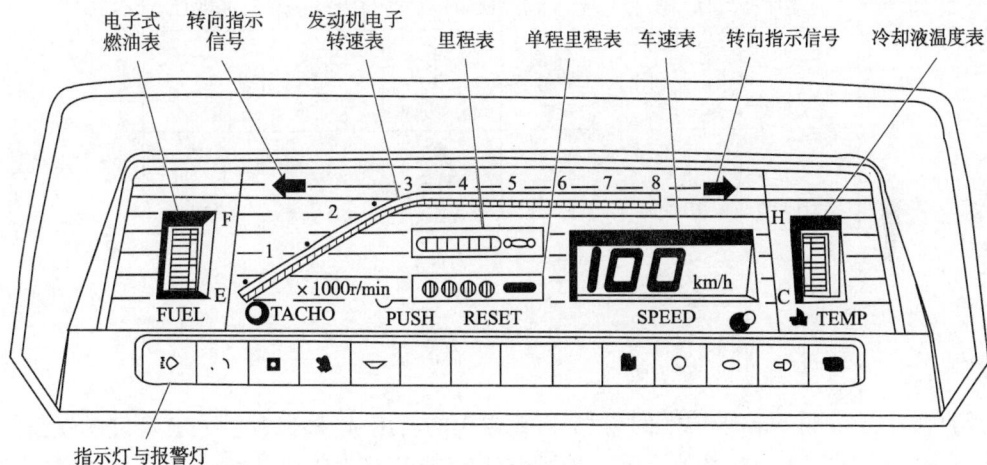

图4-18　电子组合仪表

二、报警装置

现代汽车为保证行车安全和提高车辆的可靠性,安装了许多报警装置。报警装置一般由传感器、报警灯(或蜂鸣器)等组成。组合仪表报警装置如图4-19所示。

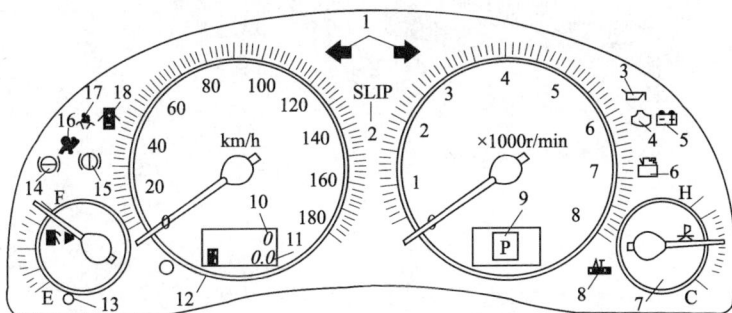

图4-19　组合仪表报警装置

1-转向指示灯;2-SLIP(滑动)报警灯;3-油压报警灯;4-发动机报警灯;5-充电指示灯;6-VDC(车辆动态控制)OFF指示灯、VDC报警灯;7-冷却液温度表;8-A/T(自动变速器)电子控制装置报警灯;9-挡位指示灯;10-车速表;11-里程表;12-车速里程表;13-燃油低液面报警灯;14-ABS报警灯;15-制动报警灯;16-SRS(安全气囊)报警灯;17-安全带报警灯;18-未关门报警灯

现代汽车的电气设备越来越多,为了便于识别、控制它们,在汽车驾驶室的仪表板、操纵杆、开关、按钮等处标有各种醒目的形象化的符号,常用的符号如图4-20所示。

燃油	(冷却液)温度	油压	充电指示	转向指示灯	远光
近光	雾灯	驻车制动	制动失效	安全带	油温
示宽灯	真空度	驱动指示	发动机舱开启	行李舱开启	制动灯
危险报警	风窗除霜	风扇	刮水/喷水器	刮水器	喷水器
车灯开关	阻风门	扬声器	点烟器	后刮水器	后喷水器

图 4-20　常见的符号

<h2>第三节　刮水器和洗涤器</h2>

刮水器具有清除风窗玻璃上的雨水、雪或尘土的功用,以确保驾驶人有良好的视野。在行驶中,由于泥土的飞溅或其他原因污染风窗玻璃,所以还设有洗涤器。洗涤器向风窗玻璃喷水,洗净玻璃上的灰尘、砂粒等,并减少刮水片的阻力。有些乘用车还装备有前照灯冲洗装置。刮水器和洗涤器在车上的布置如图 4-21 所示。

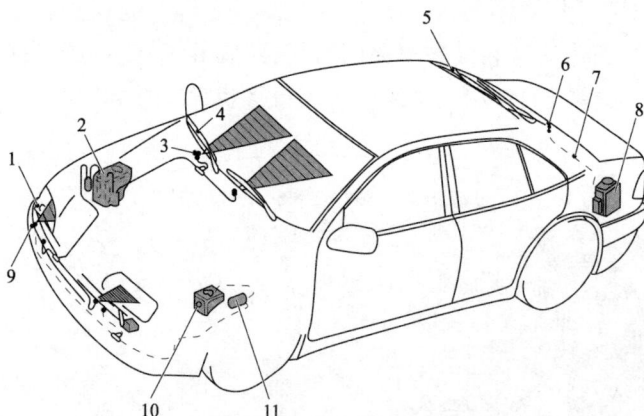

图 4-21　刮水器和洗涤器在车上的布置

1-前照灯的刮水装置;2-前部洗涤泵;3-前风窗玻璃喷嘴;4-前风窗玻璃的刮水器;5-后风窗玻璃的刮水器;6-后风窗玻璃喷嘴;7-后风窗玻璃刮水和洗涤装置;8-后部洗涤泵;9-前照灯冲洗装置;10-储液罐;11-高压泵

一、刮水器

1.刮水器的分类

下雨或下雪时,为保持良好的视线,前、后风窗玻璃上均装有刮水器,以扫除玻璃上的积水或积雪。

现代汽车均使用电动机驱动刮水器,这样可以保持一定速度摆动,不受发动机转速与负荷变动的影响,且可以随驾驶人需要、视雨势大小调整动作速度。电动刮水器更可以做每秒一次至 30 秒一次间歇动作的变速调整。根据刮水片连动方式的不同,刮水器可分为以下几种:

(1)平行连动式:一般小型车采用最多,如图 4-22a)所示。

(2)对向连动式:大型车采用,如图 4-22b)所示。

(3)单臂式:部分小型车采用,如图 4-22c)所示。

目前使用的刮水器多数是平行连动式。

a)平行连动式　　　　b)对向连动式　　　　c)单臂式

图 4-22　刮水片连动方式

2.刮水器的结构和工作原理

刮水器是由刮水器直流电动机、涡轮箱、曲柄、连杆、摆杆、摇臂和刮水片等部分组成,如图 4-23 所示。

通过电动机的动力带动连杆机构,使刮水片产生作用。现代汽车刮水器直流电动机多使用永久磁铁式电动机,其构造如图 4-24 所示。刮水器架装在齿轮壳侧端,端板与外壳为一体,使用三个电刷做二段变速。

刮水器电动机转动时,使蜗轮上的曲臂旋转,经连杆使短臂以电枢中心做扇形运动,此短臂上安装右侧的刮水摇臂,另一连杆与左侧的短臂连接,左右两侧的刮水摇臂以电枢为中心做同方向左右平行的运动(图 4-23)。

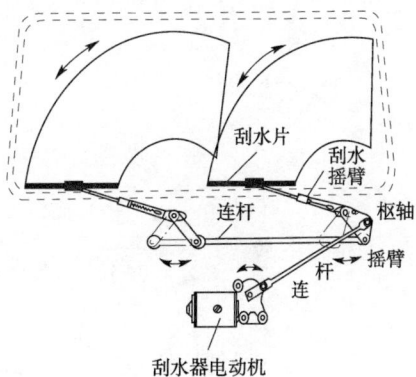

图 4-23　刮水器的结构

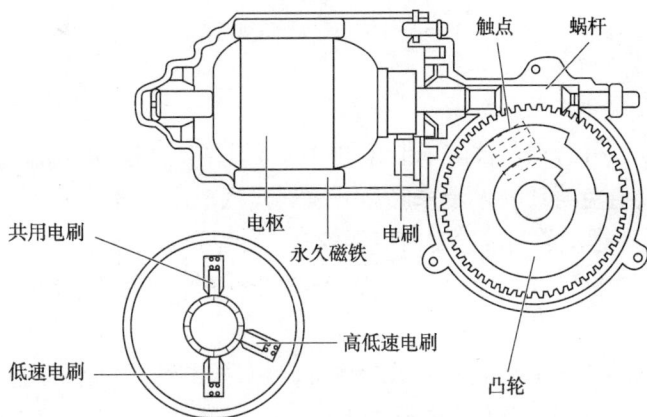

图 4-24　永久磁铁式电动机

要将风窗玻璃上的积水清除得很干净,使视线良好,刮水臂与刮水片(图4-25)必须经特殊设计才能发挥功能,平面玻璃与不同曲面玻璃所用的刮水摇臂与刮水片的结构是不同的,使用错误会使积水刮除不干净,影响视线。刮水臂与驱动轴的安装方法,如图4-26所示,一般均以螺栓固定。

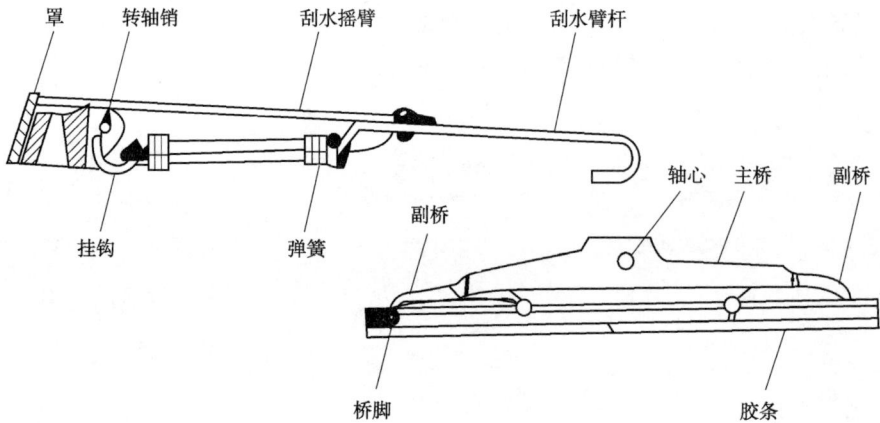

图4-25 刮水片的结构

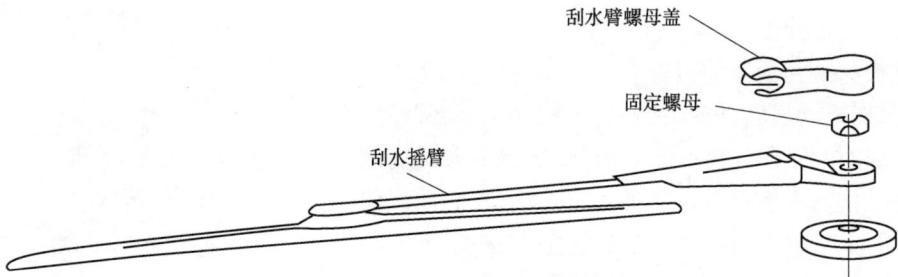

图4-26 刮水摇臂与驱动轴安装法

3. 低、高速附间歇动作式刮水器

在下小雨或潮湿路面行驶,被前车带起的水珠溅湿风窗玻璃,偶尔需要操作一下刮水器才能保持良好视线,避免给驾驶人带来麻烦。故现代汽车刮水器除低、高速外,通常附有间歇(INT)的位置,间歇摆动的间隔固定时间者较多,有的可以调整,最久可达30s左右。有些汽车在间歇动作时,为能彻底刮净风窗玻璃上的尘土,并且避免刮水片或玻璃刮伤,一般附有自动喷水动作。

低、高速附间歇动作式刮水器电动机的结构,与永久磁铁式刮水器电动机相同,只是在电路上多装了一个间歇开关,即刮水器开关上多了一段间歇(INT)位置。图4-27所示为一般汽车使用低、高速附间歇动作的刮水器电路。

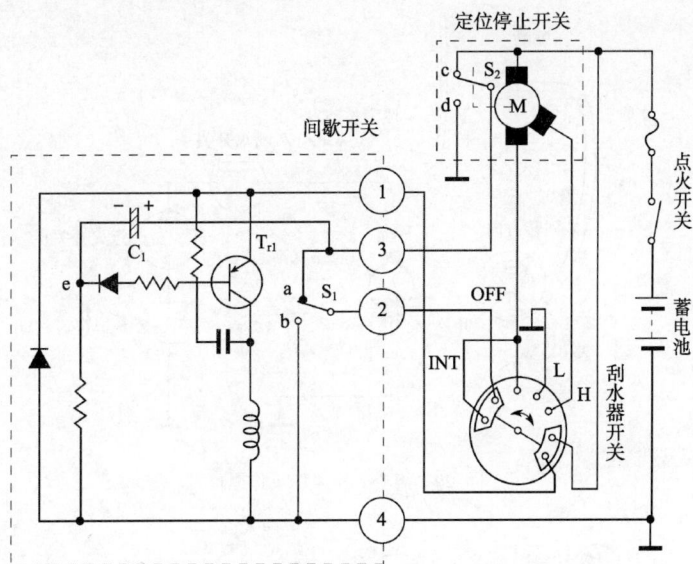

图 4-27 低高速附间歇动作刮水器电路

二、洗涤器

汽车行驶时,风窗玻璃上常附着灰尘、砂粒等,若不冲洗就直接使用刮水器时,会使刮水片损伤,并易使风窗玻璃刮伤;同时风窗玻璃太干燥时,也使刮水片受到过大的阻力,易使刮水器电动机烧坏。故使用刮水器前,先使洗涤器向风窗玻璃喷水,洗净玻璃上的灰尘、砂粒等,并减少刮水片的阻力。

目前,汽车使用的风窗玻璃洗涤器,其结构包括电动机、储水箱、水管及喷嘴等部分,电动机(永久磁铁式)及水泵(离心式)装在储水箱上,如图 4-28 所示。离心式水泵工作原理如图 4-29 所示,喷嘴的种类如图 4-30 所示。

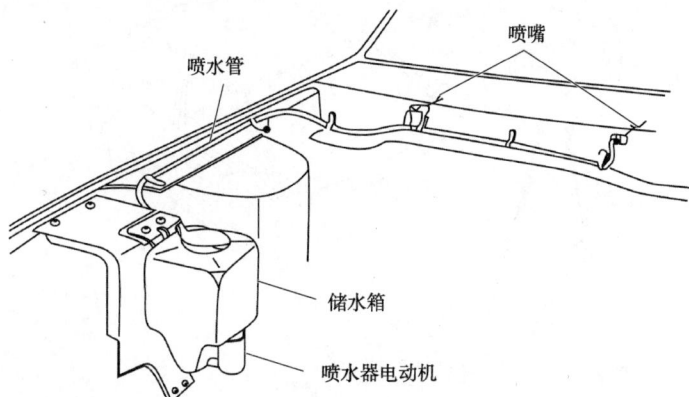

图 4-28 风窗玻璃洗涤器

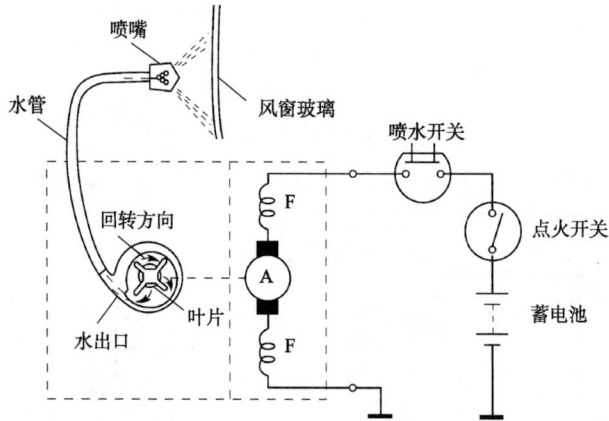

图 4-29　离心式水泵的工作原理

a) 单孔式　　　　b) 复孔式　　　　c) 喷管式

图 4-30　喷嘴的种类

三、前照灯冲洗装置

在泥泞路面或恶劣气候下跟车或会车时,经常因泥水飞溅,使前照灯镜面脏污,影响照明及行车安全,故有的车辆装备有前照灯冲洗装置。

前照灯冲洗装置由前照灯冲洗开关、控制器、储液罐、冲洗电动机及喷嘴等组成,如图 4-31所示。

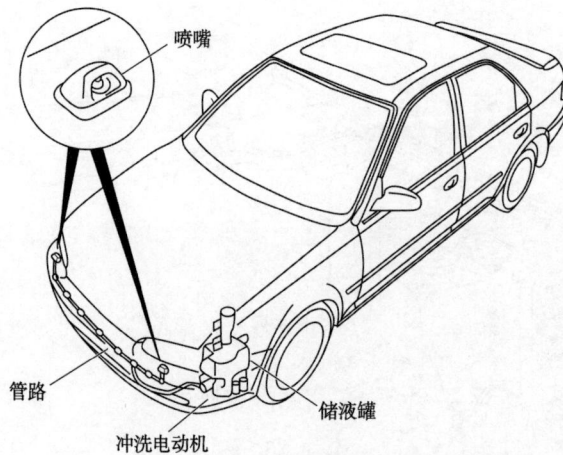

图 4-31　前照灯冲洗装置的组成

前照灯冲洗装置的电路如图4-32所示,压下冲洗开关,左、右两侧的喷嘴喷出冲洗液,将前照灯冲洗干净。喷嘴位置必须正确,使用于所有车速时,冲洗液均能准确喷向前照灯。

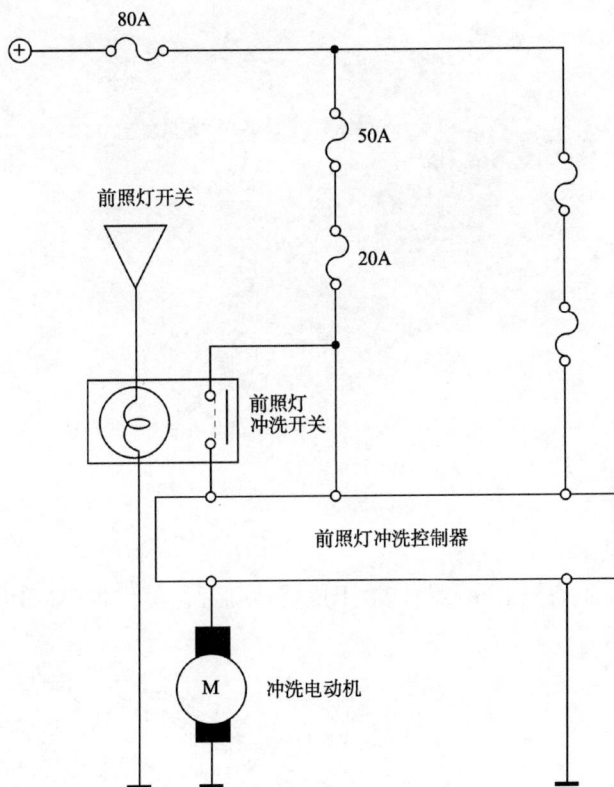

图4-32　前照灯冲洗装置电路图

第四节　汽车空调系统

一、汽车空调系统的功用和组成

1.汽车空调系统的功用

汽车空调系统即车内空气调节装置,是指对车内空气的温度、湿度及清洁度进行调节控制的装置。汽车空调系统的功用是在各种气候和行驶条件下,为乘员提供舒适的车内环境,并能预防或除去附在风窗玻璃上的雾、霜或冰雪,以确保驾驶人的视野清晰与行车安全。

2.汽车空调系统的组成

汽车空调系统在车上布置如图4-33所示,它主要由制冷系统、采暖系统、通风装置、加湿装置、空气净化装置和控制装置等组成。

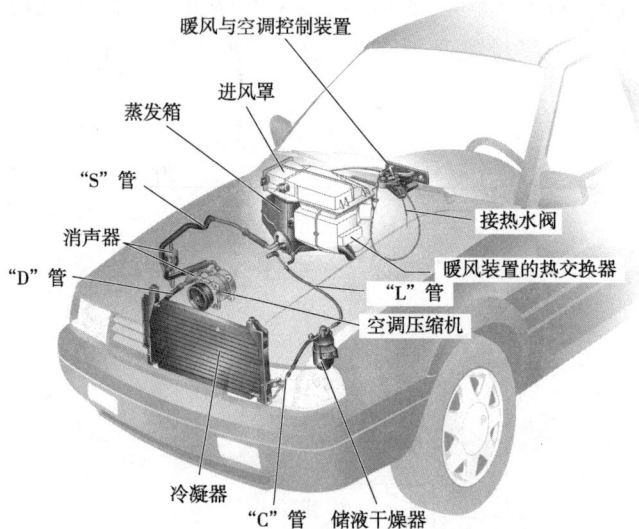

暖风与空调控制装置
进风罩
蒸发箱
"S"管
消声器
"D"管
接热水阀
暖风装置的热交换器
"L"管
空调压缩机
冷凝器
"C"管　储液干燥器

图 4-33　汽车空调系统在车上的布置

二、制冷系统

1.制冷系统的组成

制冷系统主要由压缩机、冷凝器、储液干燥器、膨胀阀、蒸发器、导管与软管、压力开关等组成,如图 4-34 所示。

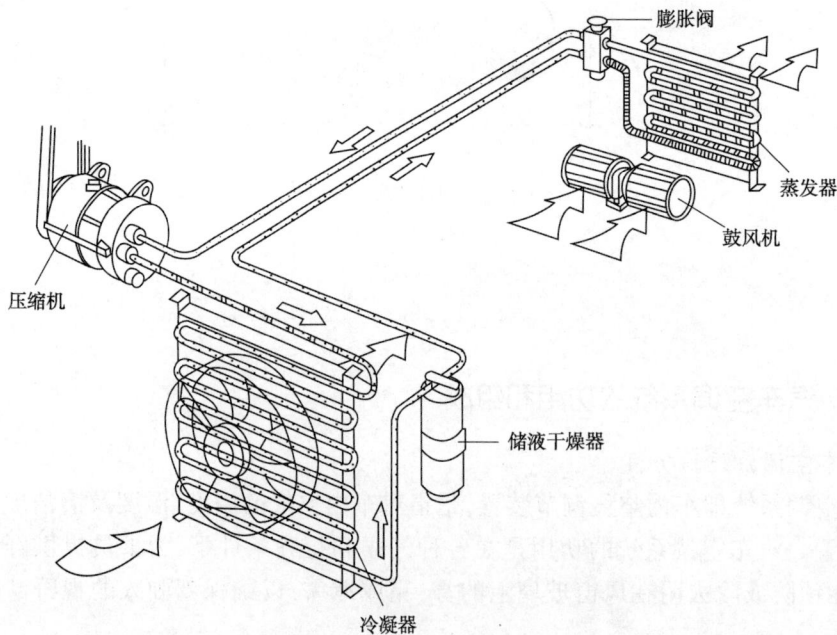

膨胀阀
蒸发器
鼓风机
压缩机
储液干燥器
冷凝器

图 4-34　空调制冷系统的组成

2.制冷系统的工作原理

制冷系统的工作原理如图 4-35 所示,分为压缩过程、放热过程、节流过程和吸热过程。

压力为0.2MPa, 沸点为0℃, 在20℃的室温下R134a会迅速蒸发, 吸收热量, 降低空气温度

液态R134a制冷剂蒸发

由于节流, 制冷剂的压力在这里降低, 温度下降, 能达到-5～10℃, 如果制冷剂中有水, 水就会在这里结冰, 形成冰堵, 影响制冷效果

冷却后的空气

膨胀阀

热敏管

低压低温液体

蒸发器

低压低温气体

空气 鼓风机 空气

液态制冷剂

使制冷剂循环, 并提高制冷剂压力

高温高压气体

压缩机

冷却风扇

冷凝器(液化)

储液干燥器

空气

高温液体

高压高温液体

由于污物或散热栅变形, 会导致其散热不良, 过多的气态制冷剂, 会使系统制冷不良

在储液干燥器中, 输出管埋得很深, 这样就使气态制冷剂和液态制冷剂分离开来, 保证液态制冷剂进入膨胀阀。同时, 其中的干燥剂能够吸收系统中的水分和过滤系统中产生的杂质

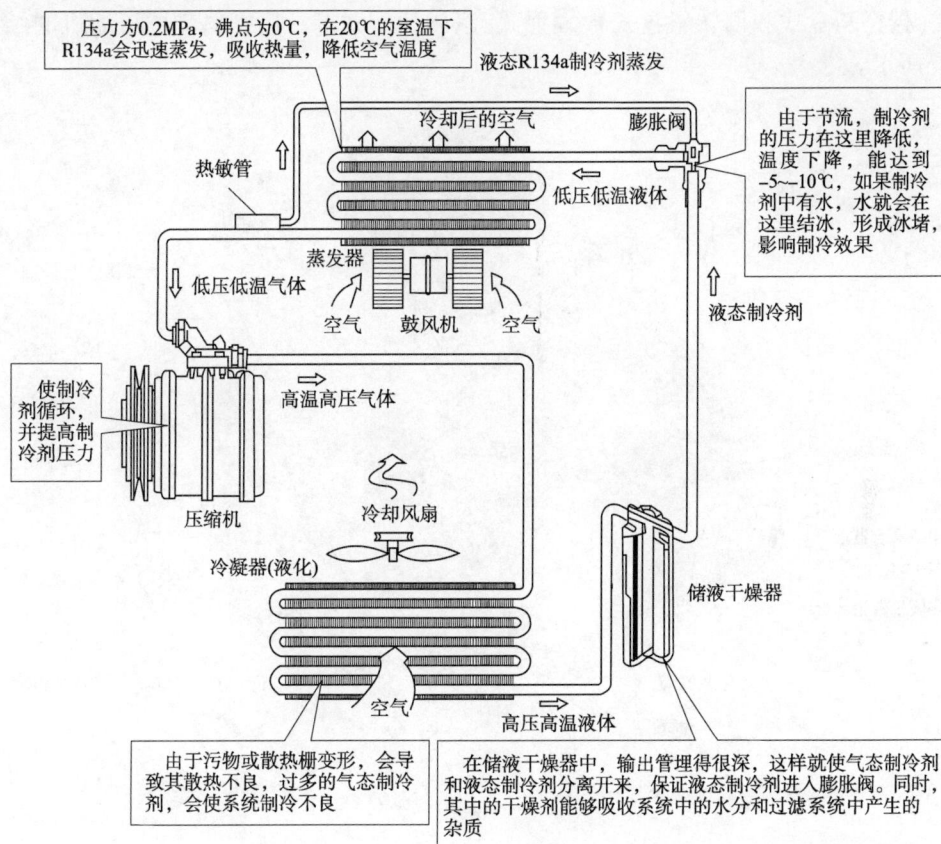

图 4-35 制冷系统的工作原理

（1）压缩过程。压缩机吸入蒸发器出口处的低温低压制冷剂气体,把它压缩成高温高压气体排出压缩机,经管道进入冷凝器。

（2）放热过程。高温高压的过热制冷剂气体进入冷凝器后,由于温度的降低,达到制冷剂的饱和蒸汽温度,制冷剂气体冷凝成液体,并放出大量的液化气热。

（3）节流过程。温度和压力较高的液态制冷剂通过膨胀装置后体积变大,压力和温度急剧下降,以雾状排出膨胀装置。

（4）吸热过程。雾状制冷剂液体进入蒸发器,由于压力急剧下降,达到饱和蒸汽压力,液态制冷剂蒸发成气体。蒸发过程中吸收大量的蒸发器表面热量,变成低温低压气体后,再次循环进入压缩机。

3.制冷系统主要部件的构造

1）压缩机

压缩机作用是使制冷剂保持循环。压缩机的吸气侧抽吸制冷剂蒸气,然后制冷剂流经压缩机的出口或排放侧,对其加压。高压、高温的制冷剂被压出压缩机而流入冷凝器。

压缩机有两个重要的功能:一是使系统内产生低压条件,二是使制冷剂循环,把制冷剂蒸气从低压压缩至高压,两种功能同时完成。

乘用车空调制冷系统的压缩机一般都是由汽车发动机驱动,其结构形式有曲柄连杆式、

斜盘式(摇摆斜盘式和回转斜盘式)、辐射式、滚动活塞式等。摇摆斜盘式压缩机的结构如图 4-36 所示。

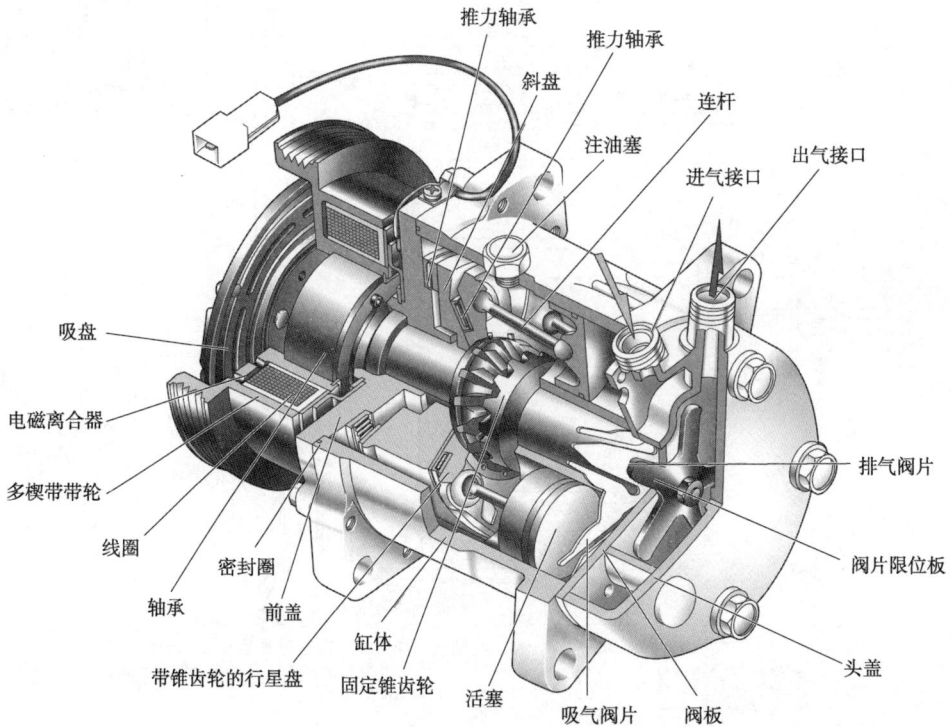

图 4-36　摇摆斜盘式压缩机的结构

　　摇摆斜盘式压缩机工作原理示意图如图 4-37 所示,压缩机有 5 个汽缸,当主轴旋转时,斜盘作轴向往复摇摆运动,带动压缩机的活塞作轴向往复运动,从而完成制冷剂的吸入、压缩和排出过程。

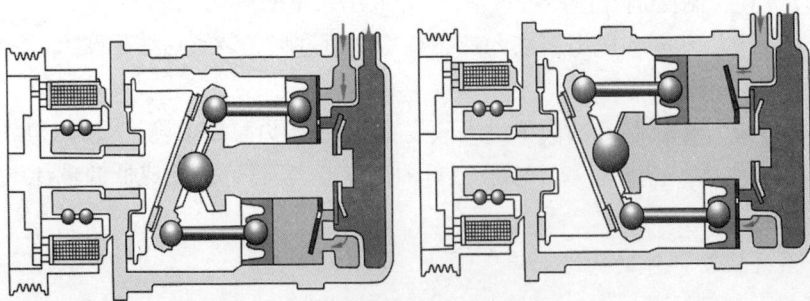

图 4-37　摇摆斜盘式压缩机工作原理示意图

　　2)冷凝器

　　冷凝器的作用是对压缩机排出的高温、高压制冷剂散热降温,使其凝结为液态高压制冷剂。冷凝器直接安装在散热器的前方,冷凝器的结构形式主要有管片式、管带式以及平行流式 3 种,如图 4-38 所示。

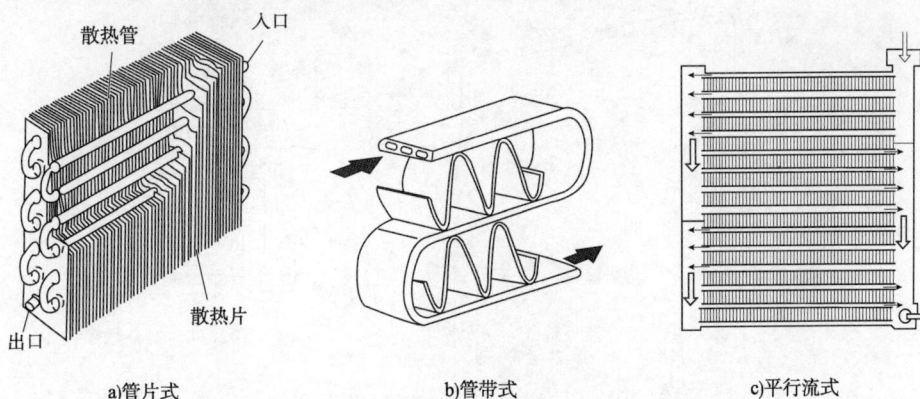

图 4-38　冷凝器的结构形式

a)管片式　　　　b)管带式　　　　c)平行流式

3) 储液干燥器

储液干燥器主要作用有储存制冷剂、过滤水分与杂质、防止气态制冷剂进引线入蒸发器等。还提供了系统内液态制冷剂的缓冲空间,能及时调整和补充供给膨胀阀的制冷剂流量,以保证系统内制冷剂流动的连续性和稳定性。

储液干燥器安装于冷凝器与膨胀阀之间,由储液干燥器体、过滤器、干燥剂、引出管和观察窗玻璃等构成,如图 4-39 所示。

4) 膨胀阀

汽车空调制冷系统使用的膨胀节流装置简称为膨胀阀,它的主要作用是将液态制冷剂转化为雾状制冷剂,节流、降压、调节和控制流量。在制冷负荷和压缩机转速变化时,膨胀节流装置能自动调节进入蒸发器的制冷剂流量,以满足制冷要求,保证车内温度稳定。

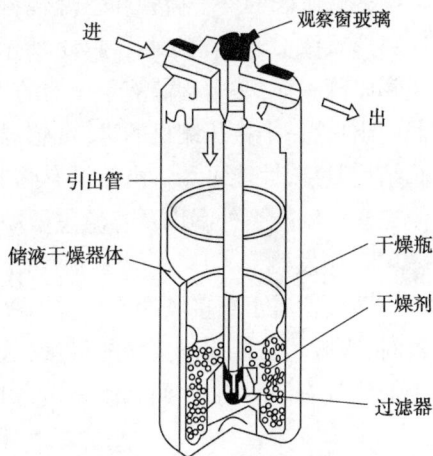

图 4-39　储液干燥器的结构

膨胀阀的针阀是通过膜片连动的,膜片的控制因素有 3 个:蒸发器的压力使阀关闭;弹簧压力使阀关闭;膜片顶部通过毛细管来自热敏管的惰性气体压力使阀打开。这 3 种力的合力使膨胀阀打开一定的开度,控制制冷剂的流量。膨胀阀的工作过程如图 4-40 所示。

热敏管固定在蒸发器的出口或尾管处。热敏管感应出尾管的温度后,通过毛细管对阀中的膜片作用。当作用在膜片顶部的压力比蒸发器的压力与弹簧压力的之和还大时,针阀从阀座移开,直到压力达到平衡为止,以此方式将适量的制冷剂流入蒸发器芯。

尾管处的温度上升时,热敏管中的膨胀气体通过毛细管作用在膜片上的压力增加,膜片接着又迫使推杆向下推动阀销和针阀,使更多的制冷剂进入蒸发器。尾管处的温度下降时,热敏管和膜片上的压力降低,从而使针阀就座,流入蒸发器的制冷剂量受到限制。

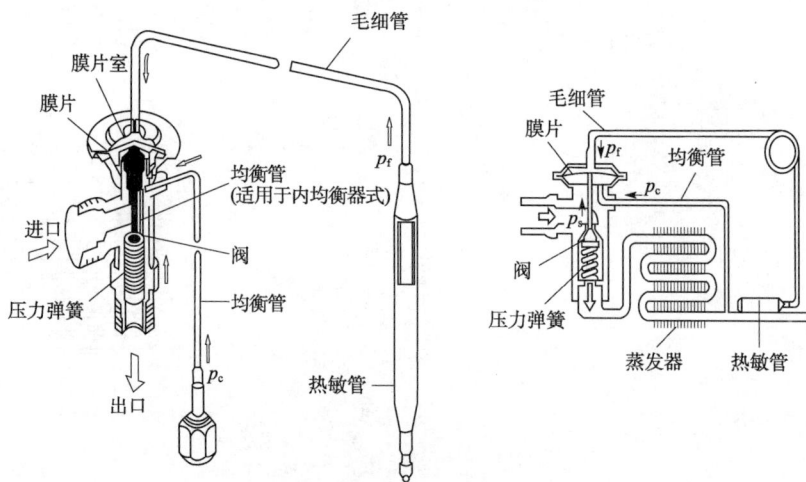

图 4-40　膨胀阀的工作过程

除了典型的膨胀阀以外,还有一种 H 形膨胀阀得到了广泛的应用,H 形膨胀阀取消了外平衡式膨胀阀的外平衡管和感温包,使其直接与蒸发器进出口相连。H 形膨胀阀因其内部通路形状像 H 而得名,如图 4-41 所示,它有 4 个接口通往汽车空调系统,其中两个接口和普通膨胀阀一样,一个接储液干燥器的出口,一个接蒸发器的进口,但另两个接口,一个接蒸发器的出口,一个接压缩机的进口,感温包和毛细管均由薄膜下面的感温元件取代,H 形膨胀阀结构紧凑,性能可靠。由于没有感温包、毛细管和外平衡接管,避免了因汽车颠簸、振动而使充注系统断裂外漏以及感温包松动影响膨胀阀工作,提高了膨胀阀的抗振性能。

5)蒸发器

蒸发器属于直接风冷式结构,制冷系统工作时,来自膨胀阀的低压雾状制冷剂通过蒸发器时,吸收蒸发器周围空气的热量,从而达到降低车内温度的目的,同时低压雾状制冷剂变为低压气态制冷剂,并回到压缩机,如图 4-42 所示。

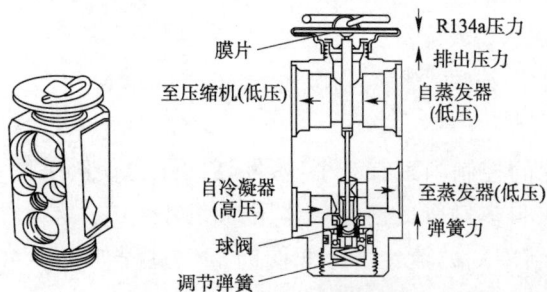

图 4-41　H 形膨胀阀的结构

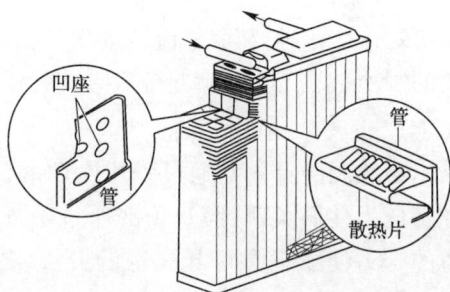

图 4-42　蒸发器的结构

三、采暖系统

1.采暖系统的功用

采暖系统的功用是将冷空气送入热交换器,吸收某种热源的热量,提升空气的温度,并将热空气送入车内。目前,绝大部分乘用车上都采用水暖式取暖系统,水暖式采暖系统利用的是发动机冷却液的热量。

2.采暖系统的工作原理

水暖式采暖系统实际上是发动机冷却系统的一部分,大致可分为两大部分,即热水循环回路和配气装置。热水循环回路与发动机的冷却系统相连通,借助于发动机的水泵实现热水循环。来自发动机冷却系统的热水从进水管流经加热器控制阀进入散热器,然后经由出水管回到发动机的冷却系统,实现回路的循环,如图4-43所示。

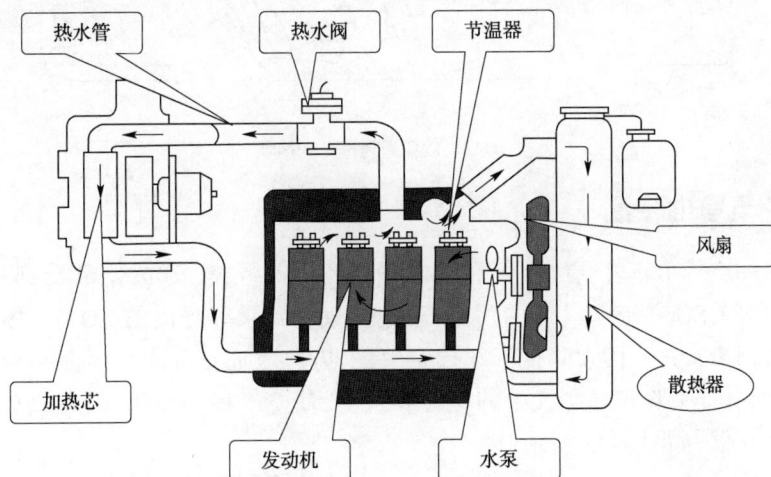

图4-43　热水循环回路

在通风装置中,由电动鼓风机强制使空气循环运动。空气经由进风口被吸入,流经加热器时将被加热,并由出风口导出,进入车厢内实现取暖或为风窗玻璃除霜,如图4-44所示。

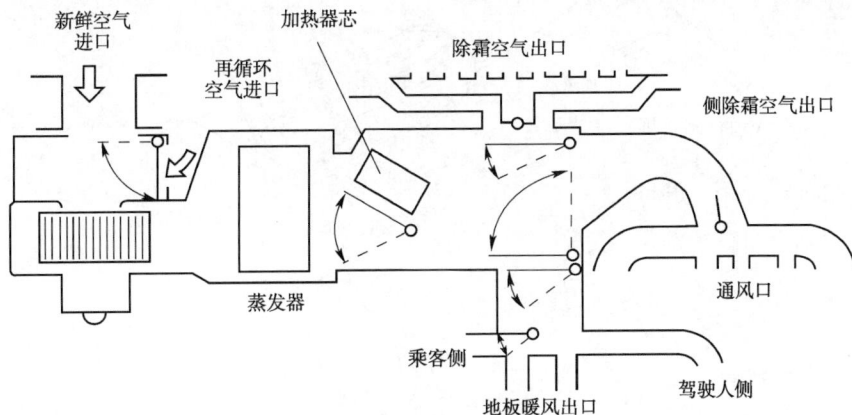

图4-44　水暖通风系统

四、通风装置

为了健康和舒适,汽车厢内空气要符合一定的卫生标准,这就需要输入一定量的新鲜空气。新鲜空气的配送量除了考虑人们因呼吸排出的二氧化碳、蒸发的汗液、吸烟以及从车外进入的灰尘、花粉等污染物,还必须考虑保持车内正压和局部排气量所需的风量。将新鲜空气送入车内,取代污染空气的过程,称为通风。

根据我国对乘用车、客车的汽车空调新鲜空气要求,换气量按人体卫生标准最低不少于 $20m^3/(h·人)$,且车内的 CO_2 的体积分数一般应控制在 0.03% 以下,风速为 $0.2m/s$。

汽车空调的通风方式一般有动压通风(图 4-45)、强制通风和综合通风 3 种。

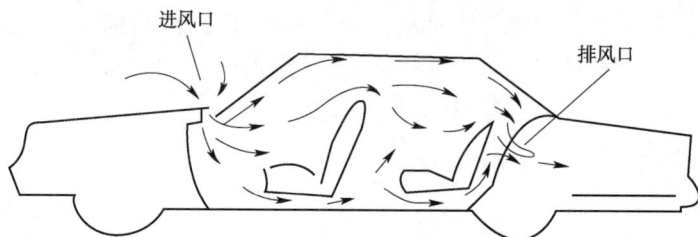

图 4-45　动压通风进风的循环

五、空气净化装置

进入车内的空气由车外新鲜空气和车内再循环空气组成。车外空气受到粉尘、烟尘以及汽车尾气中 CO、SO_2 等有害气体的污染;车内空气受到乘客呼出的 CO_2、人体汗味以及漏入车内的废气污染。这些因素降低了车内空气的洁净度,而空气净化器能够清除车内空气中的异味微粒,并能去除车外空气中的花粉和灰尘,使空气得到净化,因此汽车空调系统需要装备空气净化器,如图 4-46 所示。

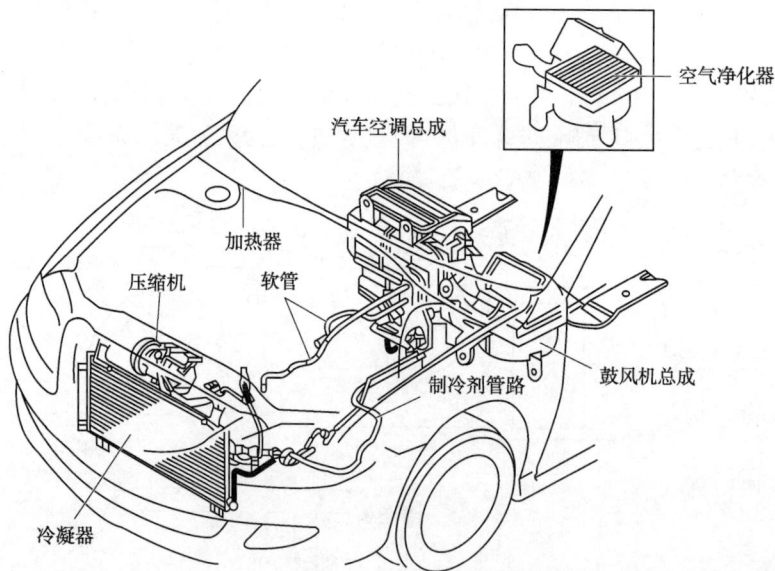

图 4-46　空气净化器

汽车空调系统采用的空气净化装置通常有空气过滤式和静电集尘式两种。前者是在汽车空调系统的送风和回风口处设置空气滤清装置,它仅能滤除空气中的灰尘和杂物,因此,结构简单,只需定期清理过滤网上的灰尘和杂物即可,故广泛用于各种汽车空调系统中。后者则是在空气进口的过滤器后再设置一套静电集尘装置或单独安装一套用于净化车内空气的静电除尘装置,它除具有过滤和吸附烟尘等微小颗粒杂质的作用外,还具有除臭、杀菌、产生负氧离子以使车内空气更为新鲜洁净的作用。由于其结构复杂,成本高,所以,只用于高级乘用车上。图 4-47 所示为静电集尘式空气净化装置的空气净化过程。

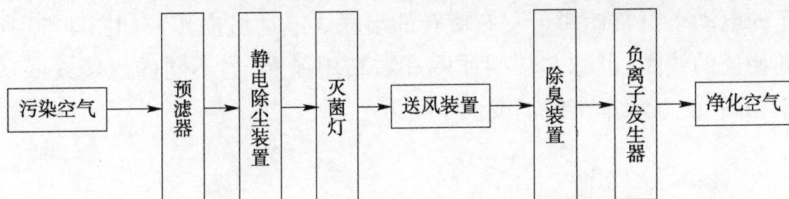

图 4-47　静电集尘式空气净化装置原理图

第五节　其他电气设备

一、电动车窗

1. 电动车窗的功用和组成

电动车窗是指以电为动力使车窗玻璃自动升降的门窗,它是由驾驶人或乘员操纵开关接通车窗升降电动机的电路,电动机产生动力通过一系列的机械传动,使车窗玻璃按要求进行升降,其优点是操作简便,有利于行车安全。图 4-48 所示为常见的 4 门电动车窗系统,主开关装于驾驶人侧,有 4 个按键,可操作 4 个车门的电动车窗;副开关装在乘客侧及后座,仅能操作一个车门的电动车窗。

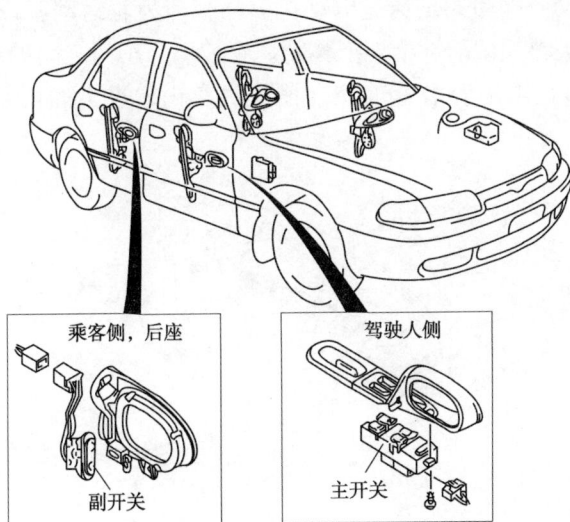

图 4-48　4 门电动车窗系统

主开关或副开关拉起时,车窗升起,放开开关时,车窗停止移动,以避免车窗突然关闭;反之车窗下降时亦然。但主开关驾驶人侧车窗开关为两段式,如图 4-49 所示,第一段与其他开关作用相同,按下第二段时驾驶人侧车窗会自动一次下降至最低位置。

2. 电动车窗主要部件的构造

电动车窗一般由车窗、车窗玻璃升降器、电动机和开关等部件组成。

1）电动机

现代汽车的电动车窗常使用可左右旋转的串联式电动机操作。如图4-50所示，磁场线圈有两条方向相反的线圈，也称左转用线圈和右转用线圈，当不同的磁场线圈通电时，电枢的转动方向不相同，使电动车窗向上或向下。

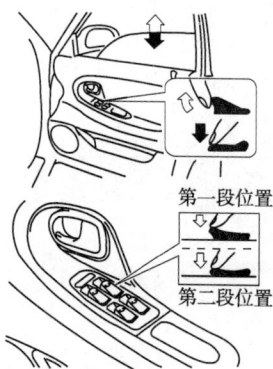

图4-49　主开关处驾驶人侧车窗开关

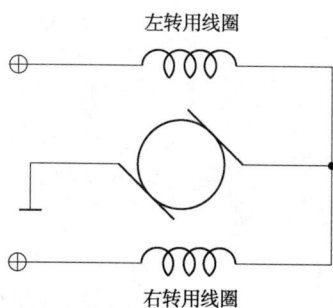

图4-50　左右都能旋转的串联电动机示意图

2）玻璃升降器

玻璃升降器安装在门内，是实现门窗玻璃打开或关闭的装置。一般采用X形机构主动臂的摆动使门窗作升降运动，如图4-51所示。旋转手动式调节器手柄或按下电动玻璃升降器开关使门窗开始运动。电动式是通过电动机驱动减速齿轮运动，带动主动臂运动的。手动式是利用钢索拖动玻璃托架沿导槽上下移动。在玻璃与车门之间的玻璃导槽内嵌入橡胶制的密封条，作用是防止雨水等沿着玻璃导槽流进车内。进入的雨水通过车门下的小孔流出。

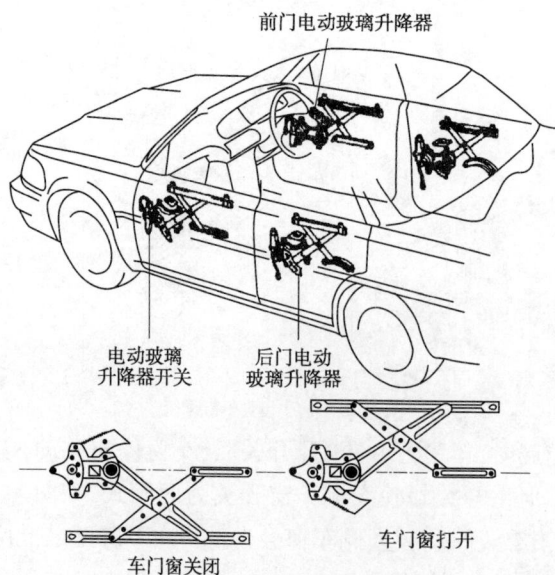

图4-51　玻璃升降器

二、电动后视镜

对于电动后视镜的调节,驾驶人只需操作开关便能将外面的后视镜调整到合适的位置,如图 4-52 所示。

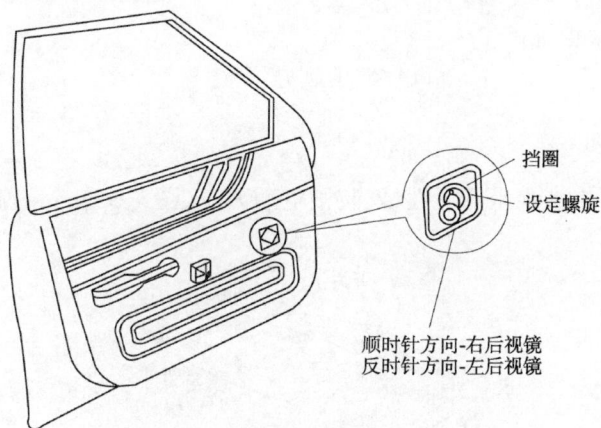

图 4-52　电动后视镜开关

电动后视镜的结构,如图 4-53 所示,电动机可以使后视镜折叠成与汽车平行的方向。电动机等机械部分安装在车门内。调节角度用的电动机有两台,隐藏后视镜用的电动机有一台。

如图 4-54 所示,为带有超声波雨点清除装置的后视镜。在镜面内侧的压电振动子振动使雨点雾化,而加热板加热后除去镜面上的小雨点,保持后视镜表面光滑清晰。

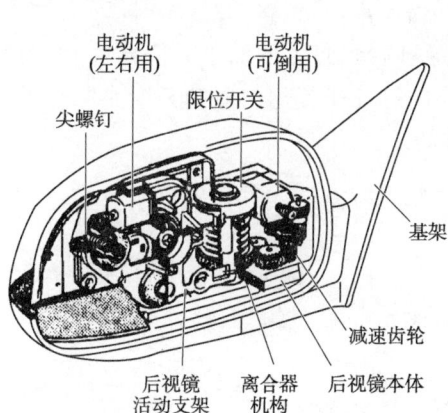

图 4-53　电动后视镜的结构

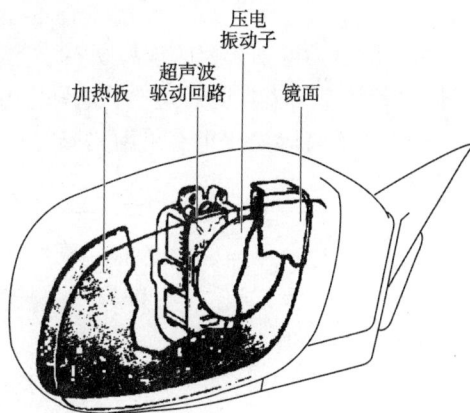

图 4-54　带有超声波雨点清除装置的后视镜

为防止车门后视镜在后方车辆前照灯的照射下产生炫光,妨碍驾驶人对后方的观察,而出现了内后视镜。利用镀铬材料,感知周围亮度与后方灯光的亮度,通过内后视镜中 EC 元件的电化学反应使后视镜表面着色,以控制后视镜的反射率,如图 4-55 所示。

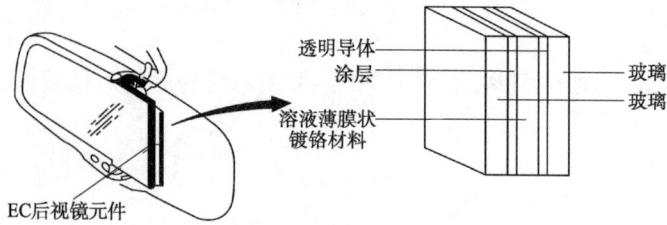

图 4-55　自动防炫目后视镜

三、电动天窗

有些乘用车为了提高乘坐舒适性,安装了电动天窗(图 4-56)。天窗使用电动控制装置将其打开或关闭。

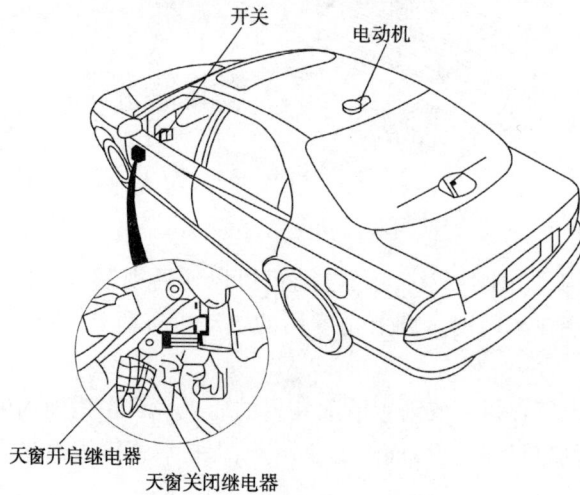

图 4-56　电动天窗元件的位置

图 4-57 所示为电动天窗的连杆机构,铰接销穿过后导向体的槽中并固定在约束点上,后导向体以铰接销为支点前后运动,实现电动天窗的打开或关闭。电动天窗遮阳板采用玻璃材料制成,为实现轻量化也有采用树脂材料制成的。

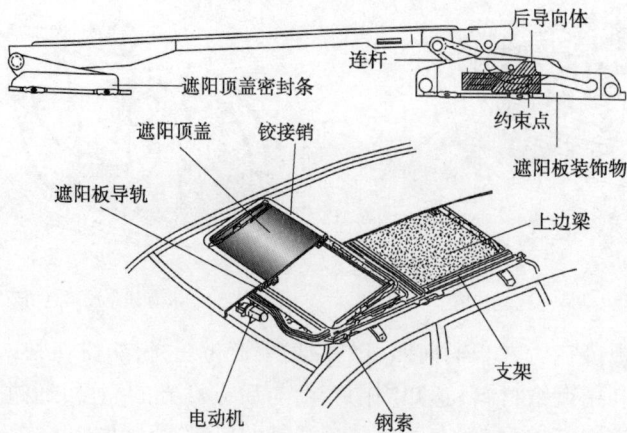

图 4-57　电动天窗的连杆机构

四、中央控制门锁

1. 中央控制门锁的功用和组成

中央控制门锁简称中控锁。为了提高汽车使用的便利性和行车的安全性,现代汽车越来越多地安装中控锁。当驾驶人锁住其身边的车门时,其他车门也同时锁住,驾驶人可通过门锁开关同时打开各个车门。当行车速度达到一定时,各个车门能自行锁上,防止乘员误操作车门把手而导致车门打开。

1)中央控制门锁的功用

中央控制门锁具有以下功用:

(1)单独控制功能。在车内个别车门需打开时,可分别拉开各自的锁扣,也可由驾驶人操纵门锁控制开关开启车门。

(2)后车门儿童安全锁止功能。将儿童安全锁闩拨到锁止位置时,在车内用内锁扣不能开门,而在车外用外锁扣可以开门,以防止车内儿童擅自打开车门。只有当中央门锁控制系统在开锁状态时,儿童安全锁闩才能退出。

(3)中央控制锁止功能。能同时锁止其他几个车门及行李舱门;当驾驶人车门锁扣拉起时,能同时打开其他几个车门及行李舱门;用钥匙开门,也可实现所有车门同时打开。

(4)钥匙占用预防功能。钥匙插入点火开关中未拔出,即使驾驶人侧的内部锁止开关在锁止位置时,关上车门后,所有车门也会自动锁止。防止钥匙遗忘在车内而车门被锁住。

(5)防盗功能。配合防盗系统,实现汽车防盗。

(6)速度控制功能。当车速达到一定时,能自动将所有的车门锁锁止。

2)中央控制门锁的组成

中央控制门锁系统一般都由门锁控制开关、门锁执行机构、门锁控制器及控制电路等组成,各部件在车上的安装位置如图4-58所示。

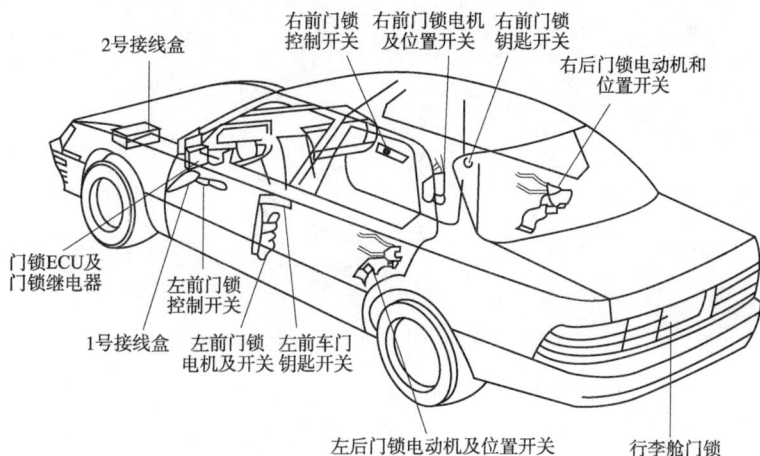

图4-58 中央控制门锁系统各部件在车上的安装位置

2. 中央控制门锁主要部件的构造

1)门锁控制开关

门锁控制开关一般安装在驾驶人侧前门的扶手上,如图4-59所示。通过门锁控制开关可以同时锁上或打开所有的车门,将开关推向前门是锁门,推向后门是开门。

2)钥匙控制开关

钥匙控制开关安装在左前门和右前门的外侧门锁上,当从外面用钥匙开门和锁门时,钥匙控制开关便发出开门或锁门的信号给门锁 ECU。钥匙控制开关的安装位置如图 4-60 所示。

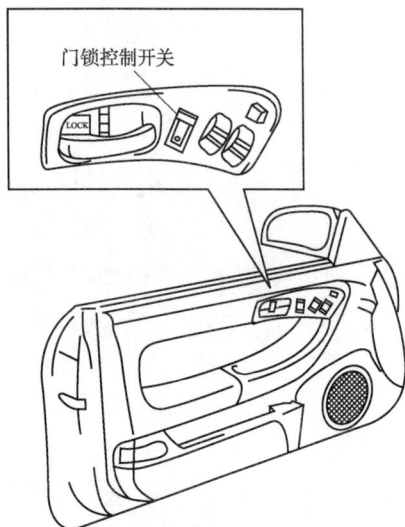

图 4-59 门锁控制开关的安装位置

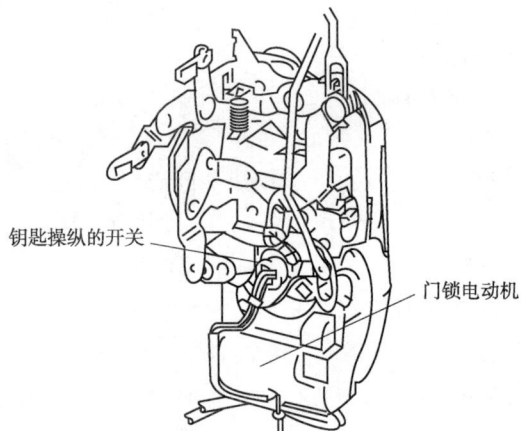

图 4-60 钥匙控制开关的安装位置

3)门锁位置开关

门锁位置开关位于门锁总成内,用来检测车门的锁紧状态,它由一个触点片和一个开关底座组成。当锁杆推向锁门位置时,位置开关断开,而推向开门位置时接通。当车门关闭时,此开关断开;当车门打开时,此开关接通,图 4-61 为门锁位置开关在车门锁紧和打开时的状态。

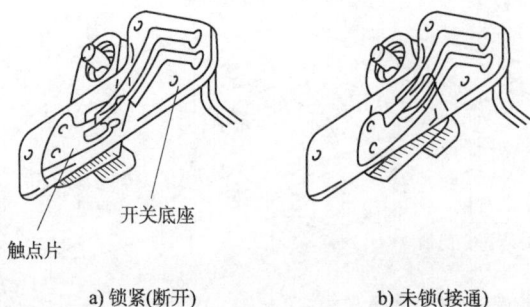

a) 锁紧(断开)   b) 未锁(接通)

图 4-61 门锁位置开关的工作情况

4)门锁驱动机构

车门门锁驱动装置是指车门锁止(或开启)的动力装置,常见的有电动式和电磁式两种。

电动式车门门锁驱动装置由双向永磁电动机及齿轮和齿条等组成,电动机旋转带动齿条伸出或缩回完成车门锁止(或开启)。电磁式车门门锁驱动装置是分别对锁止车门线圈和开启车门线圈进行通电,即可锁止或开启车门。

5)门锁控制器

门锁控制器是为门锁执行机构提供上锁、开锁脉冲电流的控制装置。门锁控制器常用形式有继电器式、集成电路(IC)-继电器式和电脑(ECU)控制式。

6)遥控发射器

遥控发射器在一定距离内完成对汽车车门开闭装置的执行器进行遥控的装置,可为驾驶人提供一个打开车门的方便手段。图 4-62 所示为遥控发射器钥匙的外形图。

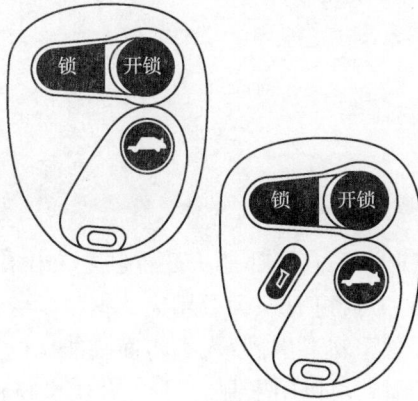

图 4-62 遥控发射器钥匙的外形图

第五章　新能源汽车

第一节　概　述

汽车用的燃料是汽油和柴油等,它们都是从石油中提炼出来的。然而,石油这种矿物燃料是不能再生的,用一点就少一点,总有一天要用完。据科学家们预计,目前世界上已探明的石油储量将于 21 世纪中叶被采尽。因此,人类将面临能源的挑战。从另一方面来说,石油本身就是一种宝贵的化工原料,可以用来制造塑料、合成橡胶和合成纤维等。把石油作为燃料烧掉了,不但十分可惜,而且还污染了人类赖以生存的环境。解决这个难题的唯一可行办法,就是加紧开发新能源。

新能源汽车是指采用非常规的车用燃料(或同时使用常规车用燃料和新型车载动力装置)作为动力来源,综合车辆的动力控制和驱动方面的先进技术,形成的技术原理先进、具有新技术、新结构的汽车。

现在应用及研究中的新能源汽车主要包括电动汽车(包括纯电动汽车、混合动力电动汽车、燃料电池电动汽车等)、气体燃料汽车(包括压缩天然气汽车、液化天然气汽车、液化石油气汽车等)、生物燃料汽车(包括醇类汽车、生物柴油汽车、二甲醚汽车等)、氢气汽车、太阳能汽车等。

第二节　电动汽车

电动汽车包括以下常见的三种结构形式:

(1)纯电动汽车。

(2)混合动力电动汽车。

(3)燃料电池电动汽车。

一、纯电动汽车

纯电动汽车(图 5-1):驱动能量完全由电能提供的、由电机驱动的汽车。电机的驱动电能来源于车载可充电储能系统或其他能量储存装置。

图 5-1　雷诺 Fluence 纯电动汽车外观图

纯电动汽车车拥有悠久的历史,1881 年,在巴黎举行的国际电器展览会上,法国人古斯塔夫-特鲁夫展出一辆能实际操纵的纯电动三轮汽车。这是世界上第一辆真正意义的纯电动汽车,比本茨发明的第一辆内燃机汽车早 5 年。虽然在之后的一百多年中未能经历如内燃机车的迅猛发展,但比起传统燃油驱动的方式,电能驱动始终蕴藏着无限的潜在优势:摆脱了对原材料石油储量的依赖;能量运用更为高效,降低了使用成本;对环境完全无污染。

纯电动汽车本身不排放污染大气的有害气体,即使按所耗电量换算为发电厂的排放,除硫和微粒外,其他污染物也显著减少;电厂大多建于远离人口密集的城市,对人类伤害较少,而且电厂是固定不动的,集中的排放,清除各种有害排放物较容易,也已有了相关成熟技术;电力可以从多种一次能源获得,如煤、核能、水力等,解除人们对石油资源日见枯竭的担心。纯电动汽车还可以充分利用晚间用电低谷时富余的电力充电,使发电设备日夜都能充分利用,大大提高其经济效益。有些研究表明,同样的原油经过粗炼,送至电厂发电,经充入电池,再由电池驱动汽车,其能量利用效率比经过精炼变为汽油,再经汽油机驱动汽车要高,因此有利于节约能源和减少 CO_2 的排放。

纯电动汽车由电力驱动控制系统、驱动力传动等机械系统、完成既定任务的工作装置等组成,如图 5-2 所示。纯电动汽车主要是由电动机来驱动,所以没有发动机,替代发动机的是电力驱动控制系统,它是纯电动汽车的核心,主要由电力驱动主模块、车载电源模块和辅助模块三大部分组成,它也是区别于内燃机汽车的最大不同点。纯电动汽车的其他装置基本与内燃机汽车基本相同。

图 5-2　纯电动汽车的主要结构

1. 电力驱动主模块

电力驱动主模块主要包括中央控制器、驱动控制器、电动机(图5-3)、机械传动装置和车轮等,它的主要功用是将蓄电池的电能转化为车轮的动能,为车辆提供可靠的驱动力。装有能量回收装置的车辆还可以将车辆减速制动时车轮的动能转变为电能储存在蓄电池内。纯电动汽车装有和传统汽车类似的加速踏板,只不过纯电动汽车的加速踏板是控制电流大小的,而不是控制节气门开度的大小的。

中央控制器根据加速踏板传来的电流信号,向驱动控制器发出指令,对电动机进行控制,例如加速、减速等。

图5-3 电动机

驱动控制器是按照中央控制器的要求指令、电动机的速度和电流反馈信号,对电动机的速度、旋转方向等进行控制。纯电动汽车倒挡功能的实现是通过驱动电机的反转实现的。

2. 车载电源模块

车载电源模块主要包括可充电蓄电池、充电控制器和能量管理系统等。

蓄电池是纯电动汽车的动力来源,制约纯电动汽车发展的最大瓶颈就是蓄电池。蓄电池大约占到纯电动汽车制造成本的三分之一左右。纯电动汽车使用的蓄电池主要有铅酸蓄电池、镍氢蓄电池、镍镉蓄电池、锂离子电池、锌镍电池等。

铅酸蓄电池(图5-4)是1859年发明的,至今已有100多年的历史,现代内燃机的起动电源仍采用铅酸蓄电池。铅酸电池的电极主要由铅及其氧化物二氧化铅制成,电解液是硫酸溶液。铅酸蓄电池的优点是价格低廉,高倍率放电性能良好,电能效率高,温度适应范围广等。其缺点是质量和体积都比较大,续航里程短,比能量低,寿命短,充电时间长。电极材料铅是重金属,污染环境。

图5-4 铅酸蓄电池

镍氢蓄电池(图5-5)是20世纪90年代发展起来的新型电池。镍氢蓄电池是由氢离子和金属镍合成的,它的正极活性物质是氢氧化镍,负极活性物质是储氢合金,是一种碱性蓄电池。镍氢蓄电池作为近年来迅速发展起来的一种高能绿色充电电池,具有能量密度高、可快速充放电、循环寿命长、使用温度范围宽以及无污染等优点。在笔记本电脑、便携式摄像机、数码相机及电动自行车等领域得到了广泛应用。但是在纯电动汽车领域,镍氢蓄电池还没能完全推广,还有高温性能、储存性能等很多技术瓶颈没有突破。

镍镉蓄电池(图5-6)是指采用金属镉作负极活性物质,氢氧化镍作正极活性物质的碱性电池,它的电解液是氢氧化钾水溶液或者氢氧化钠水溶液。镍镉蓄电池可重复500次以上的充放电,经济耐用。其内阻很小,可快速充电,又可为负载提供大电流,而且放电时电压变化很小,是一种非常理想的直流供电电池。镍镉电池最致命的缺点是在充放电过程中如果处理不当,会出现严重的"记忆效应",使得寿命大大缩短。

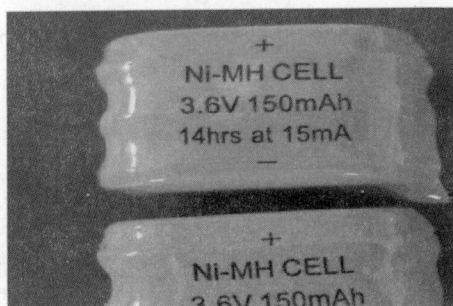

图5-5 镍氢蓄电池

图5-6 镍镉蓄电池

锂离子蓄电池(图5-7)是最新一代的充电电池。1991年索尼公司发布首个商用锂离子蓄电池。锂离子蓄电池至今仍是便携电子器件的主要电源。按照正极材料不同可分为锰酸锂离子电池、磷酸铁锂离子蓄电池、镍钴锂离子蓄电池和镍钴锰锂离子蓄电池。锂离子蓄电池必须有防止过充的特殊保护电路。锂离子蓄电池的工作电压高,使用寿命长,比能量高,对环境无污染,但是由于锂离子蓄电池的正极材料价格高,导致整个电池的使用成本偏高。

图5-7 锂离子蓄电池

3. 辅助模块

纯电动汽车的辅助模块主要是一些提高汽车舒适性、安全性和操控性的装置。比如,声光信号、空调系统、电子助力装置、音响设备等。这些装置在燃油汽车上早已应用。但在纯电动汽车上有的模块运用很少,这主要是考虑到电池的续航里程和制造成本等问题。

目前限制纯电动汽车发展的最大困难是汽车蓄电池技术,现有技术水平制出的蓄电池体积大、质量大、造价高、使用寿命有限,而纯电动汽车一次充电行驶里程也很有限,这些都限制了纯电动汽车的普及使用。要使纯电动汽车大规模应用,必须依靠蓄电池技术的发展。

二、混合动力汽车

混合动力汽车(图5-8)是指能够至少从下述两类车载储存的能量中获得动力的汽车:

①可消耗的燃料;②可再充电能/能量储存装置。通过在混合动力汽车上使用电动机,使得动力系统可以按照整车的实际运行工况要求灵活调控,而发动机保持在综合性能最佳的区域内工作,从而降低油耗与排放。按照使用燃料的不同,可以分为汽油混合动力汽车和柴油混合动力汽车两大类。

图5-8 雪铁龙公司的混合动力汽车

日本丰田公司生产的普锐斯混合动力汽车是世界上首款量产的混合动力汽车。目前国内外的多家汽车厂商都在进行混合动力汽车的研发与生产。

混合动力汽车借助内燃机的动力系统提供的动力可以带动空调系统、助力装置等,提高了驾驶时的操控性和乘坐的舒适性。在道路拥堵时可以切换至电动模式,实现零排放。但是混合动力汽车制造工艺复杂,维护成本较高,使许多普通消费者望而却步。

1. 串联式混合动力电动汽车

串联式混合动力电动汽车(图5-9和图5-10)主要由发动机、发电机、驱动电机和蓄电池组等部件组成。发动机仅仅用于发电,发电机所发出的电能供给电动机,电动机驱动汽车行驶。发电机发出的部分电能向电池充电,来延长混合动力电动汽车的行驶里程。另外电池还可以单独向电动机提供电能来驱动电动汽车,使混合动力电动汽车在零污染状态下行驶。

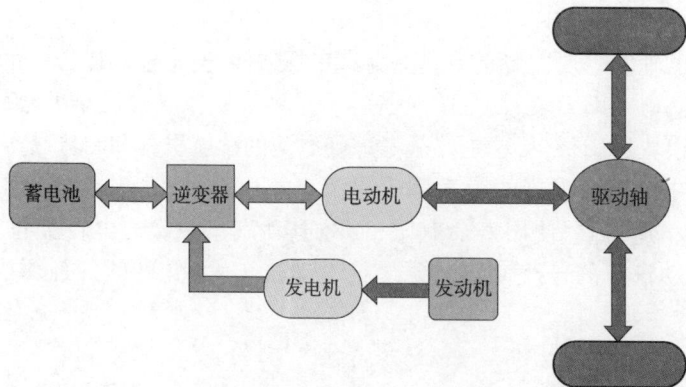

图5-9 串联式混合动力电动汽车原理框图

图 5-10 串联式混合动力电动汽车示意图

2. 并联式混合动力电动汽车

并联式混合动力电动汽车(图 5-11 和图 5-12)主要由发动机、发电/电动机和蓄电池组等部件组成。并联式驱动系统可以单独使用发动机或电动机作为动力源,也可以同时使用电动机和发动机作为动力源来驱动汽车。

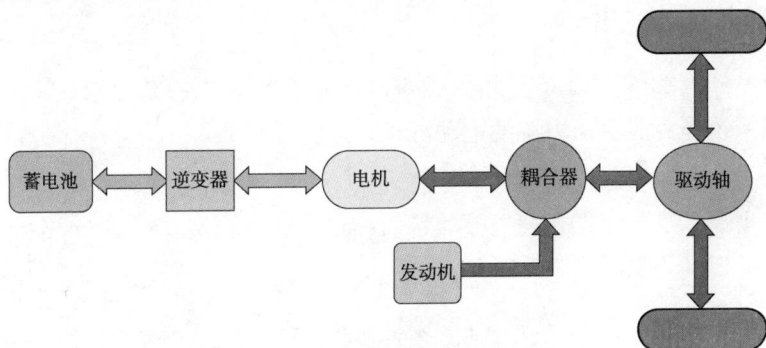

图 5-11 并联式混合动力电动汽车原理框图

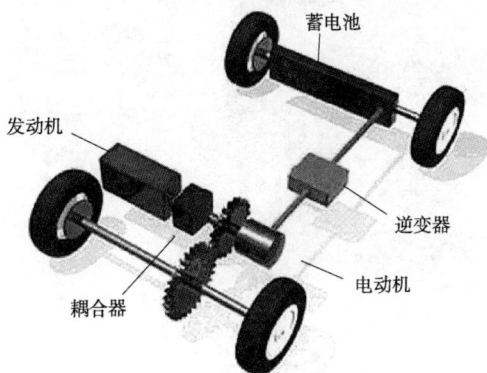

图 5-12 并联式混合动力电动汽车示意图

3. 混联式混合动力电动汽车

混联式混合动力电动汽车(图 5-13 和图 5-14)主要由发动机、发电机、电动机、行星齿轮机构和蓄电池组等部件组成。丰田普锐斯所采用的混合驱动方式,它将发动机、发电机和电动机通过一个行星齿轮装置连接起来。动力从发动机输出到与其相连的行星架,行星架将一部分转矩传送到发电机,另一部分传送到电动机并输出到驱动轴。此时车辆并不是串联式或者并联式,而是介于串联和并联之间,充分利用两种驱动方式的优点。

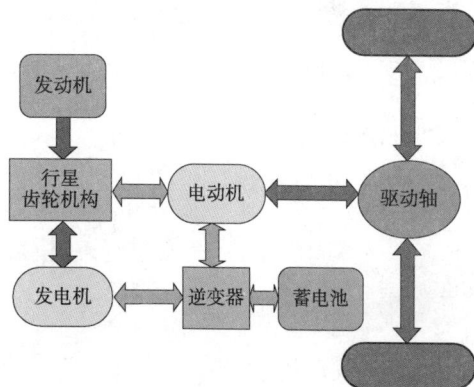

图 5-13　混联式混合动力电动汽车原理框图

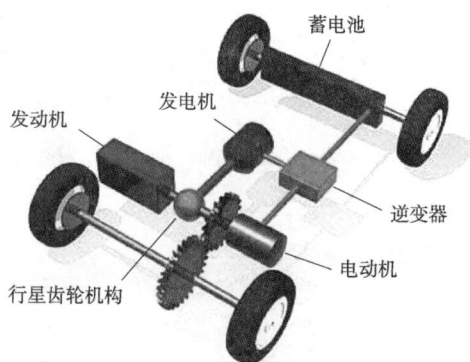

图 5-14　混联式混合动力电动汽车示意图

三、燃料电池电动汽车

燃料电池电动汽车(图 5-15)是指以燃料电池系统作为单一动力源或者是以燃料电池与可充电储能系统作为混合动力源的电动汽车。

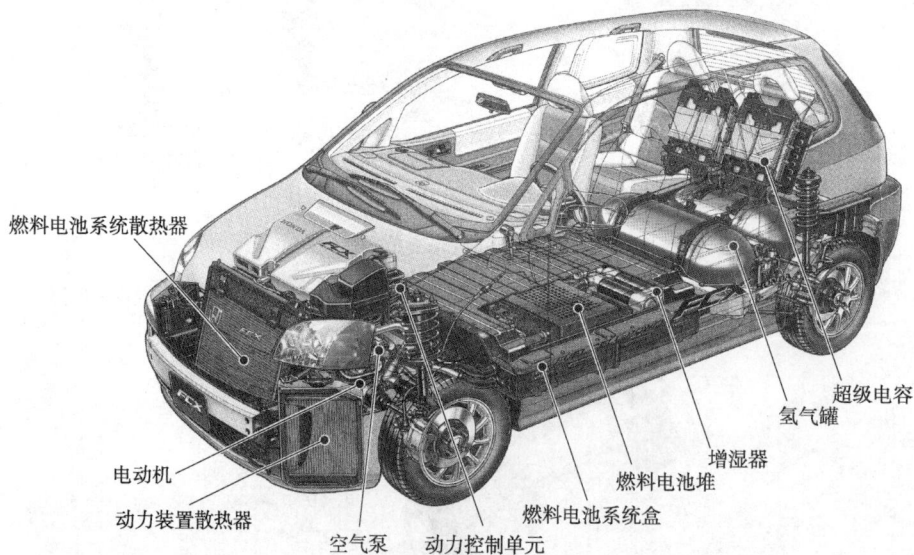

图 5-15　本田 FCX 燃料电池电动汽车

燃料电池电动汽车主要由燃料电池组、控制系统、驱动系统、辅助动力系统和蓄电池组等部分构成,如图 5-16 所示。燃料箱供给燃料,燃料电池把燃料氧化的化学能转换为电能,产生的直流电经过控制器变为交流电后供入驱动电动机,经传动系统驱动车轮。

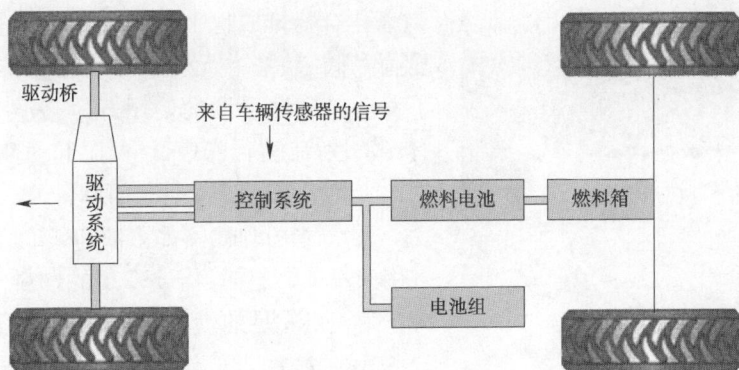

图 5-16　燃料电池电动汽车的基本组成

　　燃料电池(图 5-17)的化学反应过程不会产生有害物质,因此,燃料电池车辆是无污染汽车,燃料电池的能量转换效率比内燃机要高 2～3 倍。从能源的利用和环境保护方面而论,燃料电池电动汽车是一种理想的车辆。

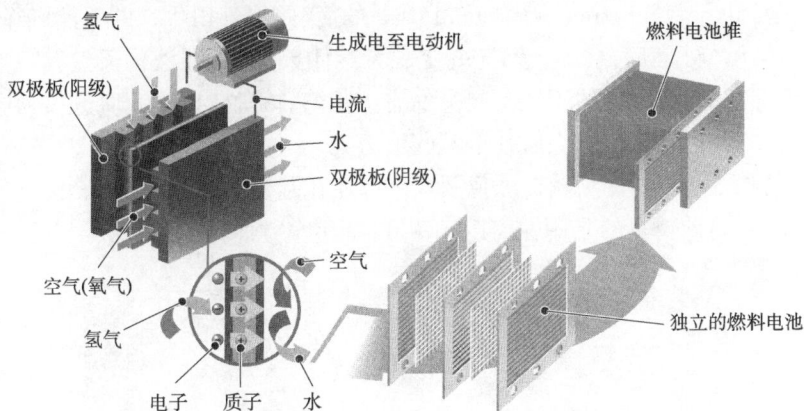

图 5-17　燃料电池系统部件分解图

　　单个的燃料电池必须结合成燃料电池组,以便获得必需的动力,满足车辆使用的要求。

　　燃料电池汽车的优点包括:零排放或近似零排放、减少了机油泄漏带来的水污染、降低了温室气体的排放、提高了燃油经济性和发动机燃烧效率并且运行平稳、无噪声。

第三节　气体燃料汽车

　　常见的气体燃料汽车包括压缩天然气汽车(CNG)、液化天然气汽车(LNG)、液化石油气汽车(LPG)等。

一、压缩天然气汽车(CNG)

　　天然气是在油田、气田、煤田和沼泽地带产生的天然气体,主要成分是甲烷,纯天然气甲烷含量一般占 90% 以上。天然气用作汽车燃料主要方式是压缩天然气和液化天然气。

　　天然气是一种清洁环境负荷能源,作为车用燃料,与石油提取的燃料车相比,尾气中的一氧化碳排放量可减少80%以上,碳氢及氮氧化合物排放也大大减少,温室气体的CO_2亦有显著降低,且基本无颗粒及硫化物排放,有效延长了发动机和润滑油的使用寿命;另外,天然气还拥有经济性高、运行噪声低、低温起动性较好等特点,因此天然气是一种优质车用燃料。

天然气密度低,不如汽油和柴油容易储存,天然气用于汽车燃料时,需要专用的燃料储运和供给系统。为提供充足的燃料,天然气必须压缩至20.7~24.8MPa,然后进入高压气瓶内。常见的CNG汽车就是用压缩天然气(Compressed Natural Gas)作为燃料的汽车,图5-18所示为新爱丽舍CNG汽车。

图5-18 新爱丽舍CNG汽车

二、液化天然气汽车(LNG)

LNG就是液化天然气(Liquefied Natural Gas)的简称,将气田生产的天然气净化处理,再经超低温(-161℃)处理后,气体天然气就变成了液体天然气,即液化天然气。液化天然气无色、无味、无毒且无腐蚀性,体积约为同量气态天然气体积的1/610,质量仅为同体积水的45%左右。另外,液化天然气燃烧后几乎不产生污染。

LNG汽车(图5-19)的使用就全球范围内讲都还在起步阶段,由于配套设置不完善及其他原因制约,LNG目前更多的是用在商用车领域,乘用车方面比较少。

图5-19 LNG汽车

三、液化石油气汽车(LPG)

LPG是液化石油气(Liquefied Petroleum Gas)的简称,是指常温下加压(约1MPa左右)而液化的石油气。液化石油气来自冶炼厂气、湿性天然气或油田伴生气。

由于液化石油气几乎不含有不可燃烧成分,发热量高、燃烧充分、无粉尘灰渣,所以,液化石油气是一种清洁能源。使用液化石油气能减少空气污染,保护环境。液化石油气燃烧时释放的热量是常用燃气中最高的,因此非常适合当作是车用燃料。

以液化石油气(LPG)为燃料的液化石油气汽车(图5-20)早已问世,目前全世界已有超过50个国家在使用LPG汽车。

储液罐
控制开关
控制单元
干燥器
LPG喷嘴管道
LPG加注口
LPG发动机

图 5-20 大众 Golf Plus Bifuel 液化石油气汽车

第四节 生物燃料汽车

生物燃料就是由生物原料生产的燃料,这些生物原料包括农林产品或其副产品、工业废弃物、生活垃圾等。农业和林业生产的碳水化合物是目前的主要生物原料,目前我们所说的生物燃料一般是指生物液体燃料。

生物燃料的优点很多,首先,它是一种可再生的燃料。依靠生物原料的再生性,这种燃料可以说是用之不竭,取之不尽的;其次是生产的范围广。无论全球哪个地方,都可以获得生产生物燃料所需的原材料。再次,生物燃料的推广方便。不像燃气燃料,需要新建补给设备或专用的运输设备,生物燃料完全可以利用现有的加油站进行燃料补给。生物燃料是非常环保的,它不会有过多的有害物质排放,不会造成环境污染。

常见的生物燃料汽车包括醇类汽车、生物柴油汽车、二甲醚汽车等。

一、醇类汽车

醇类燃料是指甲醇和乙醇,都属于含氧燃料。与汽油相比,醇类燃料具有较高的热输出效率,能耗折合油耗量较低,由于燃烧充分,有害气体排放较少,属于清洁能源。

甲醇俗称"木醇"或"木精"。用甲醇代替石油燃料在国外已经应用多年,20 世纪 80 年代,我国开始了甲醇燃料的开发。目前,包括我国在内世界上已有 70 多个国家不同程度地应用甲醇汽车(图 5-21)。

乙醇俗称酒精,它以玉米、小麦、薯类、糖或植物等为原料,经发酵、蒸馏而制成。将乙醇进一步脱水再经过不同形式的变性处理后成为燃料乙醇。燃料乙醇也就是用粮食或植物生产的可加入汽油中的品质改善剂。它不是一般的酒精,而是它的深加工产品。

燃料乙醇一般不会直接用来当汽车燃料,而是按一定的比例与汽油混合在一起使用,这有利于增加燃料的辛烷值。按照我国的国家标准,乙醇汽油是用 90% 的普通汽油与 10% 的燃料乙醇调和而成。它可以有效改善油品的性能和质量,降低一氧化碳、碳氢化合物等主要污染物排放,它不会影响汽车的行驶性能,还能减少有害气体的排放量。燃料乙醇作为一种新型清洁燃料,是目前世界上可再生能源的发展重点。

乙醇汽油是燃料乙醇和普通汽油按一定比例混配形成的新型替代能源。从 20 世纪 90 年代末开始,乙醇汽油汽车(图 5-22)成为各国新能源规划项目之一,逐步步入人们视野。

图 5-21　甲醇公交车

图 5-22　莲花 Exige265E 乙醇汽油汽车

二、生物柴油汽车

生物柴油是指以油料作物、野生油料植物和工程微藻等水生植物油脂以及动物油脂、餐饮垃圾油等为原料油通过酯交换工艺制成的可替代石化柴油的再生性柴油燃料。生物柴油公交车如图 5-23 所示。

图 5-23　生物柴油公交车

1983 年,美国科学家 Graham Quick 首先将菜籽油的甲酯用于发动机,并将可再生的脂肪酸单酯定义为生物柴油。1984 年美国和德国等国的科学家研究了采用脂肪酸甲酯或乙酯代替柴油做燃料,即采用来自动物或植物的脂肪酸单酯来代替柴油燃烧。

作为一种可替代化石燃料的可再生燃料,生物柴油具有以下多个特点:首先它是以可再生的动物及植物脂肪酸单酯为原料,可以降低对石化燃料的依赖,包括自产和进口;其次,生物柴油非常环保,使用生物柴油的汽车所排放出来的有害物质仅为传统柴油汽车的 10%,颗粒物为普通柴油的 20%;另外,生物柴油可以运用于现在普通的柴油发动机,可按任意比例与普通柴油掺和使用,在普通的加油站就可以获得。

美国是研究和推广生物柴油最早的国家,采用的是 20% 生物柴油,掺和 80% 普通柴油的 B20 柴油,而现在还能提供 B99 几乎纯生物柴油供应。B20 可将汽车的尾气污染物降低 50%,获得美国能源署及环保署的清洁燃料殊荣,对生物柴油的税率为 0%。

欧盟是生物柴油推广和发展最快的地区,生物柴油是欧盟最重要的生物燃料,约占生物燃料总产量的 80%。欧盟约 80% 的生物柴油由油菜籽生产,剩余的主要由葵花油和豆油生产。生物柴油市场份额庞大的主要原因是欧盟相当一大部分的汽车由柴油驱动,以及柴油供应短缺。

三、二甲醚汽车

二甲醚又称甲醚,简称 DME,能从煤、煤气层、天然气、生物质等多种资源中提取。以二甲醚为原料的二甲醚汽车(图5-24)的进一步发展将有效地解决原油危机和能源安全问题。

图 5-24　二甲醚城市公交车

参 考 文 献

［1］关文达.汽车构造［M］.北京:机械工业出版社,2016.

［2］中国汽车维修行业协会.汽车发动机常见维修项目实训教材［M］.北京:人民交通出版社,2009.

［3］赖瑞海.引擎原理及实习［M］.台北:全华图书股份有限公司,2008.

［4］人民交通出版社汽车图书出版中心.汽车典型结构图册［M］.北京:人民交通出版社,2008.

［5］本书编写组.大众系列车型典型结构图册［M］.北京:人民交通出版社,2010.